乡村振兴与城乡融合发展：主体投入及土地制度保障

赵振宇　等著

ZHEJIANG UNIVERSITY PRESS
浙江大学出版社

图书在版编目（CIP）数据

乡村振兴与城乡融合发展：主体投入及土地制度保
障 / 赵振宇等著. —杭州：浙江大学出版社，2020.9
ISBN 978-7-308-20556-6

Ⅰ.①乡… Ⅱ.①赵… Ⅲ.①农村—社会主义建设—
研究—中国②城乡建设—经济发展—研究—中国　Ⅳ.
①F320.3②F299.21

中国版本图书馆 CIP 数据核字(2020)第 171527 号

乡村振兴与城乡融合发展：主体投入及土地制度保障
赵振宇　等著

责任编辑	石国华	
责任校对	杜希武　田　华	
封面设计	周　灵	
出版发行	浙江大学出版社	
	（杭州市天目山路 148 号　邮政编码 310007）	
	（网址：http://www.zjupress.com）	
排　　版	杭州星云光电图文制作有限公司	
印　　刷	广东虎彩云印刷有限公司绍兴分公司	
开　　本	710mm×1000mm　1/16	
印　　张	13.75	
字　　数	270 千	
版 印 次	2020 年 9 月第 1 版　2020 年 9 月第 1 次印刷	
书　　号	ISBN 978-7-308-20556-6	
定　　价	58.00 元	

序

党的十六届五中全会上，"三农问题"被正式提出。随后党的十七大报告指出"统筹城乡发展，推进社会主义新农村建设"；党的十八大报告提出"解决好农业农村农民问题是全党工作重中之重，城乡发展一体化是解决'三农'问题的根本途径"；党的十九大报告提出"实施乡村振兴战略"与"建立健全城乡融合发展体制机制和政策体系"。从城乡统筹发展，到城乡发展一体化，再到城乡融合发展，反映了党中央对解决"三农"问题的理念和顶层设计的巨大变化和质的飞跃。城乡融合是乡村振兴的手段，乡村振兴是城乡融合的目标。乡村振兴要求在乡村建设中，坚持农业农村优先发展，实现"产业兴旺、生态宜居、乡风文明、治理有效、生活富裕"。城乡融合发展不仅强调了政府对于城乡公共服务均衡配置的责任，还强调了乡村与城市是共存共荣互相推动的两个空间发展布局。乡村振兴与城乡融合发展，是在对我国社会主要矛盾以及发展状况进行科学研判的基础上提出的，其关键是乡村振兴主体与土地要素的有机融合。推动乡村振兴战略，主体还是广大农民，要鼓励农民就地创业、拓宽增收渠道。但是，乡村振兴不能单单依靠农民，还要培养一批懂农业、爱农村、爱农民的新型农业经营主体。蓬勃兴起的新型农业经营主体不仅成为我国农业现代化的主要力量，而且推动了乡村治理的深刻变革，为乡村振兴提供了前所未有的发展机遇。宅基地"三权分置"有利于提高农村建设用地使用效率，有利于形成城乡统一建设用地市场。建立城乡统一建设用地市场不仅是实现城乡土地要素流通的基础，更是推进乡村振兴和城乡融合发展的关键举措。

本书在深入解读党的十九大以来中央关于乡村振兴与城乡融合文件精神的基础上，充分调研宁波象山、上海松江、安徽郎溪、湖北武汉等地乡村振兴与城乡融合的社会实践，形成以乡村振兴与城乡融合发展的研究主线，既是对党的十九大报告的进一步解读论证，更是对宏观发展战略的实践探索和延伸。

本书是宁波市乡村振兴与城乡融合发展研究基地的结项成果，由基地骨干赵振宇（主要负责统稿）、陈红霞（主要负责第六、七章）、操家齐（主要负责第一、三章）、黄增付（主要负责第二、四章）、张金庆（主要负责第五章）等同志以及由他们领衔的子课题组的团队成员共同撰写。研究过程中得到阿里研究院、宁波市农业综合开发办公室、上海松江区农业综合开发办公室等单位提供的调研机会。在付梓之际，对课题团队的辛勤付出和调研单位的大力支持表示由衷的敬意！

目　录

导　论

党的十九大报告提出乡村振兴战略,这是一个崭新的提法。过去对农村的固有印象是"贫穷、落后、凋敝",但是经过十多年的努力,特别是过去五年的快速发展,绝大多数农村地区发生了巨大的变化,为乡村振兴战略的实施提供了强有力的经济基础。2013 年 11 月,中央提出"精准扶贫",过去五年有 5564 万人摆脱贫困,相当于中等国家人口总量。2014 年农村养老保险基本实现全覆盖。2015 年全国农村居民人均可支配收入突破 1 万元,达到 11422 元,比上年增长 8.9%,扣除物价因素实际增长 7.5%,涨幅高于同年的城镇居民收入和 GDP。东西部差距、城乡差距进一步缩小,我国已经进入全面建成小康社会的决胜阶段。今天的农村富有活力、充满希望,部分发达地区农业、农村现代化基本实现,农民对未来生活的期冀不再是解决温饱,而是和城市居民一样拥有更好的公共服务、更好的生态环境、更多的存在感和获得感。但是,囿于土地和户籍制度的限制以及客观存在的区域性生产要素差异,东西部差距和城乡差距仍然存在,人民日益增长的美好生活需要和不平衡不充分的发展之间的矛盾逐渐加深。在次贷危机、欧债危机引发的全球性经济持续危机的大背景下,中国经济增长持续下行的压力进一步增大,而乡村振兴战略的实施无疑将给经济复苏提供强有力的动力支持。乡村振兴战略正是在对当前我国农村社会主要矛盾以及宏观经济发展态势进行科学研判的基础上提出的。正确把握乡村振兴的内涵、关键以及乡村振兴战略的着力点对乡村振兴战略实施尤为重要。

一、乡村振兴的内涵

(一)地域宽广

传统意义上的农村有狭义和广义之分,狭义的农村指乡下,不同于城市、城镇从事工业生产而以从事农业生产为主的农民聚居地;广义的农村包括集镇、村落,及以农业产业为主的农场、林场和菜社(郊区为城市提供园艺和蔬菜生产的农民聚居地)。而乡村所指的地域较广义的农村更加广阔,它还应包括与农村毗邻且能与之形成资源辐射和集聚效应的小城镇,更加强调乡村振兴哺育小城镇发展,以小城镇合理布局带动乡村振兴。

(二)主体多元

乡村振兴的目标是最终实现农业农村现代化。构建现代农业发展体系、培育新型农业经营主体、健全农业社会化服务体系是实现农业农村现代化的重要组织保障。这种组织保障的关键是人才,即乡村振兴的主体。乡村振兴的主体首先是农民,只有农民参与和主导的乡村振兴才是真正的乡村振兴。但是,乡村振兴不能单单依靠农民,要培养一批懂农业、爱农村、爱农民的新型农业经营主体,包括农民工、城市居民、中高等院校毕业生、退役士兵、科技人员、社会公益组织以及民营企业等,返乡下乡创业创新。蓬勃兴起的新型农业经营主体不仅成为我国农业现代化的主要力量,而且推动了乡村社会生态结构的深刻变革,为乡村振兴提供了前所未有的发展机遇。

(三)流动频繁

乡村振兴过程中人口流动更加频繁。传统农村转移人口只在重要传统节日进行大规模的流动,随着乡村旅游的蓬勃发展,每逢节假日都有大规模的人口流动。国家旅游局公布,2015 年全国乡村旅游共接待游客约 20 亿人次,旅游消费总规模达 1 万亿元。尽管这种流动是短暂性和周期性的,但是带来更多的物质、信息、资本和人才的流动。乡村不再是封闭的系统,而是开放的系统,通过流动不断与外界进行交换,乡村较过去的农村更富有生机和活力。

(四)文化繁荣

传统农村人口大量外移,人口减少促使多个自然村整合,原有的以家族维系的宗族文化逐渐断裂和消亡。大量的村落消失于城镇化进程中,传统村庄文化体开始瓦解。在基层党建方面,部分基层党组织弱化、虚化问题严重。党组织建设弱化和农村文化的凋敝,给低级、消极以及带有迷信色彩的文化,外来宗教甚至邪教提供了发展空间。乡村文化包括维系邻里关系、宗族关系和血亲关系的邻里文化、宗族文化、孝文化、慈文化和家风。乡村不仅是城市人对故乡眷恋的一种乡愁,更是农民对那一片热土的心理上和文化上的一种认同。乡村振兴离不开乡村文化振兴,乡村文化振兴既是乡村振兴的有机组成部分,更是乡村振兴的文化根基和精神力量。

(五)内容丰富

一是生产振兴,将生态环境保护和生产(经济)发展有机结合,促进两者在共容共生、相互促进的新型发展道路上的积极探索;二是产业振兴,通过城镇与乡村互动,实现乡村＋旅游,休闲＋农业等一产与三产的产业融合;三是生态环境振兴,只有狠抓农村生态环境治理,才能满足城乡居民对绿水青山的渴望,留得住美丽乡愁；四是文化振兴，要弘扬孝文化、慈文化、家风文化等宗族文化，扶持具有民族和地域特色的敖包文化、妈祖文化等，提倡清明节、七夕节、重阳节等传统节日文化，更要结合传统文化开发健康活泼、富有朝气和活力的新时代文化；五是治理模式的振兴，传统的农村治理是村民自治和德治，党组织建设弱化和宗族文化断裂促使两种治理模式遇到危机，乡村振兴要努力构建自治、法治、德治相结合的乡村治理体系；六是公共服务振兴，乡村振兴要构建以人民为中心的价值导向、以城乡一体化为发展目标、均等化的公共服务体系。

二、乡村振兴的关键

（一）建立完善乡村振兴与城乡融合的联动机制

乡村振兴的目标是农业、农村现代化，乡村振兴要求在乡村建设中，坚持农业农村优先发展，实现"产业兴旺、生态宜居、乡风文明、治理有效、生活富裕"。但是乡村振兴离不开城镇的发展，乡村振兴应该在新型城镇化的背景下来开发。城乡融合是乡村振兴的手段，乡村振兴是城乡融合的目标。一方面，以乡村为主体实现城乡融合，要对土地经营权流转驱动下的乡村治理改革、乡村振兴背景下的新型农业经营主体培育、返乡下乡创业创新人员参与乡村振兴战略的长效机制、"互联网＋"与农民创业的生态系统构建、环境正义导向的农村生态环境治理体制建设以及乡村振兴战略背景下的村镇社区整体性治理等理论和现实问题进行探索和实践。另一方面，以城市为主体实现城乡融合，要对融合发展视域下外来人口的社会保障均等化、城乡统一建设用地市场构建以及村镇社区绿色生产发展模式等理论和现实问题进行探索和实践。

（二）坚持目标导向与现实国情协调发展

协调是指为实现系统的总体演进目标，各系统或各要素之间要相互适应、相互配合、相互协作、相互促进而形成一种良性循环态势。一方面，乡村振兴战略的协调性体现在现实的必要性。现实国情决定，我国东、中、西部发展程度各异，同一地区近郊和远郊发展程度各异，农村发展在不同地区、不同阶段表现出很强的多样性。欠发达地区农村已经出现富裕人口、有一定学历和技术的人口大量外移造成的乡村空心化问题。要注意乡村振兴不能简单地大搞基本建设，更不能搞整齐划一的发展模式。要根据农村发展状态和发展阶段分层次、分阶段推进乡村振兴战略。乡村振兴应该是一个具有等级、共生、互补、高效和多样性的开放系统，只有多样化才有利于发挥整体的稳定性。另一方面，乡村振兴战略的协调性体现在目标的导向性上。乡村振兴战略是以实现城乡一体化为目标，内容涉及制度、经济、社会以及文化等多个领域的深刻变革，协调发展需要建立城乡之间统筹一体、区域之间相互促进、新型产业与新型城镇化之间互为动力以及人、资源和环境相互支撑的城乡服务体系。

(三)经济、社会与生态效益统筹兼顾

经济效益、社会效益与生态效益统筹兼顾是乡村振兴战略的关键因素，也是乡村振兴战略的价值归宿。没有经济效益的乡村振兴是不可持续的，没有社会效益的乡村振兴是不稳定的，没有生态效益的乡村振兴是不健康的。为此，一要调整产业结构，优化经济增长方式，在提升乡村工业核心竞争力的同时，推进一、二、三产业融合发展。二要走内涵式、集约型经济发展道路，积极构建环境友好型的生态产业体系，发展以低能耗、零污染、低排放为基础的经济模式，提高能源利用率。三要实现社会效益，进一步缩小城乡差距，推进基础设施和社会保障体系建设，提升乡村居民的归属感和幸福感。

(四)正确把握政府引导与市场主导的基本原则

乡村振兴战略要正确处理好政府与市场之间的关系。乡村振兴战略的总体格局、结构设计应该由市场主导，遵循市场规律，发挥市场机制在资源配置中的基础性作用，促进乡村与城市在物质、产业、人才方面的良性互动和相互支撑。乡村振兴战略更离不开政府在宏观调控方面的巨大优势，政府要努力创建一个良好的制度环境，创新管理方式；积极引导乡村振兴主体，规范参与者行为；加大基础设施建设力度，建设全面覆盖、公平公正、城乡一体化的公共服务体系。

三、乡村振兴的着力点

(一)新挑战、新矛盾与新需求

随着我国经济社会的快速发展，今天国民的生活水平已经上了一个大台阶，物质需求满足程度达到相当水平，社会生产水平也不再那么落后，在此基础上国民有了更多的对美好生活的追求，期待更好的公共服务、更好的生态环境、更多的安全感、获得感与幸福感。

但几十年的经济高速增长，并没有很好地惠及所有地区所有人的所有方面。改革开放以来，我国城镇化发展取得显著成就，2017年年末中国城镇化率已达到58.52%，但户籍人口城镇化率为42.35%，农民仍然占到全部人口的一半以上，城乡居民收入比为2.71，差距依然较大。党的十九大报告指出我国社会主要矛盾已经转化为人民日益增长的美好生活需要和不平衡不充分的发展之间的矛盾。城乡发展格局失衡条件下，农村剩余劳动力尤其是越来越多的青壮年放弃农业生产，进入城镇寻找就业机会成为市民。作为传统文化重要载体的乡村加速凋敝，"空壳

村""空心村""空巢村""空转村"大量出现,全国共有 200 万个村庄,每年正以 4 万个的速度在消失。其中具有重要文化价值的传统村落正以每天 1.6 个的速度消失,其在行政村中占比已不到 2%(傅云峰等,2018)。很显然,中国最明显的发展不平衡是城乡不平衡,最严重的发展不充分是乡村发展不充分。

以宁波为例,同样面临城乡发展不平衡、乡村发展不充分的问题。虽然宁波乡村的经济社会发展水平总体良好,但离党的十九大报告提出的"产业兴旺、生态宜居、乡风文明、治理有效、生活富裕"的乡村振兴总要求、总目标仍有一定距离。宁波城乡统筹虽然走在全省前列,但城乡发展不平衡依旧非常显著,农业农村发展面临的障碍还不少,各类要素的潜能和各类发展和治理主体的活力有待激活,这都需要通过改革与发展来进一步解决。"宁波,决胜高水平全面建成小康社会,最艰巨最繁重的任务在农村,最广泛最深厚的基础在农村,最大的潜力和后劲也在农村。"(童明荣,2018)

(二)宁波的乡村振兴实践与现状

党的十九大报告提出"乡村振兴战略",要坚持农业农村优先发展,建立健全城乡融合发展体制机制和政策体系,加快推进农业农村现代化,是顺应时代潮流、顺应亿万农民对美好生活新需求做出的重大决策部署,是新时代我国三农工作的总抓手。乡村振兴是以农村经济发展为基础,包括农村文化、治理、民生、生态等在内的乡村发展水平的整体性提升。按照"产业兴旺、生态宜居、乡风文明、治理有效、生活富裕"的总要求,统筹谋划农村经济建设、政治建设、文化建设、社会建设、生态文明建设和党的建设,注重协同性、关联性、整体性,推动农业全面升级、农村全面进步、农民全面发展(童明荣,2018)。

从城乡统筹到城乡一体,再到城乡融合,在对乡村建设及区域协调发展上,宁波的实践探索和创新从未止步。2003 年以来,宁波开始大力推进以美丽乡村建设为主要抓手的新农村建设,连续出台有关"三农"发展的一号文件,以及 100 多个相关配套文件,内容涉及农村经济发展、社会保障、社会事业、公共服务、平安和谐等各个领域,宁波新农村建设取得明显成效,促进城乡差距缩小成效明显。党的十九大报告提出"乡村振兴战略"以来,宁波把统筹城乡发展纳入"名城名都"建设的总体布局,坚持以新发展理念为引领,扎实推进农业供给侧结构性改革、美丽乡村建设和农民增收工作,增强农业农村发展新动能,取得了较好的成效,全市城乡融合发展继续走在全省全国前列。"名城名都"合力共建机制持续完善,现代农业综合竞争力持续提升,美丽乡村建设持续推进,农村环境品质持续优化,农村发展活力持续增强。

2012 年,宁波市在全省率先实现"城乡一体、标准一致"的城乡居民最低生活保障制度,2013 年实现基本养老保障制度城乡并轨,2015 年全面消除人均年收入 6000 元以下贫困人口现象,2016 年起宁波全面实现城乡居民低保、基本医保和基本养老保障"三保"并轨。2017年,全市农业增长值320亿元,同比增长2.6%;农村居民人均可支配收入30871元,同比增长8.0%。农村居民和低收入农户人均可支配收入两项连续多年位居全省前列,城乡居民收入比连续14年保持缩小,2017年缩减至1.8,远低于2017年全国城乡居民人均收入倍差2.71。供水、电力、电信、广播电视宽带、等级公路、公共交通已实现建制村全覆盖。截至2017年年底,全市农村饮水安全覆盖率达到99%,农村区域已建成4G基站1099个,光网能力达到276万纤,在省内处于领先水平。医疗卫生、居家养老、文化娱乐等不断下沉,农村居民在家门口就能享受品质生活。全市已建成乡村卫生服务站711家,村卫生室882家,建成农村居家养老服务中心(站)2112个。1000多个农村文化礼堂成为农村居民的精神家园,春节期间,各具地域特色的"村晚"纷纷亮相,农村居民乐在其中。①

宁波乡村建设取得明显成效的同时,宁波"三农"发展还存在一些问题和不足,主要表现在:农业农村的基础设施支撑还不够有力,不少乡村的基础设施仍存在很多短板;城乡融合发展的体制机制及政策体系尚未真正形成,资本、人才、科技等要素支撑还不够强,要素制约有待进一步破解;农村产业经济体系不够完善,发展质量有待进一步提升,发展新动能还不够强;农民收入增速有放缓的趋势,经营性收入增长乏力,财产性收入占比偏小,农民持续增收后劲不足,村级集体经济造血功能不够强,抵御自然、市场、疫病风险等能力较弱;农村综合环境、公共服务和治理体系还有缺陷;农村自治组织以及基层党建还存在薄弱环节;美丽乡村建设区域之间存在不平衡性。

(三)识别新需求、培育新业态、探索新治理

宁波"十三五"规划提出宁波乡村改革发展的主要目标是:到2020年,全市常住人口城市化率达74%,城乡统筹水平综合得分达到96分,农村居民人均收入提前实现在2010年基础上翻一番,城乡居民人均收入比缩小到1.8以内,美丽乡村升级版基本建成,城乡基础设施配置和公共服务保障协调均衡,城乡发展一体化的体制机制更加健全。2018年5月,宁波出台了《全面实施乡村振兴战略三年行动计划(2018—2020年)》提出,到2020年,宁波乡村振兴制度框架和政策体系基本形成,城乡融合发展取得重大成果,绿色都市农业强市建设取得显著成效,美丽乡村、基层治理和乡风文明达到新高度,农业农村现代化水平明显提升,广大农村与全市同步高水平全面建成小康社会,为2035年乡村振兴目标基本实现、2050年乡

---

① 宁波日报和宁波市统计局提供数据来源,部分内容参见:何峰."乡村振兴看宁波"之城乡融合发展新探索[EB/OL].(2018-03-01)[2019-03-16].中国日报网,http://zj.chinadaily.com.cn/.

村振兴目标高水平实现打下坚实基础。①

四、乡村振兴的政策建议

在理想目标的引领下,寻找宁波实施乡村振兴战略的着力点至关重要,关于这方面的讨论已经有很多,这里主要提出以下三点政策建议。

(一)构建宁波乡村振兴战略实施中的社会需求识别机制,精准识别宁波乡村新需求,提升政策精准性

精准识别社会需求是提升制度与政策绩效的重要前提,没有精准性的社会需求识别机制,大量的政策资源将处于浪费或低效率状态。相比较而言,宁波乡村居民的社会需求类型更加多元,社会需求层次更高,对更好的生产生活方式、精神文化、生态环境等美好生活的期望更加强烈。简言之,宁波乡村的社会需求越来越复杂化,这意味着宁波乡村振兴工作面临更大挑战。到 2020 年,农业农村优先发展的制度框架和政策体系基本形成,要保障这些制度框架和政策体系的有效性,以及政策资源投入的效率,关键一步就是要构建宁波乡村社会需求识别机制,精准识别宁波乡村社会需求,并在精准研策、精准制策、精准施策、精准评策等各个环节综合发力,精准投入财政、人才、科技等强农惠农政策资源,实现整个乡村振兴制度、政策系统及政策过程的全面改进。

(二)培育宁波乡村新经济、新业态、新模式

这方面应该以发展宁波乡村新经济、新业态、新模式为主要抓手,以改革创新为动力,着力培育新动能、打造新业态、扶持新主体、拓宽新渠道,发掘农业农村发展新优势,着力推进绿色都市农业强市和美丽乡村建设。在充分摸透弄清宁波村情的基础上,合理调整结构,有序发展产业,要充分结合当地劳动力、土地、气候、生产习惯等要素禀赋,发展宁波具有比较优势的主导产业。依托宁波乡村资源的丰富性、文化的独特性、绿水青山的生态性等优势,拓展宁波农村发展边界,充分发挥挖掘宁波乡村多种功能和价值,推进宁波乡村"美丽资源"向"美丽经济"转化,注重做强农村产业,把休闲旅游、民宿经济、电商经济、租赁经济、股份经济等新经济、新业态、新模式做大做强。做强、做精、做美、做好宁波乡村的特色农业,使高效生态的现代农业和休闲、民宿等美丽经济成为村民增收和集体经济发展的支柱(顾益康,2018)。统筹兼顾培育新型农业经营主体和扶持小农户,促进小农户与现代农业发展有机衔接,优化农业资源配置,着力促进农业节本增效,提高农业创新力、竞争力和全要素生产率。鼓励在乡村地区兴办环境友好型企业,实现乡村经济多元

---

① 参见宁波市农业农村办发布的《全面实施乡村振兴战略三年行动计划(2018—2020)》,2018-05-29.

化发展，使之成为乡村振兴的重要支撑力量（庞昕等，2018）。通过培育宁波乡村新经济、新业态、新模式，加快构建具有宁波特色的现代农业产业体系、生产体系、经营体系，建立健全宁波乡村一、二、三产业融合发展体系。

（三）探索宁波乡村新治理，大力倡导"服务就是最好的治理"的乡村治理价值理念，构建乡村治理现代化的"宁波路径"

乡村治理是乡村振兴的基础性保障，乡村振兴战略的实施，农业农村发展目标的升级，制度与政策资源的大量投入都对乡村治理提出了新的挑战，要求不断完善乡村治理体系，以保障投入资源的效率与公平，最大限度地促进乡村发展。党的十九大报告提出，要"健全自治、法治、德治相结合的乡村治理体系"。在探索乡村治理方面，宁波已经发展出了许多先进的治理经验，比如"服务就是最好的治理""民主法治示范村""村民说事制度""村级权力清单三十六条"等理念、做法、经验得到了肯定与推广。未来，可以尝试从价值理念、组织体系、制度法治和参与激励等方面予以进一步完善宁波乡村治理机制。首先，继续倡导"服务就是最好的治理"的价值理念，注重现代治理理念、手段与传统治理资源相结合，深化村民自治实践，健全和创新村党组织领导的充满活力的村民自治机制。其次，建立和完善以党的基层组织为核心、村民自治和村务监督组织为基础、集体经济组织和农民合作组织为纽带、各种社会服务组织为补充的农村组织体系，助益于解决宁波乡村社会分散问题。再次，逐步探索出以"群众诉求"为导向的治理模式，完善群众诉求表达机制，保障村民对关系自身利益的事项有发言权和决定权，带动各级党员干部眼睛向下、力量下沉，积极调动党员干部的积极性和创造性，让他们有更多的"获得感"和"参与感"，进而带领全村居民共同参与到实施乡村振兴战略中来；要顺应时代变化，结合乡风文明建设，组织村民集思广益，大事小事充分协商，达成共识促进决策，在反复征求意见和建议的基础上，形成切合宁波乡村实际，具有本地特色的村规民约。切实抓好乡村基层法治建设，尤其在大量政策资源投入与支持的背景下，要特别注意加强基层权力腐败治理，通过健全监督网络，实现小微权力的具体化、程序化、透明化以完善乡村治理制度化建设。最后，主张在参与中培养农民的参与意识和合作精神，使其成为名副其实的乡村振兴主体，充分发挥村民在乡村振兴和乡村管理主体性作用，调动他们参与乡村振兴的积极性；提升乡村德治水平，深入挖掘乡村熟人社会蕴含的道德规范，强化道德教化作用，鼓励新乡贤参与乡村建设与治理；激励乡村经济能人、大学生、退伍军人等人才参与乡村治理，充分发挥他们在乡村振兴中的独特作用。

第一章 "互联网＋"与农民工创业生态系统构建

2014年，李克强总理在夏季达沃斯论坛上首次提出"大众创业，万众创新"，其目的之一是在中国发展方式和新旧动能转化的转换期打造发展新引擎；二是在经济下行压力加大的情况下创造更多的就业机会；三是打破阶层固化为中下层民众提供公平的机会和上升通道（国务院办公厅政府信息与政务公开办公室，2016）。此外，随着乡村振兴战略的提出，为实现乡村振兴的目标，吸纳各类精英返乡创业也成为当务之急。创业的主体包括大学生、留学回国人员、科技人员、返乡农民工，特别是对农民工创业非常鼓励，为此国务院印发了《关于支持农民工等人员返乡创业的意见》。据统计，截至2015年底，全国累计注册个体工商户2505万户、农产品加工企业40多万家、休闲农业经营主体180万家、农民合作社147.9万家，其中70％是由返乡农民工创办的（国家发展和改革委员会，2016）。另据2017年9月农业部发布数据，各类返乡下乡人员已达700万人，其中返乡农民工比例为68.5％，涉农创业占比为60.0％（毛晓雅，2017）。然而，由于返乡农民工资金积累较少，而创业成功率普遍不高，政府在积极鼓励农民工返乡创业的同时，也需要考虑如何帮助农民工最大限度地降低创业风险。这需要找到一个投入成本相对较低，市场覆盖空间大且成长性好的创业路径。

第一节 互联网与农民工返乡创业

农民工返乡创业并不是一个新生事物，有农民工之后就有了农民工创业。历史上农民工返乡创业往往是被迫无奈，农民工在城市里没有工作了，不得不返乡，为了提高收入有的在返乡后会尝试创业。历史上最大一波农民工创业潮是在2008年美国金融危机之后，国内很多工厂停产，大批农民工返乡。为了解决这批农民工的就业和社会稳定问题，当时中央和地方各级政府纷纷出台政策，鼓励农民工创业。但这并没有持续多久，随着后来经济的恢复很快归于沉寂。当时很多创业的农民工创业失败后又重返城市打工。因此，这一阶段对于农民工返乡创业的前景并不被看好。

然而，近年来农民工返乡创业变得更加主动。为什么会从被动到主动？研究认为这其中有一个关键的变量在起作用，这就是互联网的发展，极大地促进了农民的创业行为。

一、电子商务成为推动返乡创业的重要动力

阿里巴巴公司基于大数据的分析，通过比较农村青年常用收货地址、电话的变迁，以及基于身份证的淘宝店铺的设立情况，经过综合分析，发现近年来大量以农民工为主体的人群开始返乡创业，这个数据总体上非常真实可靠。阿里研究院发布的国内首份返乡电商创业研究报告指出，"返乡电商创业正在成为一种新的潮流，电子商务有效释放草根创造力，成为推动年轻人返乡创业的最大动力"[①]。探讨这些人返乡创业的动力，主要有推力和拉力两个方面。在推力方面，主要是因为在大城市收入困难——"挣钱越来越难"，生活成本高——"房价越来越高"，竞争激烈——"工作越来越不好找"，归属感不强——"待着不踏实""融入不了"。在拉力方面，有家庭因素——"回去方便照顾家人"，创业梦想——"电商投入少，帮我实现创业梦想"，机会难得——"上网购物的人越来越多"，榜样带动——"村里有人做电商很成功"。一推一拉，使得通过互联网返乡创业的人越来越多，这些人多数来自广州、杭州、上海、深圳、温州、苏州等大中城市（见图 1-1）。在返乡目的地中，主要有跨省返乡、跨市返乡和跨区县返乡三种类型，其中跨省返乡达到 40% 以上。热门跨省返乡线路主要有上海—桐乡、广州—温岭、上海—海门、上海—沭阳、广州—瑞安。总体来说，沿海地区农村返乡者相对较多，但中西部地区返乡进行电商创业的势头也很强劲，据阿里巴巴统计，河南新郑、湖北枝江、广西东兴、四川郫县、云南瑞丽、江西婺源、安徽望江等地排在前列。这些返乡创业者所从事的工作，一般都与电子商务有关，有的通过电商平台售卖当地特色产品，有的帮助乡亲网购商品，也有的承接本地电商的快递服务，电子商务成为这些创业者的重要方式。

---

① 阿里研究院.2016 年返乡电商创业研究报告［R/OL］. (2016-09-09)［2019-01-16］.中文互联网数据资讯网,http://www.199it.com/archives/515661.html.

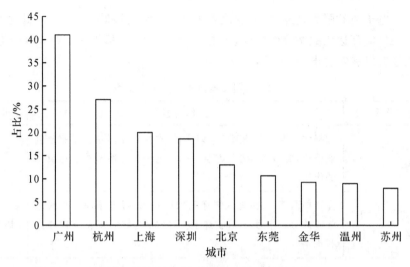

图 1-1　返乡电商迁出最多的 10 个城市

数据来源:阿里研究院发布的《2019 年返乡电商创业研究报告》。

注:占比为返乡创业人员在各自城市返乡总人数中的比例。

二、政府积极推动返乡农民工利用互联网创业

2015 年 6 月,国务院办公厅印发《关于支持农民工等人员返乡创业的意见》,提出"借力'互联网＋'信息技术发展现代商业",还要求电信企业"加大互联网和移动互联网建设投入,改善县乡互联网服务,加快提速降费",文件中还鼓励各类电商平台渠道下沉,以带动返乡人员依托平台创业。对于受到创业者广泛关注的物流不畅通的问题,文件中也提出,要加大交通物流等基础设施投入,支持有关各方共建智能电商物流仓储基地,健全县、乡、村三级农村物流基础设施网络,鼓励畅通农产品进城与工业品下乡的双向流通渠道。同年 11 月发布的《国务院办公厅关于促进农村电子商务加快发展的指导意见》指出:"农村电子商务是转变农业发展方式的重要手段,通过大众创业、万众创新,发挥市场机制作用,加快农村电子商务发展,把实体店与电商有机结合,使实体经济与互联网产生叠加效应,有利于促消费、扩内需,推动农业升级、农村发展、农民增收。"这说明中央充分认识到互联网对于返乡创业工作的重要意义。

在中央政策的推动下,各级政府部门也积极行动起来,商务部等 19 个部门发布《关于加快发展农村电子商务的意见》,提出"鼓励农民依托电子商务进行创业",以返乡青年、农村青年为重点,"培养一批农村电子商务带头人和实用型人才",发挥他们的"引领和示范作用",吸引农民工返乡创业就业(见表 1-1)。商务部推动在全国创建 200 个电子商务进农村综合示范县,建设改造县域电子商务公共服务中

心和村级电子商务服务站点；国家发改委于 2016 年 2 月和阿里巴巴集团就返乡创业发展农村电商达成战略合作协议，计划 2016—2018 年每年支持约 100 个返乡创业试点地区发展农村电商（公欣，2016）。

表 1-1　农村发展电子商务重点工作

项目名称	工作内容	牵头部门
1. 农村青年电商培育工程	加强农村青年电子商务培训，引导农村青年运用电子商务创业就业，提高农村青年在县、乡、村电子商务服务体系建设中的作用。	共青团中央
2. "快递向西向下"服务拓展工程	完善中西部、农村地区快递基础设施，发挥电子商务与快递服务的协同作用，提升快递服务对农村电子商务的支撑能力和水平。	邮政局
3. 电商扶贫工程	在贫困县开展电商扶贫试点，重点扶持建档立卡贫困村贫困户，推动贫困地区特色农副产品、旅游产品销售。	扶贫办
4. 巾帼电商创业行动	建立适应妇女创业的网络化、实训式电子商务培育模式，借助互联网和大数据，助推农村妇女创业致富。	全国妇联
5. 电子商务进农村综合示范	培育一批农村电子商务示范县，健全农村电子商务支撑服务体系，扩大农村电子商务应用领域，提高农村电子商务应用能力，改善农村电子商务发展环境。	财政部、商务部

资料来源：商务部等 19 部门颁布的《关于加快发展农村电子商务的意见》。

　　总体来说，对于农民工等群体利用互联网创业，从中央层面来看是高度重视的，针对发展中存在的问题，各部委也都有针对性地推出一些举措来推动解决这些问题。这在客观上也推进了农民工基于互联网的创业行动。

三、电商平台积极扶持农民工的创业行动

　　电商平台作为市场主体，既有着天然的拓展市场获取收益的冲动，同时也承担着利益民众的社会责任，两者之间并不必然存在冲突，有时甚至可以互相促进。我国的主要电商平台都高度重视农村市场，对于农民工等群体依托其平台开展创业行动非常支持。当前，阿里巴巴、京东、拼多多、苏宁等都推出了自己的农村战略（见表 1-2）。

表 1-2　主要电商平台的农村战略实施情况

	战略定位	主要做法	成效
阿里巴巴	农村淘宝是阿里三大战略之一	村淘1.0,简单的淘宝代购村淘2.0,农村淘宝合伙人变成了专业的富有情怀的返乡创业人员村淘3.0,以"三个中心"为指导思想的阿里生态体系全线下沉。	已孵化培育出 160 个农业品牌,上线 300 多个兴农扶贫产品和 23 个示范基地。超过 100 万的农民网商,超过 1000 亿元的农产品年销售额。建成超过 3 万个村级服务站,近 5 万个"村小二"。
京东	实施工业品下乡、农产品进城、乡村金融三大战略	3F 战略、京东便利店和京东帮。目标是未来实现"一县一中心"(服务中心)和"一县一店"(京东帮店)	在 832 个国家级贫困县开展扶贫工作,上线贫困地区商品超过 300 万个,实现扶贫农产品销售额超过 200 亿元。
拼多多	放弃巨头深耕的一、二线大城市,将目标放在下沉的五环外市场。促进"品牌下乡"和农村市场消费升级。	"C2B"＋"预售制"模式帮助农民实现"以销定采"。通过预售制提前聚起海量订单,再把大单快速分解成大量小单,直接与众多农户对接,优先包销贫困户家中农货,实现在田间地头"边采摘、边销售"。	一年内投入 34 亿元,助全国农户销售 183.4 万吨农产品,催生 9 亿多笔扶贫订单;在 730 个国家级贫困县,扶持起 4.8 万商家,带动其年销售额增速超过 310%。带动回乡创业青年 5 万多人,并带动 3 亿用户接力,帮助农产品订单实现裂变式增长。
苏宁	聚焦农村市场发展,助力乡村振兴	实行苏宁易购直营店＋线上中华特色馆的 O2O 模式。金融服务、人才培训。	截至 2017 年底,苏宁已经拥有 2000 多家苏宁易购直营店、苏宁易购也上线了中华地方特色馆。

资料来源:课题组根据公开信息搜集整理。

　　这些电商平台的农村战略都各有其特点,但都有一个共同点,那就是都认识到农村是影响其生存发展的关键环节之一。此外,他们拓展农村市场,都非常注重调动返乡创业人员的积极性,力求把返乡人员的发展与平台的发展紧密结合起来,形成一个利益共同体。阿里巴巴的"村淘 2.0"不再仅仅是将村里的小卖店改造为淘宝代购点,而是力图招募富有情怀的返乡创业青年。苏宁公司致力于培养专业化的农村人才,成立了农村电商学院,通过运用线上线下融合的方式为农村培养高质量、专业化的电商人才,推动"农人专业化"。拼多多的方式更有效果,其通过预售方式,提前聚起海量订单,再把大单快速分解成大量小单,直接与众多农户对接,直接解决了农村创业者最为关心的市场销售问题,很好地促进了农民工创业,据统计 2018 年带动回乡创业青年 5 万多人。

第二节　互联网改变农民工返乡创业传统生态

　　从过去的实践上看，农民工返乡创业很难成功，即使成功了也很难做大。据重庆市人力资源和社会保障局抽样调查统计显示，2015年，该市返乡创业企业经营时间在3年以上的有9.7万户，其中5年以上的有1.2万户，分别占总户数的26.1%、3.2%。也就是说农民工返乡创业能够存活3年的只有26.1%，能够存活5年的不到4%（田文生，2015）。农民工返乡创业成功率不高，不仅与农民工的个体素质有关，更重要的是与传统的创业生态有关。传统农民工返乡创业生态的核心是市场，农民工生产的产品"卖给谁、怎么卖"需要市场来解决。传统农村产品是农副产品或者生活服务，再加上受制于储运和物流，因此，主要通过附近集镇的农贸市场来流通。根据美国学者施坚雅（G. William Skinner）对中国农村市场的实证研究，在中国，基层市场是"农产品和手工业品向上流动进入市场体系中较高范围的起点"。根据他的测算模型，中国农村基层市场服务面积平均50平方千米，18个村庄左右，平均服务人口约7000人，到镇上最大步行距离为4.5千米（施坚雅，1998）。这一般指的是中国依赖陆路运输的地方，在水路发达的沿海地区，据费孝通的考察是不超出5英里（约合8千米）（费孝通，2012）。而且这种市场结构一旦形成就会具有稳定性并与大量农村社区结合形成单一社会体系，因此，后来者是难以介入的。这就解释了为何农民工返乡创业很难成功和很难做大的问题。

　　农村传统市场之所以难以支撑农民工创业，主要有以下几个原因：

　　一是市场容量的有限性。传统的农村市场就如同一个"局域网"，流量和"端口"都是有限的。产品和服务规模过大，必然会出现滞销和需求不足的问题。

　　二是资金的约束。传统农村市场的融资渠道主要依赖于民间融资，一般是向亲友借，超出亲友的范围就需要借"高利贷"。融资的规模过小和借贷的高风险，这就决定了传统农民创业只能做一些小本经营的买卖。

　　三是物流的制约。在传统的农村市场，缺少第三方服务，主要依赖自办运输，如果要拓展市场半径，必然会增加运营成本。

　　如果创业者想突破基层市场向外扩展，在传统农村市场一般有两个办法：一是投入足够的资本，独立解决物流、市场推广等问题；二是借助中间商，虽然降低了风险，但不可避免地将付出额外成本并受制于人。显然，第一个办法对于返乡农民工来说是不具有可行性的。据统计，返乡农民工依靠打工完成原始积累的不到7%，自有资金相当有限,依靠商业信贷非常困难,而民间信贷成本高、供给有限。第二个办法往往是农民工普遍采用的办法,他们往往将自己的产品委托"二道贩子"(中间商)来进行销售,因为这些中间商掌握了销售渠道,创业者有求于他,所以在价格上创业者议价的权利较小,而且赊购的现象很严重。创业者不仅要受到中间商的盘剥,甚至要受到销售代理人的盘剥,比如费孝通就在《江村经济》中描述了在生产者(出售蚕丝的农民)与收购人(商人)之间还存在着一个航船主(销售代理人),航船主掌握着运输工具,而且熟悉收购人和生产者,具有一定的信用,因此他就自然成为销售代理人,当然这个代理不是无偿的,佣金高达售价的 4% 左右(费孝通,2012)。

客观来说,施坚雅考察的中国农村市场是中国 20 世纪初到 60 年代的市场,其间 20 世纪初到 50 年代初中国是自由市场,而随着集体化的推进和"社会主义改造"运动的推进,到 50 年代中期农村的自由市场基本就消失了。也就是说他此前的研究对于我们考察中国的农村市场是有一定意义的。那么,80 年代初中国农村自由市场逐步恢复后,是否又适用于此前施坚雅的描述呢?我们认为在相当长的时期内,施坚雅关于中国农村市场的理论是基本实用的,特别是在中国广大中西部地区,因为随着集体化的解体,中国农村重新回到类似小农经济的时代,直到今天,农业产业化还是推进不足,农村生产力水平还是没有得到实质性的提高,特别是施坚雅研究的四川地区还是如此。当然,近年来,随着电动车、摩托车的普及以及汽车销量的扩大和"村村通"的实现,农民的活动半径也得到扩大,施坚雅的模型也面临着修正的问题。但是在互联网作为工具出现之前,即使市场半径扩大了,农民工在农村创业基本上还是受制于农村市场。

以上,就是在互联网作为工具出现之前的农民工返乡创业所面对的现实市场约束。

在"互联网十"真正与农民工创业结合之后,传统农村市场对创业的限制被突破,在产品或服务区域上由原来的有限扩展到无限,不仅可以服务周边客户,只要自己的产品受欢迎,甚至可以扩展到外地甚至海外市场,这就可以解决有效客户不足,生意做不大的问题;在物流上,农民工可以不用自办物流,借助第三方物流解决运输问题;在货款上,不需要现金交易,也不用担心传统市场普遍存在的赊欠问题,而是借助第三方支付解决收款不便及变现问题(见表 1-3)。

表 1-3 "互联网十"市场与传统市场的区别

市场类型	服务半径	平台性质	物流	货款
传统市场	有限	实体	自办	现金交易或赊欠
"互联网十"市场	无限	虚拟	第三方物流	第三方支付

也就是说借助互联网，农民工创业完全可以突破过去传统市场的束缚，低成本、高效率地实现产品推广和市场拓展，从这个意义上说，互联网确实在一定程度上解决了原来农民工返乡创业面临的"卖什么、怎么卖"的难题，使得返乡创业的成本大幅降低，同时，由于市场的空间无限拓展的可能，也就使得创业做大变得现实。总之，相对以往返乡创业，"互联网＋"时代的农民工返乡创业具有较强的可操作性。

第三节　理论架构："互联网＋"背景下的新型农民工返乡创业生态系统

在互联网时代的大背景下，农民工创业不是一个孤立的个体行为，要想成功，必须依赖于一个完整的生态体系。自然界的生态系统（Ecosystem）包括非生物的物质和能量、生产者、消费者、分解者。借鉴自然界的生态系统理论，我们假设在"互联网＋"背景下的农民工返乡创业实践也存在着一个类似的生态系统。这一灵感来源也与互联网业的发展密切相关，蓬勃发展的互联网业也非常强调建立完善的"生态系统"。比如马云说过："我从未觉得阿里是一个帝国，更坚信我们不能做帝国。任何一个帝国都有毁灭的时候，我们要做的是'生态系统'，因为只有'生态系统'才是基本上可以生生不息的。"（宋玮，2013）阿里巴巴的IPO招股说明书中曾24次提及"生态系统"。而腾讯马化腾也公开表示，腾讯自己只保留"半条命"，另外"半条命"交给了生态系统上的创业者（马化腾，2017）。互联网平台只是创业生态系统中的一个有机部分，"互联网＋"背景下的农民创业生态系统是非常复杂的，与自然界的生态系统类似，农民工返乡创业生态系统的构成是这样的：土地、独特的自然环境、基础设施、政策环境、电商平台等构成非生物的物质和能量，返乡创业者是生产者，产品和服务的目标用户是消费者，物流、金融服务、监管机构等扮演着分解者的角色。它们共同构成一个有机的生态系统，如表1-4所示。

表1-4　"互联网＋"背景下农民工返乡创业生态系统

非生物的物质和能量	生产者	消费者	分解者
土地、独特的自然环境、基础设施、电商平台、政策环境等	返乡创业者	目标用户	物流、金融服务、监管机构等

一、为创业赋能：基础设施与政策环境优化提升

基础设施是硬条件，政策环境是软约束。互联网发展高度依赖于硬件建设，近年来我国互联网由于运营商之间的竞争，带宽不断提高，资费相对下降，使得宽带网逐步普及，并逐步向广大农村延伸。据中国互联网络信息中心（CNNIC）报告，我国网民规模达 6.68 亿，其中农村网民占 27.9％。① 最关键的是由于智能手机的普及，使得我国许多农村地区一步跨过 PC 互联时代，直接进入移动互联网时代。移动互联网更方便、更快捷、更经济。据统计，我国已有 4G 用户 5.3 亿，比欧美总和还要多。农村互联网的普及，使得农民工返乡依托互联网创业就有了可靠的技术保障。此外，我国政府也已充分认识到互联网对农民工返乡创业的重要意义，国务院出台的意见中也明确提出加强"互联网创业线上线下基础设施建设"，各地也纷纷针对农民工返乡创业出台相关优惠政策，这都为农民工返乡创业创造了非常宽松的政策环境。

二、生产者形成：农民工返乡创业的意愿与行动

创业本应该是农民工的理性行为（江立华等，2011）。中国农民一向具有创造精神，国家的政策凡是尊重农民意愿的、支持农民首创精神的，一般都能取得好的效果，否则可能遭受农民抵制，甚至归于失败（徐勇，2009）。国家制定农民工创业政策应该考虑农民工的意愿，据唐有财等的调查，选择有"很强烈""比较强烈"的创业意愿的农民工合计达 56.1％（唐有财，2013）。据农业部统计，截至 2015 年底，农民工返乡创业人数累计已超过 450 万，约占农民工总数的 2％。农民工是返乡创业生态系统中的生产者，他们是创业的主体，其他部门都是围绕他们服务的，可以帮助他们拉近愿望与现实的距离，帮助他们将愿望诉诸行动，但真正的行动者是他们。政府部门可以根据农民工意愿，提供相应的创业培训服务等，至于农民工创业的方向选择都应尊重农民工意愿，其他部门不能越俎代庖。

三、消费者异变：消费对象的广域化

与过去农民工返乡创业一般都把消费对象集中于周边区域的不同，基于互联网的创业从一开始就把消费对象定义为广大的国内和国际市场。产品的地域特色与市场的广泛性并不矛盾，越是地域的越是世界的。成功的案例也充分地证明了这一点，

---

① 中国互联网络信息中心. 中国互联网络发展状况统计报告［EB/OL］.（2015-07-23）［2018-11-10］. 中共中央网络安全和信息化委员会办公室门户网站,http://www.cac.gov.cn/2015/07/23/c_1116018119. htm.

比如江苏宜兴紫砂村的紫砂器具、大理白族新华村的银器等通过网络行销全国,使得当地古老的手艺又焕发了青春。而对于消费者来说,永远不变的是对创新的追求、对质量的执着、对服务的高要求。因此,对于创业者来说,最重要的不是担心有没有消费者,而是通过创新提供高品质的产品和优质的服务;而对于当地政府部门来说,要做的是通过完善基础设施,方便产品以低廉的流通成本传递到消费者手中。

四、分解者跟进:电商平台与线下配套服务

对于一个成熟的生态系统来说,分解者和输送者扮演着不可或缺的角色,而对于农民工返乡创业来说,电商平台、物流配送、金融服务更是直接决定着依托互联网创业的成败。当前,中国的电商已经涌现出一批具有世界级别的大型企业,他们近年来纷纷推出了自己的农村战略,少数企业雄心勃勃,甚至希望提供一揽子解决方案。比如阿里巴巴农村战略的第三层面就是帮助农村建立包括交易、物流、支付、金融、云计算、数据等基础设施。农村淘宝通过与第三方物流合作打通乡村物流网络,通过"菜鸟网络"实现送货入村,通过"满天星项目"实现农产品溯源,通过"蚂蚁金服"提供金融服务,据称,其已为"18万家农村小微企业提供了经营性贷款,累计放贷300亿元"(见图1-2)。此外,京东公司推出"3F战略",即工业品进农村战略(Factory to country)、农村金融战略(Finance to country)和生鲜电商战略(Farm to table)。其中,提供面向农村的普惠金融服务和建立从农村到城市的农业品直供渠道,对于农民工返乡创业来说将具有重要意义。依托这些成熟的电商平台,确实可以帮助农民工降低返乡创业的成本、发现潜在消费者、方便快捷地融资并尽快建立个人的信用记录等,充分利用这些优势平台是当前农民工返乡创业的一个可靠的选择。

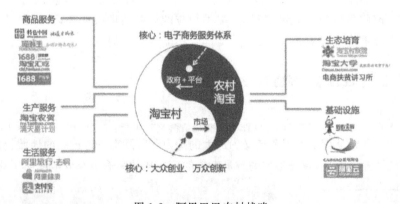

图1-2 阿里巴巴农村战略

资料来源:阿里研究院发布的《2015年中国淘宝村研究报告》。

第四节　实践解构:"互联网＋"与农民工创业 生态系统形成的经典案例

一个生态系统的启动具有一定的偶然性,有可能是生产者驱动的(Producer driven),也有可能是资源驱动的(Resource driven),还有可能是外力(能量)驱动的(External driven)。有可能是单因素驱动,也有可能是多因素联合驱动。在互联网的作用下,这些因素被整合、放大,不断进化、成长,从而形成功能更完备、规模更庞大、运作机制更复杂的生态系统(见图1-3)。基于上文的研究假设,我们在阿里研究院新乡村研究中心的帮助下,先后调研了山东曹县,江苏沭阳、睢宁,浙江义乌,福建龙岩等地的淘宝村、淘宝镇,重点考察其中农民创业生态系统的生成机制。

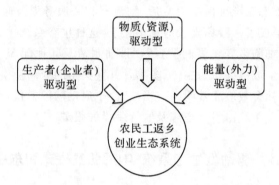

图1-3　"互联网＋"与农民工创业生态系统模型

一、生产者驱动型生态系统:沙集模式

沙集模式的产生具有一定的偶然性,但这种偶然性也蕴含着必然的逻辑。2007年江苏睢宁县沙集镇东风村村民孙寒、陈雷等在上海游玩,逛到宜家家居店,被那些简易、时尚的拼装家具所吸引,返乡后找当地木匠生产类似家具在淘宝上销售。没想到大受欢迎,首月收入过10万元。同村村民知道后纷纷模仿,到2010年,沙集镇就拥有600多名农民网商,开办了2000家网店。网销拉动起一个新兴的产业群,包括家具厂、物流快递企业、板材加工厂、家具配件门市、网店专业服务商。当年销售额超过3亿元。随后该模式被复制到周边乡镇,整个睢宁县电子商务被带动。截至2016年底,睢宁县网店总数达到36900家,配套物流企业60家,

直接带动就业 20 万人，电子商务交易额 136 亿元。①

沙集模式的生态体系的形成非常独特，在沙集镇本来没有家具产业，也不出产木材，东风村也只是一个因收购废旧塑料而闻名的村子，就因为孙寒、陈雷（生产者）个人的能动性，利用刚兴起的互联网电商平台，从而带动制造业（家具工厂）、服务业（物流）等产业的发展，是一种典型的信息化带动工业化、城镇化的样本。

这种"无中生有"的模式，带头人（生产者）是关键，他必须具有一定的眼光和技能。在这个案例中，孙寒作为返乡青年，曾经在移动公司做过客服，熟悉互联网，有一定的市场意识，这都是他成为带头人的关键。他创业成功后尽管也想控制其他人学技术，甚至威胁要打人（陈恒礼，2015），但农村是一个"熟人社会"，现代市场规则敌不过人情，孙寒、陈雷乃至为他们生产家具的王木匠不得不向好友、家人传授技能，从而产生了更多的生产者，产生了大量的家具厂、木材加工场，这都壮大了生产者的队伍。在这个案例中，电商平台成了公共物品或者说是基础设施，属于生态系统中最基础的物质和能量，没有平台，生产者很难创业，更不可能以极低的成本实现快速扩张。生态系统规模扩大之后，物流及相关服务以及政府监管（分解者）的跟进也就水到渠成了。沙集模式的意义在于，这种生态系统构建的门槛极低，一旦启动就会呈现"细胞裂变式复制扩张"，"带动制造及其他配套产业发展，各种市场元素不断跟进，生成以公司为主体、多物种并存共生的新商业生态"，从而带动农村的三化融合，其社会效应非常明显。当然，由于启动的门槛低，也带来恶性竞争、侵权等问题，这有赖于政府引导措施及监管手段的跟进。②

二、物质（资源）驱动型生态系统：中闽弘泰模式和东高庄模式

这种生态系统的形成特点是，首先要有一个在当地有优势的产品（资源），或者已经有一个成熟的市场，然后依托这种特色产品或者成熟市场，对接互联网平台，将产品优势转化为商品，将有限市场放大为无限市场。这种类型的生态系统比较典型的有中闽弘泰模式和东高庄模式。

中闽弘泰模式成功的关键首先是有一个独具特色的产品——铁观音茶。

中闽弘泰的创始人王思仪创业时还是一个初中辍学的少年，由于整天宅在家里打游戏，父亲的一句"整天玩游戏，不如替家里想想家里的茶叶怎么卖出去"点醒了他，于是开始了在淘宝上的创业之路。至 2012 年，第九届全球网商大会上，他成

① 阿里研究院.中国农村电子商务发展报告（2016-2017）[EB/OL].（2017-10-12）[2019-05-12].中国国际电子商务网,http://www.ec.com.cn/.

② 中国社会科学院信息化研究中心,阿里巴巴集团研究中心."沙集模式"研究报告[EB/OL].（2011-02-22）[2018-11-12].凤凰网科技,https://tech.ifeng.com/.

为全球十佳网商。2014年,他及其团队获得铁观音线上销售冠军。为了解决质量和保证货源,中闽弘泰成立了合作社,统一制作标准保证茶农销路(刘益清,2015)。现在中闽弘泰茶叶专业合作社下辖一个茶厂(龙珍茶厂)和85家农户,拥有茶园3256亩。合作社在淘宝商城设有旗舰店,采用产地直销的方式进行铁观音茶叶的销售。

中闽弘泰模式生态系统中,核心创业者(王思仪)凭借个人突出的营销能力及特色产品(铁观音)在电商平台上创业,创业成功后吸引其他传统创业者进入合作社,规范产品标准,保障产品供应。在这一系统中核心创业者利用独特的资源优势,依托互联网平台拓展市场,在销路拓展开后,通过合作社的形式,扩大生产规模,把控产品品质,降低生产成本,形成了有特色的创业生态系统。

东高庄模式的成功的关键是当地事前已形成了一个比较成熟的羊绒制品生产、销售市场。东高庄模式所指的东高庄位于河北省清河县,该村地理位置偏僻,拥有农田2020亩,主要经济作物是小麦、玉米,村民2000余人。与上面两种模式不同的是,东高庄经营羊绒制品并非从零起步,从1985年起,就有村民开始从事羊绒深加工产业。到20世纪90年代末,相关从业者已有6万多人,年产各类羊绒2万余吨,其中山羊绒占全国的60%(赵新培,2017)。从这个数据可以看出清河本来就是一个非常成熟的羊绒市场,只是因为相关销售、经营成本过高,农民创业获利有限。

东高庄开始在网上销售羊绒制品是从2007年一个叫刘玉国的返乡创业青年开始的。刘玉国初中毕业,1997年在一家公司做羊绒衫销售代理,被骗20余万元。之后二次创业做羊绒加工,每年只能赚一两万元。2007年因他的叔叔看过他人开网店赚了钱,于是也鼓励他试试,他抱着试试看的心理,拍了几张照片上传到淘宝网,没想到很快就成交了,一天就赚了200多元,这让他大受鼓舞。原来他做了十年生意没有买车,开网店两年就买了3台车,这引起当地村民的关注和模仿。现在东高庄村400多户村民在网上开店,品牌有400多个,年销售额过百万元的有20多家。

在东高庄这个模式中,其生态系统的构成的特色是:在接触互联网之前,这里其实已经存在一个生态系统,这种生态系统是传统的,生产者是广大从事羊绒初加工的农民,他们将产品卖给国内外的商家,这些商家将其深加工做成终端产品,挂上品牌后卖给消费者。由于不具有终端消费渠道和品牌,因而农民获取的附加值比较低。而在对接互联网平台之后,这一生态系统迅速升级,生产者通过平台直接对接消费者,大大降低了双方的交易成本。与沙集模式不同之处有两点:一是这里已经存在一个较为完善的市场;二是它对带头人的眼光和个人创意依赖有限,因为并不需要"无中生有"。两种模式相同之处是都是市场自发行为,政府作用有限。东高庄模式的缺点也是明显的,那就是"野蛮生长",现在由于恶性竞争,互相杀价,致使假冒伪劣产品层出不穷,经营比较困难。

三、能量(外力)驱动型生态系统:遂昌模式和培斜模式

这种生态系统的特点是当地没有成熟的产品或市场,或者有产品但没有互联网意识,当地党委(政府部门)主动作为,积极介入引导和促进相关创业者利用"互联网＋"进行创业,并积极参与营建生态系统。这类典型有遂昌模式和培斜模式。

遂昌模式以农产品销售为主,这得益于当地独特的自然资源。遂昌县隶属浙江省丽水市,山地占总面积的88%,是个典型的山地县。与浙江其他县市不同,遂昌工业经济一般,以农业经济为主,农林特色产品丰富。在2010年以前,当地一些农民、农民工返乡创业者、大学生在淘宝上零星开了一些网店,主要经营当地的一些土特产。2010年3月26日,遂昌网店协会成立,协会由相关政府部门、企业、网店从业者联合发起。网店协会通过培训创业者、整合供应商资源、规范服务市场与价格、创立"赶街",将遂昌依托互联网创业的生态系统盘活了(见图1-4),并在遂昌逐渐形成了较完备的电子商务生态体系,创造了5000个就业岗位。[①] 关键是由于协会的良好组织效应,使得遂昌模式受到了淘宝的重视,因为对于淘宝这个平台来说农产品的品质和安全也是他们的一个"痛点",遂昌与淘宝网建立了深度合作的关系,在淘宝上建立了特色馆。有了平台的加持,这就极大地推动了这一生态系统的高速发展。

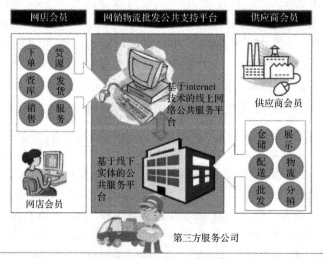

图1-4　遂昌模式运作流程

资料来源:遂昌市网店协会供图。

---

① 周爱飞,齐杰.遂昌模式研究——服务驱动型县域电子商务发展模式[EB/OL].(2016-08-04)[2019-12-12].人民网-理论频道,http://theory.people.com.cn/.

遂昌模式这一生态系统中,协会发挥了关键角色,协会是一个半官方组织,当然在其背后有着官方强有力的支持。本来遂昌的网商在市场上影响力不大,但是由于有了协会的组织,为其提供培训、货源、服务商等一揽子公共服务,并为其创造良好的公共关系,使得创业者能够乘势而上,降低投资成本,快速拓展销售市场。在这一生态系统中,生产者的作用并不太突出。

培斜村模式的形成则与村级党委的大力推动有关。培斜村位于革命老区福建龙岩。20世纪90年代,现任培斜村村支书华锦先率先在村里办起了竹凉席加工厂,村民纷纷仿效,渐成规模。为防止恶性竞争,村两委决定成立公司、注册商标,采取"公司＋农户"模式,对全村竹席厂实行统一管理。2013年,村干部发现"淘宝"的商机,经过与村两委班子和村民代表多番调查论证、集体研究,决定大力发展电商产业,主要经营本村竹制品、茶叶和其他产品。在村党支部的领导下,村两委开始对有意向开设淘宝店、参与服务的村民进行登记造册,制定统一规则,并提供相应的优惠政策。同时,由熟悉网络技术的年轻党员、大学生党员先行创办、领办"淘宝网店"和实体店,摸索电子商务运营经验传授于村民;发挥老党员、村干部和种养能手懂种养、会营销、信息广的经验优势,动员亲友投资开店,并对实体产业和网络营销如何有效对接进行指导;组织村里老人、妇女参与产品包装、物流配送等销售环节,实现了足不出户即可就业增收。2016年在淘宝、天猫上的销售额已突破1亿元,多次被阿里研究中心、中国社会科学院信息化研究中心授予"中国淘宝村"荣誉称号。

在培斜模式这一生态系统中,村集体发挥了非常关键的作用,村集体不仅是土地、山林等重要资源的所有者,更发挥了一个生产者的组织、协调、决策作用。培斜村这样的资源禀赋在老区非常常见,如果没有村组织的领导,返乡农民工很难有能力动员相关方面的资源实现有效的创业,当然,"互联网＋"在这一平台发挥了重要作用,对于这样的信息闭塞偏远老区来说,解决了信息不对称问题,再加上物流的跟进,都有助于降低创业的成本。

四、三种生态系统的比较

以上三种生态系统、五种模式基本包括了当前我国"互联网＋"农民工返乡创业的主要模式。如表1-5所示。

表 1-5 三类生态五种模式的特征比较

生态类型	模式	路向	优势	劣势	可复制性	电商依赖度	改进方向	类似案例
生产者驱动型	沙集模式	市场自发	市场活力足	恶性竞争	强	高	加强引导监管	江苏耿车
物质(资源)驱动型	中闽弘泰模式	市场自发	统一品牌	农户活力不足	中	中	调动农户积极性	四川青川、河南辉县
	东高庄模式	市场自发	启动迅速	恶性竞争	中	中	加强引导监管	江苏沭阳县、青岩刘村
能量(外力)驱动型	培斜模式	集体组织	组织程度高	活力不足	低	中高	激发创新活力	
	遂昌模式	政府引导	政府资源	活力不足	中	中高	激发创新活力	陕西武功

三种生态系统中，生产者驱动型生态系统对于创业者的个人素质有较高的要求，一般这样的创业者都是有着一定文化素质和工作经验、富于冒险精神的返乡农民工。原来有没有成熟的产品不是关键问题，但创业时必须要找到一个合适的"蓝海"产品，这个产品能不能做大，其价格、质量、创新性都很重要，但不一定是本地特色产品。比如东风村的家具，缙云县北山村的户外用品，都不是当地原有的产品，但由于孙寒、吕振鸿两位农民工具有创业精神，抓住了互联网机遇，选择了有特色的产品，很快就打开了市场，随着被复制推广形成规模效应，相关配套产业迅速跟进，当地政府予以扶持和帮助，从而得以形成一个较为完善的生态系统。

物质(资源)驱动型，则对资源和原有成熟的市场依赖较大。这些地方由于已经有了比较成熟的产品或者一定规模的市场，即使没有互联网的加持，没有带头人的带动一样可以有一定的市场地位。但是有了互联网的应用确实改变了原来的生态，使得销售市场急剧扩大，从而带动了生态系统其他部分的大幅改变。从这种意义上说，互联网及首创者的作用也应该充分肯定。中闽弘泰模式中的王思仪虽然销售的还是当地的优势产品铁观音茶，但其销售理念、模式、组织形式由于引入了互联网思维，从而与其父辈有了很大的不同。同样，对于依托成熟羊绒市场的东高庄模式来说，也大大地提高了其经营效率，但是由于传统生态系统过于强大，也直接导致了该模式仍然受到传统生态系统的桎梏，难以进行革命性的提升。

能量(外力)驱动型，组织和政府的引领非常关键。有些地方，没有市场自发产生的带头人的带动，也没有赖以发展的独特的产品资源和成熟的市场，如果一味消极等待，可能很难等到发展的那一天。这时候党委政府的战略眼光和行动能力就非常关键。培斜村"互联网+"的引入,基层党支部发挥了非常关键的作用,而遂昌网店协会贯彻当地党委政府的政策,对于当地的农民工依托互联网创业发挥了引领作用。

具体到五种模式中,对于其在市场与政府关系、资源禀赋的依赖程度、与电商平台关系的强弱以及可复制性方面也值得探讨。

从市场与政府(集体)的关系上看,可以分为自下而上和自上而下两种路向。沙集模式、东高庄模式、中闽弘泰模式都属于典型的自下而上的市场自发模式,这种模式的优点是创业者的创业热情高、市场活力足,缺点是由于一哄而上,市场自律性不足,导致恶性竞争,互相压价、以次充好、侵犯知识产权等问题随之出现。比如在沙集,侵犯知识产权这个问题表现得特别明显,一个网店开发的某个款式一旦畅销,其他网店纷纷仿制,导致诉讼纠纷的产生,并激化创业村民的矛盾,甚至伤及沙集家具的整体声誉。

从对资源依赖的程度上看,可以分为三类:一是对创业者禀赋的依赖程度;二是对市场的依赖程度;三是产品资源的依赖程度。沙集模式由于是"无中生有",对创业者的悟性、经营能力要求较高;中闽弘泰模式由于需要整合农户资源,因此对创业者的组织能力要求较高;而东高庄模式高度依赖于原有的成熟市场,对创业者个人的素质要求相对较低。遂昌模式、培斜模式、中闽弘泰模式都依托于当地独特的产品资源,比如中闽弘泰依托于当地的特产铁观音,遂昌则依托于当地知名的竹炭、菊米,培斜模式依托于竹席、茶叶、旅游资源。而沙集模式则销售本地并不盛产的家具,完全不依赖本地的特色产品,沙集的家具出名后,原来该地主营的废旧塑料回收业也因此衰败,解决了老大难的环保问题,也算是一个意外的收获。

从对电商平台的依赖程度上看,五种模式各有不同。完全依赖电商的是沙集模式,该模式因淘宝而生,也因淘宝而繁荣。遂昌模式、培斜模式也具有较高的依赖性,因该产品原来除了本地人认可外,在域外基本没有销路,通过与电商的结合,意外地开拓出了一个潜在的大市场。而东高庄模式、中闽弘泰模式则对电商平台的依赖程度较低,因两地主营的羊绒和铁观音茶在全国具有较高的知名度。但通过电商平台,解决了传统营销模式的信息不对称问题,既降低了商家的营销成本,提高了收入,也让消费者降低了支出。也就是说通过互联网的撮合机制,降低了社会成本,促进了商品的流通。

从改进路径上看,五种模式都有其缺陷,都需要有针对性的提升。沙集模式、东高庄模式,市场化程度高、经营相对分散,有利于激发市场活力,调动返乡农民工的创业热情,但由于缺乏统一的组织和监管,必然在中后期出现恶性竞争等问题。因此,该模式需要强化行业自律和市场监管,事实上这些地方的创业者和政府都意识到这个问题,如沙集镇所在的地方政府就出台了相关政策和成立相关组织统筹服务和监管当地的电商。而遂昌模式虽然组织化程度较高，但创业者如果过度依赖协会和政府，必然创新性、自主性不足，难以成就杰出的企业和企业家，而且协会过度依赖个别突出领导者的现象也很难持续，因为协会领导也有自己的事业，很难平衡两者的冲突。中闽弘泰的"合作社＋农户"的模式具有较强的活力，但存疑的是这种合作并非股权形式的合作，怎样调动双方的积极性，共同成长，而不是电商一方的突出成长，也是一个需要解决的问题。

从可复制性看，选择合适的模式复制推广，是学术界和政府部门需要思考的重要问题。总的来说，各地需要结合当地的实际，比较优劣，选择最合适的模式。如果本地有独特的资源，但缺乏有效的组织、发动与推广，那么选择遂昌模式是最合适的，因为可以利用政府（协会）的力量通过培训、资金扶持、场地安排在相对较短的时期内实现较大的突破，这也是近年来国家商务部和阿里巴巴极力推广的原因。如果当地已经有了比较成熟的市场和产品，那么选择东高庄模式非常合适，可以快速地和电商平台对接，降低交易成本，让利广大消费者，扩大市场占有率。如果既没有特色的产品，又没有成熟的市场，那么沙集模式也可以成为一个有益的借鉴，因为该模式就是一个"无中生有"的模式，但是这需要发现有潜力的领头人，政府能够做的就是优化市场投资环境，加大电商的孵化投入，激发返乡农民工的创业创新潜能。

第五节　农民工返乡创业生态系统特征、约束及其完善

一、农民工返乡创业生态系统特征

综合以上案例分析和市场考察，总的来看，"互联网＋"背景下的当前农民工返乡创业生态系统具有如下特征：

一是高度依赖于电商平台。中国的电商平台建设水平居于世界前列，而且在模式上具有创新性。美国最著名的电商 Amazon 是以自营为主的 B2C 模式，其他经营者只是一个供货商而已，没有自主经营权。eBay 则是典型的 C2C 模式，是一个线上拍卖及购物的平台。而阿里巴巴平台，既有 B2B 模式（企业对企业，批发），也有 B2C（企业对个人，如天猫），也有 C2C（个人对个人），以方便、快捷、优惠、服务完善等多方面的优势吸引了广大消费者。创业者可以依据其实力找到一个适合自己创业的平台，农民工返乡创业依托现有的电商平台是一条非常便捷的低成本创业渠道。当然，现在平台之间竞争也很激烈，除了阿里的平台，京东、腾讯的微商之外，还有众多专业性的平台，如天天果园、蔬果网、中国苗木网等，为农民工创业提供了便利。

二是资源禀赋深刻影响创业路径。从以上案例中可以看出,农民工创业先行者或利用自己的经验技能、或利用当地的独特资源、或利用传统市场条件、或依靠政策环境闯出了一条条独具特色的"互联网+"创业模式,也为后来者提供了借鉴。这些模式没有最好的,最适合创业者自身条件和需要的就是理想的模式。

三是多元主体之间有机互动。电商平台虽然居于主导地位,但离不开国家基础设施建设的跟进和农民工返乡创业政策的推动,更离不开农民工等创业主体的辛勤经营与开拓,农村店主已成为电商平台上最富活力的生力军之一,他们的努力也成就了电商平台的繁荣。同时,广大消费者对创业者产品的消费并及时反馈意见有助于创业者生产经营水平的提升。整个生态链上的各个部分都积极互动,共同构成了一个富有活力的生态系统。

四是生产者经营方向并不局限于涉农产业。过去我们一般认为农民工返乡创业一定是以农副产品为主的。有些地方的主政者也想当然地将扶持农民工返乡创业的范围定位在农业领域,事实上,据阿里研究院的大数据分析,2015年淘宝村网店销售额最高的商品是服装、家具和鞋。位居前十的并没有农副产品。比如山东曹县大集镇以销售演出服装著称,江苏沙集镇以生产销售各类家具称雄于国内市场。为什么会出现这样的情况,这是由互联网背景下的市场的广域性决定的。这就提醒我们应该摆脱思维局限,要对农民工返乡创业的创造性有信心,同时不要干涉农民工创业的经营方向。

二、农民工返乡创业生态系统主要约束

综合以上典型案例和生态系统的分析,我们认为制约"互联网+"农民工返乡创业生态发展的主要有以下因素:

一是中西部地区政策环境的不完善抑制了农民工返乡创业热情。从生态系统理论构成可知,基础设施和政策环境构成了生态系统的非物质的环境与能量,其作用至关重要。然而,作为资源丰富的中西部地区,由于这两方面的不足限制了"互联网+"能量的发挥和创业者积极性的施展。据阿里巴巴发布的中国淘宝村数据,截至2016年8月底,在全国共出现的1311个淘宝村,分布在18个省市,东部地区占了97.3%,而广大中西部地区仅占2.7%,这无疑与中西部地区资源丰富的地位不相称(见图1-5)。[①] 中西部地区有大量的农民工在东部沿海打工,他们也不乏创业愿望,调研发现他们主要的担心是办证难和相关部门的吃拿卡要,如果改善家乡的创业环境,吸引他们返乡依托"互联网+"创业是完全有可能的。

---

① 阿里研究院,阿里新乡村研究中心.中国淘宝村研究报告[EB/OL].(2018-11-12)[2019-01-16].中文互联网数据资讯网,http://www.199it.com/.

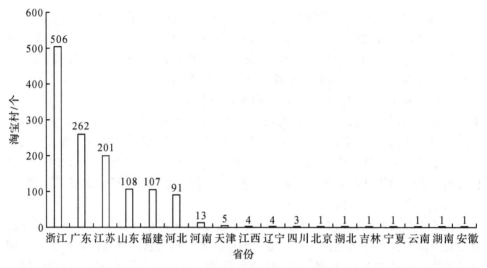

图 1-5 2016 年全国淘宝村地理分布

资料来源:阿里研究院阿里新乡村研究中心,2016 年 10 月。

二是当前电商平台对产品上行与下行重视程度不均衡。当前主流电商如阿里巴巴、京东、苏宁等都加大了农村市场的投入,阿里巴巴发布了"千县万村"计划,未来 3～5 年内,阿里巴巴集团将投资 100 亿元,建立一个覆盖 1000 个县、10 万个行政村的农村电子商务服务体系。阿里将投入人力、物力等资源在选定的县级城市开设县级服务中心站点,由县级服务中心站再去开拓合适的村级服务站,村级服务站由当地村民或适合做村民网购网销服务的店铺来运作,希望打造一个"消费品下乡、农村产品进城"的双向流通体系(钱玮珏,2015)。这个出发点是好的,但是从目前的运作情况来看,进展不大。从一些试点站点的运作情况来看,下行(通过平台购物)情况很好,比如 2014 年"双十一"桐庐 5 个镇 19 个村的农村淘宝网点,累计成交 1229 单,总金额 209800 元,平均 11000 元/店,平均每笔成交单价 171 元。但当地农民通过这些站点卖了多少(上行)则没有数据。[①]这难免让人质疑,这些平台的目的到底是帮助城市向乡村倾销工业产品还是帮助农民卖农产品?

三是中西部基础设施与物流成本抬高了返乡创业者的运营成本。中西部地区的道路、电信服务与沿海发达地区存在较大差距,特别是在物流方面,与沿海发达地区相比,中西部地区的物流成本偏高。在苏、浙、沪地区,"包邮"服务非常普遍,在中西部地区却很难做到,这就削弱了中西部地区电商创业者的竞争力。还有一

---

① 陈亮. 走进桐庐:探访阿里农村淘宝第一站[EB/OL]. (2014-12-15)[2019-11-18]. 吾谷新闻网,http://news.wugu.com.cn/.

些快递物流公司基于成本考虑甚至拒绝对偏远农村的服务，没有物流公共服务，农民工返乡创业很难开展。这个问题单靠创业者、电商平台或地方政府很难解决，需要国家层面的通盘考虑。

四是融资困难和经营用地供给不足制约了农民工返乡创业。据内蒙古的一项调研表明，70%的返乡创业农民认为资金筹措困难是制约其创业的首要原因（牛永辉，2018）。农民工自身资金积累有限，返乡创业亟须金融支持，仅仅依靠民间融资是不够的，需要相关政策驱动正规金融的倾斜。尽管国家相关部门也出台了一些政策，但政策如何尽快落地是当前迫切需要解决的现实问题。还有创业用地问题，用地审批、备案都很困难，规划所需的手续烦琐，这都限制了农民工的返乡创业。

五是一些政府扶持政策指向性的偏差。扶持政策必须基于政府与市场的定位，而市场与政府角色定位不易把握。党的十九大报告指出，要继续发挥市场在资源配置中的决定性作用，也强调政府要"激活市场""守护市场"。但我们从以上案例分析中也可看出，一些地方在"激活市场"上缺乏作为，由于创业环境不友善，抑制了农民工的返乡创业，由于扶持政策不力，创业成本过高，使得创业者不堪重负。一些地方在"激活市场"上作为过头，代农民工做主，逼迫农民种什么不种什么，又无法负责到底，挫伤了农民的创业热情。在"守护市场"上，一些地方要么不作为，要么过度作为，从而出现或过度竞争、违规经营，或监管过严、动辄得咎的问题。还有的政策由于条块分割，很难落实，比如农业部的政策重在扶持涉农创业，但农民工返乡创业往往不一定经营农产品，这就导致无法享受相关政策的问题。

三、农民工返乡创业生态系统的完善

根据以上特征，对于农民工返乡创业生态系统的完善，重点从以下方面努力：

第一，推进国家相关政策落地，优化农民工返乡政策环境。当前，农民工返乡创业并不缺政策，缺的是如何让政策落地生根。近年来国务院先后发布了《国务院办公厅关于支持农民工等人员返乡创业的意见》《国务院办公厅关于促进农村电子商务加快发展的指导意见》《国务院办公厅关于支持返乡下乡人员创业创新促进农村一二三产业融合发展的意见》，随后农业部、商务部、国家工商总局等又出台了相关落实文件。然而，这都需要落实到促进农民工返乡创业的具体工作中去，让他们有真正的获得感。调研过程中，农民工反映还存在着证照难办、优惠政策难争取、监管不当的问题。因此，当前优化返乡创业政策环境的关键是在县乡层面落实好有关政策。目前，中西部地区一些县市非常重视引进大企业、大资本，对草根创业重视程度不够，需要端正认识。

第二，鼓励电商平台深耕中西部农村，实现"销"和"售"均衡发展。从上述案例和淘宝村数据我们可以看出，在中西部地区很少有成功的农民工电商典型，当前电商平台在中西部地区也主要做的是促进农民网上购物的工作。国家有关部门应该鼓励并推动电商平台深耕中西部农村，特别是与精准扶贫结合起来，密切与中西部地区基层政府合作，通过培训、设专馆乃至导流、降低推广费用等方式支持中西部返乡农民工在平台上创业，支持中西部地区的特色产品通过平台进行销售。当然，对于电商平台支持中西部贫困地区的支出，国家应该给予税收减免等方面的政策，以实现双赢。

第三，加强中西部地区的基础设施建设，推进邮政普遍服务。推进"互联网＋"农民工返乡创业生态系统建设，基础设施建设是一个重要环节，在道路、仓储、电信、宽带等方面需要加大投入。特别是针对快递不愿进村的问题，邮政部门可以考虑将针对国有邮政企业服务补贴覆盖到民营快递企业，提高民营快递企业的积极性，并加强监管，实现货畅其流，方便农民工创业。

第四，加大金融支持力度，鼓励融资平台服务农村。鼓励有条件的地区通过拓宽社会融资渠道设立农村电子商务发展基金。支持蚂蚁金服、京东金融等积累有信用大数据的互联网平台向符合条件的创业者贷款，并捆绑支持其在电商平台上创业。鼓励新型服务农村的传统产业巨头如新希望企业等支持农民工返乡创业。针对农民缺乏抵押物、没有消费和信贷记录的问题，以加盟商模式（如翼龙贷）、自营放贷模式（沃投资）、供应链金融模式（如农信宝）、土地经营权抵押模式（如聚土网）四种风控思路，化解风险。

第五，发挥基层政府"激活""守护"职能，发挥农民工返乡创业主动性。基层政府应该在农民工返乡创业的经营方向问题上保持开明的态度，尽量不要人为地规定优惠的方向，因为市场的发展往往并不以政府的主观意志为转移。阿里研究院的报告表明，通过政府力量完全"从无到有"主动创建淘宝村，尚没有成功的案例。政府要做的是尽量优化市场环境，根据创业者的需求提供优质的公共服务。但是，由于市场不是万能的，对农民工不能解决的土地、恶性竞争等问题，需要政府的支持和监管。

第二章　新型农业经营主体与新乡贤的功能整合逻辑及路径

　　在我国乡村振兴战略深入推进背景下,作为推动乡村整体振兴的两大新生群体,新型农业经营主体(简称新主体)与新乡贤成为农村经济政治社会秩序的主要型构力量。在村庄共同场域内,以经营规模化农业,对村庄日常秩序产生不同程度影响力为特征的新型农业经营主体,与以投资兴业、回馈桑梓和整合村庄为特征的新乡贤之间具有高度角色功能重合性和粘连性,它们的互动或交织将形成新的乡村秩序整合路径,提炼两者的功能整合逻辑及路径具有重要的政策参照意义。亟须注意的是,新主体和新乡贤的功能角色在官方表述中尚几乎呈孤立、分割状态,彼此的结构联系和功能协同潜力没有受到应有重视。所以官方对两大群体的政策定位和现实实践存在一定的张力,两者具有实现功能整合的必然性和紧迫性。从社会行动的理想类型划分,可将新主体和新乡贤的行动分为工具理性行动和价值理性行动两类,但实践中工具取向与价值取向的统一使两大群体具备了实现功能整合的理论基础和现实条件。在功能整合路径上,首先要优化顶层制度设计,从政策上明确新主体和新乡贤的多角色功能;其次要促进新主体向新乡贤转变,推动两者建立在比较优势基础与共同行动基础上的功能整合渠道。不过要注意的是,在推进新主体和新乡贤两大群体的功能整合及路径建构过程中,第一,需坚持两者功能整合的法治底线以防止少部分个体对农村公共利益的攫取;第二,要加强农村公共物品供给水平以进一步将农民生存保障机制从农业中脱离出来;第三,应侧重培育农村本土资本成长以弱化城市工商资本下乡带来的负面效应;第四,应扩大乡土财富回流效率以破解城乡金融支持机制不均衡和发展农村造血功能;第五,要发展社区支持型新型农业以保障普通小农权益。

第一节 官方定位与现实实践

一、新型农业经营主体

（一）官方定位

进入 21 世纪后，关于新型农业经营主体的论述几乎是中共中央、国务院历年所颁布一号文件的重点内容，对种植大户、家庭农场、合作社、农业企业等新型农业经营主体在农业现代化转型中的作用给予了充分重视。特别是党的十九大报告提出，构建现代农业产业体系、生产体系、经营体系，完善农业支持保护制度，发展多种形式适度规模经营，培育新型农业经营主体，健全农业社会化服务体系，实现小农户和现代农业发展有机衔接。中央办公厅、国务院办公厅《关于加快构建政策体系培育新型农业经营主体的意见》也指出，培育从事农业生产和服务的新型农业经营主体是关系我国农业现代化的重大战略。加快培育新型农业经营主体，加快形成以农户家庭经营为基础、合作与联合为纽带、社会化服务为支撑的立体式复合型现代农业经营体系，对于推进农业供给侧结构性改革、引领农业适度规模经营发展、带动农民就业增收和增强农业农村发展新动能具有十分重要的意义。

党的十九大报告和《关于加快构建政策体系培育新型农业经营主体的意见》两大纲领性文件是各级政府制定和调整地方政策的主要依据，地方政策中对新型农业经营主体的定位和高层保持着高度一致，将培育新型农业经营主体视为实现农业现代化的必由之路和关键载体。从中可知，在政策叙事话语中，新型农业经营主体基本上被视为单纯的农业生产者或服务者角色，而非政治社会文化参与者。这一点已有学者注意，并提倡重视它们除了农业生产、服务以外的政治社会功能（黄增付，2020）。值得注意的是，尽管地方政府在鼓励和引导新主体发展中，在政策话语上仍遵循和强调新主体的农业生产者及服务者身份，和中央顶层方针保持一致性。但在基层实践层面上却没完全受限于政策文本，而是遵循着地方受益最大化或地方情境便利性准则来灵活对接、安排新主体的具体活动。这等于是，关于新主体角色的官方定位由党和政府高层向基层传达过程中，实际上呈现出不同程度上的演变、扩展，各级地方政府并没有被高度抽象、方针化的顶层制度设计所束缚，地方治理便利性原则在其中发挥着作用，这一方面促使新型农业经营主体与乡村社会发展需求的相契合,力图达到资源利用最大化,但另一方面也为下乡资本以牺牲村庄社区为代价而盈利,甚至与地方政府合谋寻租制造了可能性空间。

(二)现实实践

农业人类学者詹姆斯·C.斯科特(2017)对 20 世纪中后期数个国家推行的社会制度改革案例的研究提出,行政力量主导下的社会改革具有一定过激现代化特点。其基本逻辑是社会性工程在运作进程中,应只存在主要因素,例如人工规划的山林中只有经济林生长,大型商场只提供商品交易,学校只提供单一的教学功能,公园不允许从事非娱乐休闲活动等。也就是,以往兼具多功能性的项目和设施被剥离去了其他次要角色功能,只剩下了官方眼中的单一主要功能。官方对高效率的社会秩序运转的片面强调,难以避免地忽略了乡村社会的多元化和情境复杂性,把涉及面广泛的项目进行简化,致使改革结果成效不大。这一政府推动的社会工程特点被斯科特称为"弱周边视觉效应"或"管道式思维",即政府决策或施策中往往只关注政策的主因素或主效果,而对相关的其他因素和意外效应欠缺考虑,将内部复杂多样、牵扯关联的施策场域等同于人工控制的"实验室",往往难以避免失败的后果。

当前,国内各层级政府对新型农业经营主体的角色定位同样具有一定的"弱周边视觉"特征,忽略了农业是嵌入在乡村社会秩序之中,是构建村庄秩序的核心要素,和农村独特的社会、经济和文化安排都息息相关的现实。有学者指出,部分新型农业经营主体带头人或领办人利用规模化农业经营的优势,获得和扩大了乡村政治社会影响力,成为新土地精英阶层,成为乡村振兴和乡村治理工作中的新生利益群体(黄增付,2020;张明皓等,2016;余练,2018)。不过,相比学界,政府的视野仍主要停留在新型农业经营主体的农业生产和服务功能这一单向性功能上,尚未从制度设计上真正重视新主体对乡村治理带来的深刻改变。

案例 1:在 2020 年新冠肺炎疫情暴发后,山西省长治市新型农业主体为抗击疫情做出了示范性行动。其中,壶关县农民专业合作社爱心捐赠物资支援抗疫,包括岭东村凤凰山庄合作社、南皇村祥泰花卉合作社、东关壁村耕耘农业合作社、天池绿丰农业合作社负责人为集店乡防控疫情一线干部捐赠口罩、酒精、消毒液、喷壶等防护物资。黎城县乔老憨手工艺品专业合作社带领 40 余名员工重返生产线,为黎城县定点隔离区洪井乡卫生院和县疾控中心迅速准备床上用品 540 套。将最急需的物资以最快的速度提供至抗疫一线,圆满完成工作重任,协助一线筑牢了抗疫工作"防护墙"。潞州区 13 家新型经营主体坚持自愿原则,以家庭农场、农民专业和养殖专业户名义共为长治市人民医院、长治市城区第二人民医院、潞州区长北办事处等抗击疫情一线单位捐赠鸡蛋 10000 余斤。①

案例 2：近年来，黑龙江省新型农业经营主体规模发展迅速，带动农村贫困户脱贫攻坚效果显著。2018 年黑龙江省新型农业经营主体突破 20 万个，相比 2013 年增加 5 万多家，入社农户达到 80 多万户，带动农户 300 多万户，带动土地规模经营 1.3 亿亩，培育了"农业企业＋贫困户""农业企业＋合作社＋基地＋贫困户""新型经营主体＋基地＋贫困户""劳务产业＋贫困户""特色产业＋贫困户"等多种新型农业经营主体扶贫经营模式。据初步统计，新型农业经营主体产业分类精准施策。目前，黑龙江省国家级贫困县已有 7243 名有劳动能力的贫困人口加入各类新型农业经营主体中，通过参与产业化经营解决脱贫问题。通过对老弱病残、无劳动能力贫困户采取"政策兜底＋产业扶贫"等措施，叠加享受政策救济金和产业扶贫收益，基本可以实现稳定脱贫（郝帅，2018）。

案例 3：2012 年，为延伸妇女工作触角，进一步发挥妇女组织在新经济组织、新社会组织中的作用，浙江省余姚市首个"女性专业合作社"妇女组织在临山镇味香园葡萄专业合作社成立。52 位从事葡萄种植和营销的女能人会聚一堂，共同见证了临山镇味香园葡萄专业合作社妇代会成立，合作社种植户许产娣当选为第一届妇代会主任。新成立的妇代会将开展专业技术培训，宣传农民在生产经营中积累的先进经验，树立农村妇女学文化、学技术的理念，最大限度地激发农村妇女的创业热情。同时将依托味香园葡萄专业合作社，在种植技术、营销网络、农业信息等方面相互帮助，促进农村妇女以素质求平等，以创业求地位（浙江余姚：首个"女性专业合作社"妇女组织成立，2012）。

类似的，2014 年苏州建立了 10 个巾帼示范合作社、10 个巾帼示范家庭农场，鼓励女性积极参加现代农业创建（杨德兴等，2017）。女性领办的家庭农场和女性大户也迅速增多②③，如"松江模式"涌现了众多女农场主，浙江嘉兴成立了全市首家女性家庭农场联盟（朱弼瑜，2017），山东省东营市垦利县 2014 年启动的"农村巾帼创业工程"致力于用 5 年时间培养 100 名女农场主。

从案例 1、2、3 可以发现，新型农业经营主体无论是参与抗击新冠疫情的捐赠行动，还是带动农村贫困户脱贫攻坚，抑或是通过女性领办合作社、家庭农场以改变性别不平等现象，都表明了新主体在"非本职工作"领域中大有可为，发挥了部分本属于基层政府和村组织的功能，并对后者起到一定的替代作用。这在乡村人口

---

① 长治市农经局.抗击疫情奉献爱心新型农业经营主体在行动[EB/OL].(2020-02-14)[2020-03-30].长治市人民政府网,http://www.chang-zhi.gov.cn/.

② 家庭农场成功案例:90 后女大学生回村创办农场[EB/OL].(2016-07-22)[2019-01-17].土流网,http://www.tuliu.com/.

③ 彭睿.女性创业报道:家庭农场变形记[EB/OL].(2015-10-19)[2019-05-11].凤凰网,http://news.ifeng.com/.

空心化和村组织权威普遍弱化的双重背景下值得充分肯定。新主体的多功能性特征表明,我国由小农农业向规模化农业的转型,虽然出现了农业生产和村庄秩序的快速脱嵌,但总体上还没有出现西方资本化大农业那样几乎完全商品化,与农村、农民脱离了日常直接关联的结果。农业与农村仍保持着同气连枝的关系,前者仍是后者正常秩序整合和维持的核心性要素之一,尽管不得不承认的是,土地承包经营权流转和规模化程度的狂飙猛进正加速割裂农业与农村之间的天然关联。不过,在肯定新主体农业生产及服务领域之外的功能,及其对乡村经济社会发展贡献的基础上,也要清楚看到,很大程度上正是由于政府对新型农业经营主体政治社会参与和乡村治理作用的重视不足,未加以有效引导和规范,国内出现了大量新型农业经营主体以土地流转政策为搭载工具,以资本下乡方式攫取乡村公共资源、加剧村庄治理失范的负面问题(王德福、桂华,2011;宋亚平,2013;马流辉,2016;孙新华、钟涨宝,2017)。

二、新乡贤

(一)官方定位

新乡贤是指新时代背景下,有资财、有知识、有道德、有情怀,能影响农村政治经济社会生态并愿意为之做出贡献的贤能人士。2015 年中央一号文件《关于加大改革创新力度加快农业现代化建设的若干意见》中提出了新乡贤文化,指出新乡贤的作用领域是文化建设领域,角色定位是文化传承者、道德榜样、社会风气引领者(黄爱教,2019)。2016 年中央一号文件《关于落实发展新理念加快农业现代化实现全面小康目标的若干意见》和 2017 年中央一号文件《关于深入推进农业供给侧结构性改革加快培育农业农村发展新动能的若干意见》对新乡贤文化的论述中,它的角色定位和 2015 年、2016 年没有区别。2018 年中央一号文件《关于实施乡村振兴战略的意见》中提到,深化村民自治实践需充分发挥新乡贤作用,新乡贤的作用领域为政治社会建设领域,角色定位为治理参与者,相比过去发生了重大变化。2020 年中央一号文件《关于落实发展新理念加快农业现代化实现全面小康目标的若干意见》再次提到"培育文明乡风、优良家风、新乡贤文化",继续突出了新乡贤在农村精神文明建设中的作用。此外,2016 年国家《"十三五"发展规划纲要》和 2017 年中共中央、国务院《关于实施中华优秀传统文化传承发展工程的意见》对乡贤的期待角色也主要是文化传承者、社会风气引领者、道德榜样等。

与对新型农业经营主体的态度一致,地方政府在引导新乡贤还乡和参与乡村建设时,实际行动中秉承的同样是地方获益最大化和情景便利性原则,没有完全遵循顶层设计的框构。基层实践中，无论是地方各级政府，还是村组织和普通村民，对新乡贤的角色功能期待都突破了顶层制度文本中的社会文化和道德伦理榜样模式，尽可能要求新乡贤参与到乡村范围内的经济发展和公共物品供给等领域，以满足基层政府和民众的不同需求。类似的，官方做法对政策文本的突破，一方面便利了基层政府和乡村社会要求而调节新乡贤实践的操作，但另一方面也为部分个体假借乡贤之名谋取私利带来了可行空间。

（二）现实实践

作为乡土时代传统乡绅群体的延续和发展，新乡贤在乡村的社会政治地位和作用功能与传统乡绅保持一致性和连贯性。在中国漫长的乡土时代，告老还乡的官员、家族或宗族的长老、有一定财力的地主阶层、乐善好施的意见领袖等颇具个人道德魅力和影响力的人群即为传统意义上的乡绅。费孝通（1999）曾对传统乡绅群体的作用做过深入研究，指出乡土时代的中国实行的是"皇权不下县、县下行自治"治理体制，基层乡村的治理是依靠传统礼俗力量来维系的，而执行者主要是有一定声誉和影响力的乡绅。绅士在县衙到家门的区域内实现地方自治。他们不是直接听命于官吏的差人，而是凭着自己的社会地位，通过私人关系出入各级衙门，甚至可以直通皇帝本人，从而达成协议，修改政令（梁永佳，2008）。无独有偶，杜赞奇（2018）将发挥礼治功能的绅士转述为保护型经纪，以区别于掠夺型的营利型经纪，认为保护型经纪群体扮演着国家与乡村之间的联结者和缓冲者角色。纵向比较来看，尽管历经时空的巨大变迁，但今天的新乡贤群体无疑更类似杜赞奇所言的保护型经纪。

在党和国家的一系列政策文件中，对新乡贤的定位主要是文化领域与社会领域的建设主体。而对于政治建设、经济建设以及生态建设等领域，从逻辑与目标来看，党和国家是希望通过新乡贤在文化建设和社会建设方面的作用，为政治建设、经济建设以及生态建设提供支持（黄爱教，2019）。不过，在基层政策执行中，却很大程度上呈现出新乡贤在各领域"百花齐放"，甚至有所偏重经济建设和政治建设的现象，各地大量涌现的新乡贤故事充分证明了这一点。

案例4：近年来，浙江省龙泉市大力实施"乡贤回归工程"，为了"请贤、招贤、留贤"，每个乡镇都建起了乡贤人才库，成立了引贤联络组，搭建了"乡贤会"等平台，打好亲情牌、生态牌、产业牌和文化牌，有效促进了乡贤的回归。此外，龙泉市还分类组建了慈善爱心、公益事业、旅游开发、农业开发、矛盾调解、工程监督等多类别"乡贤会"，实现乡贤资源"变散为聚"的"聚群效益"。数年来，龙泉市成功吸引2000多位致富能手、优秀青年、贤人志士返乡。能干事、会干事、干成事的乡贤加速回归，不仅带来了资金和项目，还有效解决了农村劳动力闲置的问题，帮助村民增收。①

案例 5：河上镇处于杭州市萧山南部山区，村里文化历史资源较好，尤其是凤坞村是抗战时期萧山县政府驻地。当年萧山县城被日军占领之后，县政府就搬到凤坞村，留下了很多的旧址和遗迹。为了修缮这些旧址和遗迹，周寅到区里面去反映，去文化部门、旅游部门反映，争取了一点资金。2014 年，他找到当地报纸——《萧山日报》总编说："2015 年是抗战胜利 70 周年，国家要阅兵要庆祝，但是我们萧山没有一个像样的抗战纪念馆。我们想在凤坞村搞一个，报社是不是能够发动一下宣传？配合我们一起，号召全社会来捐钱捐物。"报社同意后开通众筹渠道。与此同时周寅也主动去联系一些学校、企事业单位，开展抗日战争历史讲座，及时更新、发布成果，扩大宣传。抗战纪念馆终于建成，并有一些慕名而来的游客到村里来看展。这让周寅进一步得到村民、公众的信任。周寅又通过古村之友，在网上众筹筹建中美合作抗战纪念馆。通过互联网众筹，周寅让一个名不见经传的小山村，建起了抗战纪念馆，出版了村史书籍，并且转身为美丽乡村示范村、乡村旅游示范村。②

案例 6：为全面实施乡村振兴战略，切实将党建工作与乡村振兴各项事业发展有机结合，最大限度地激活社会资源参与乡村振兴建设，发挥农村党组织引领发展、服务发展的作用，江苏省徐州市铜山区柳新等镇构建了"党员＋乡贤"社会治理新模式。选聘"铜山乡贤"，促使贤人、能人用起来。开展"乡贤"评选活动，推选威望高、口碑好、公道正派、热心公益、遵德守礼的老党员、老干部、老模范为"乡贤"，并颁发聘书。成立乡贤工作室，制定乡贤工作规范及考核办法，建立乡贤志愿者队伍。通过有事上门促调和，无事串门聊聊天的形式，广泛收集民情、民意，用老百姓的方法评老百姓的事，调解社会矛盾纠纷，化解社会治理难题。在乡村重要议事、违法用地清理、散乱污企业整顿、信访维稳等活动中，都能看到乡贤志愿者忙碌的身影，深受群众好评。至 2018 年 10 月底，仅柳新镇就通过乡贤化解各类矛盾纠纷65 起，化解信访隐患问题 10 件。③

从上述三个案例可以看出，新乡贤在基层经济领域、政治领域十分活跃，他们在两大领域发挥的作用不亚于在社会文化领域，表明新乡贤在基层的现实实践已超出了党和国家顶层设计层面的指定功能范畴，多功能性在基层得以施展。这主要是因为，一方面，现阶段大部分乡村对经济发展、脱贫攻坚、公共物品供给的需要

---

① 董洁.新乡贤回乡记：乡村治理，他们架起桥梁[EB/OL].（2018-04-02）[2019-04-15].浙江在线，http://zjnews.zjol.com.cn/.

② 在古村之友，读懂那些正在默默努力的中国新乡贤[EB/OL].（2018-05-04）[2019-03-20].古村之友，http://www.gucunz-hiyou.com/.

③ 何孝夫.铜山："党员＋乡贤"，构建社会治理新模式[EB/OL].（2018-10-30）[2019-07-10].中国江苏网，http://jsnews.jschina.com.cn/.

高于文化建设和社会建设；另一方面，投资兴业、提供公共服务、参与乡村治理要比传承文化、引领风气、作为道德榜样等更便于操作，更符合基层的直观、量化、可计算和可留痕的"短期高效"式行政绩效指标要求，后者则往往因复杂性、抽象性而难以予以直接统计和观察，需长期的质性演变才可能奏效。归纳地说，从顶层设计到底层执行的过程中，新乡贤与已对乡村治理和社会文化发展产生重要影响力的新型农业经营主体存在诸多交集和共性，如同后者一样，新乡贤也几乎从一开始就超出了顶层设计的期望，覆盖到经济、政治、文化、社会等多领域，成为乡村振兴和乡村秩序的重要建构力量。

第二节　新型农业经营主体与新乡贤的功能整合逻辑

新型农业经营主体的工具理性与新乡贤的价值理性是两者分别从事现代农业经营和回馈村庄的主要行为动机，亦可称之为经济冲动力与价值冲动力，表面上看两者的行为模式和动机差异很大，但两种行动动机不是彼此孤立、失联的，而是在同一个体或群体的行动中相互交织、牵扯和共同在场的。换句话说，以追求经济利润而从事土地流转和规模化农业的新型经营主体同样拥有向村庄政治领域扩展影响力的追求，而新乡贤在服务村民、回馈故土时，也很难只让他们完全不计经济收益的一味付出，两者既是工具理性行动者，又是价值理性行动者，实现两大群体的功能整合、优势互补、资源共享将对"三农"协同振兴和乡村全面振兴产生重大的有益影响。

一、工具理性与价值理性：两大群体的行为动机

古典社会学家马克斯·韦伯(2010)将社会行动划分为工具理性行动、价值理性行动、情感行动、传统行动四大理想类型，以概述人们行动的不同动力机制与实践逻辑。从社会行动的理想类型视角出发，可将新型农业经营主体和新乡贤两大群体的行为划分为工具理性参与型和价值理性参与型两类，意即两者行动动机分别是经济利益追求和社会价值实现。其中，工具理性行动又称目的理性行动，是指个体根据对外界环境的理性研判和其他人的期待，来实现自己所希望的特定目标，属于经过精心算计、理性评估后的行动；价值理性行动是指为了达成某种社会价值、普世追求或人生理想，不计较个人经济得失的行动；情感行动则是指个体自身情感、气质、性格等因素决定下的行动；而传统行动一般是指传统习俗、习惯等。当

然,两大群体的行动及动机实际上可能兼具两种甚至数种类型,出于现实考虑和分析便利,文中以他们的主要行动类别和动机作为概括两者的理想类型。

在官方指导性文件中,对新型农业经营主体和新乡贤的角色定位分别突出了工具理性色彩和价值理性色彩,一方面有发挥各自应然作用和比较优势的设计初衷,另一方面也有两者目前都处于起步阶段,要避免期望过高,使其承受负担过重的考虑。然而在实质层面上,地方政府对新型农业经营主体工具理性的过度偏重,没有及时意识到它们很大程度上渗入和影响乡村治理变迁的事实,也未及时作出规范,从而导致下乡工商资本和本地资本掠夺农村公共资源、破坏村庄社会秩序、侵犯小农土地权益等负面后果。尽管学界对资本侵蚀农村公共资源和村庄秩序问题已有大量研究,却尚未能全面有效地推动相关政策的调整和完善。与此类似,强调新乡贤的价值理性,而不重视该群体在乡村的经济利益诉求,则容易挫伤新乡贤投身家乡建设的积极性,对他们经济实力和觉悟意识的要求普遍过高,都可能使党和国家预期中的价值理性行动很难具备长效性和深入性。对比来说,新型农业经营主体的工具理性行为重视私利性,甚至异变为以破坏农村公共资源和政治社会秩序为代价的极端利己行为;而价值理性行为讲究高度利他,完全侧重价值理性则明显不符新乡贤也属于工具理性人的现状。此外,对新乡贤工具理性行动的忽略,也造成对部分个体以乡贤之名牟取不法利益的问题缺乏规制、难以监督等负面后果,使新乡贤群体在部分地区民众心目中的形象受损。

概言之,两大群体在基层实践过程中,均已不同程度上突破了高层政府的指导性角色范畴,分别显现出"上层限制,基层鼓励"和"上层重名,基层重利"的体制内结构性张力,使新主体和新乡贤发挥出自身比较优势的同时,却也产生了一系列不利于乡村发展和公共利益的弊端。乡村场域内的现实处境和未来趋势,都决定了双方都是工具理性行动者和价值理性行动者的统一体,为基层政府引导、规范两者行为带来了困难,也为整合和凝聚双方的角色功能提供了机遇。在这里,新主体和新乡贤两大群体的角色功能整合不是说既让新主体或新乡贤从事规模化农业经营,同时又必须肩负起文化传承者、社会风气引领者或道德榜样等角色——如果当事人具备"双肩挑"的资质能力抑或情境性条件,那么多重角色集于一身自然是较理想的状态——而是尽可能地在合法合情前提下,在同一乡村场域中使两者行动充分相协调、合作,找出两者的角色聚合点和功能协同路径,以达到多方受益均衡与乡村社会受益最大化效应。

二、工具与价值的统一:两大群体的功能整合逻辑

学界关于新型农业经营主体的功能还存在争论,不过已达成的共识是,该群体

的影响从一开始就超出了单纯农业生产范畴，覆盖至乡村政治、社会、文化等领域，形成了当代农村的新土地精英阶层——随着土地向合作社、家庭农场和大户的集中，规模经营者作为一个精英阶层崛起，推动着村庄利益主体博弈态势与权力结构的重塑。这也意味着，新主体不仅实际上与党和国家政策指导下的文化传承者、道德榜样、社会风气引领者等社会文化功能角色呈现出很大的重合，而且也与新乡贤在基层已不同程度上参与乡村经济领域和政治领域的现实实践发生了重合。在乡村振兴战略深入推进背景下，基于两大群体客观上的实践领域与功能角色的趋同和交织，建构两者功能整合逻辑，对于引导其作用发挥，规范其功能角色具有重要的现实意义。

（一）功能整合的理论基础

国家"十三五"发展规划中提出了以"五位一体"发展理念为主线进行谋篇布局，统筹推进经济建设、政治建设、文化建设、社会建设、生态文明建设五大领域建设。"五位一体"理念的提出实际上等于对过去侧重经济发展而忽略其他领域建设工作的一次纠偏和完善，证实了各大领域的内在协同性和交织性，需从整体性视角去看待和处理各领域的发展关系。由此带来的启示是：在推进广大农村范围内农业制度改革和乡贤文化建设工作中，需将两者作为具有高度内在关联性的有机统一体，关注农业与农村社会文化的天然联系，以协同配合态势整合两者在农村发展中的功能角色。

著名社会学家费孝通（2016）曾在《乡土中国》一书中指出，由古至今中国农村的各项社会制度是建立在农业耕作基础上的，农耕文明构成了农村文化的基础和底色，没有农业的农村也就失去了"根"。农业政治学家詹姆斯·C.斯科特也在《国家的视角》中谈到，农业和农村社会的各项经济社会安排是处于"同气连枝"的关联结构之中，农民的生活策略、居住空间、节日活动、关系亲疏、婚丧制度、传统习俗、社区结构等社会文化安排几乎都是围绕着农业经营来展开的，甚至农业生产活动本身就是农村场域的文化秩序。毫不夸张地说，农业经营正是建构中国农村秩序的核心角色，农业作为嵌入于农村社会的中轴要素，根本上决定了各地村庄秩序的基本框构。作为一个农耕文明历史悠久的国家，华夏民族村落的生成、演化与土地息息相关。尽管不同地区村落形态迥异、风情各具，但两千年来围绕农业这一核心，形塑了共性的以自治为核心、以家户为根基的独特村落秩序（黄增付，2018）。进入21世纪后，随着党和国家不断推进农村土地承包经营权的"三权分置"，鼓励农民向大户、合作社、家庭农场和农业企业等新型农业经营主体流转土地，发展适度规模化农业意见的出台，全国农村土地流转工作呈迅猛增长势头，过去由众多分散的小农家庭经营的农业生产迅速转由职业农民进行经营。截至2018年底，已有超过30%的农户从农业中"解放"出来，超过300万家的新型农业经营主体从事着规模化农业经营。

　　尽管新型农业经营主体从事农业经营是出于经济理性追求，不同于小农为生计保障考虑，但同样能确定的是，无论是下乡工商资本操盘的新主体，还是本土（在村或在乡）新主体，他们在流转土地、经营农业过程中仍要继续保持农业与村庄文化的内在关联，而不能割裂彼此，不能将农业从村庄秩序中脱嵌出来，即流转后的农业经营必须仍然是建立村庄发展基础、村庄社区支持基础上的现代化农业。从这一点来说，新主体既是工具理性行动者，又同时是价值理性行动者。相应的，作为定位为价值理性行动者的新乡贤来说，则同时也是工具理性行动者，需承认他们在农村文化传承、社会风气引领中也必然具有经济利益追求——事实上他们也确实如此行动，而不能单向度地强调新乡贤的无私付出，那么作为当前农村最受政策青睐、最具发展前景、最有利益可图的则属土地领域，这就为新乡贤也投身和参与农业转型发展提供了现实条件和历史契机。

　　简言之，数千年来的中华文明发展史其实也是一部农业发展变迁史，农业创造和形塑了独特的乡村社会文化，构成了我国农民生活生产的底色。在未来可预见的长时期内，农业与乡村社会文化的内生性有机联系都依旧是农村发展中的核心特征，可以说如果失去了农业生产的嵌入，农村将难再称得上是农村，农民也将从身体行为和心理寄托双重层面彻底失去对家乡故土的情感，对于今日力图以文化振兴推动乡村复兴的努力无异于釜底抽薪。很难想象，已和农业活动没有多少关联的村庄还能称得上是真正的农村，在农业商品化、农村市场化、农民市民化大潮裹挟下，失去了农业活动嵌入的农村终将摆脱不了城市附庸和市民娱乐休闲"后花园"的单向度发展朝向，将在本就不公平的城乡关系格局中进一步丧失主体性和主动性。土地承包经营权流转后，农业和农村社会文化的内在关联一致性并不会因为土地经营者由小农转变为新主体而走向断裂，这种关联一致性将继续存在和发挥乡村秩序整合作用，成为新型农业经营主体和新乡贤两大群体实现功能整合的理论基础。只有清晰地意识到，农业经营依旧是农村社会文化脉络的核心构成部分和建构因素这一现实，在政策实施中新主体和新乡贤实现角色功能整合和利益一致性才有可能具备现实可操作性。

（二）功能整合的现实条件

　　新型农业经营主体群体中，除了部分是来自乡村社会内部，相当部分带有浓厚的城市工商资本下乡特质，即是相对于村庄而言的外来者角色。有学者提出，下乡工商资本与乡村社会之间本属于互不信任的"基底关系"（徐宗阳，2016）。这表明，工商资本要想顺利落脚村庄和实现盈利，必须尽量和村庄建立起一种基本信任的关系，以保障经营秩序正常化，而建立基本信任关系的最有效途径是在村庄场域内完成自身的社会价值。虽然资本下乡对乡村经济社会秩序的负面影响已受到学者普遍关注，如对村庄公共资源的掠夺、对小农农业的挤出效应和对村庄治理的弱化等问题，遭受到学界和媒体的批判。和当前作为现代化农业主流模式的资本化农业生产方式不同，荷兰学者范德普勒格强烈批判了资本化农业生产的社会脱嵌化和人性化抽离势头，认为在资本化农业生产中，和传统小农农业"同气连枝"的农村社区经济社会安排被异化成商品经济，农业生产成了高度市场化现象。

不过，也应看到的是，并非所有新型农业经营主体的农业经营都发生着去社会化和去人性化趋势。近年来，部分新主体通过参与乡村基础设施建设、吸纳村民就业、帮扶弱势村民等提供公共物品方式来积极融入村庄社会发展之中，在实现自身经济利益的同时，积极助力乡村振兴和精准扶贫两大战略的推进。新型农业经营主体向村庄提供公共物品，实际上是主动或被动迎合农村人际间互惠互利、守望相助等道义理性期待的表现。在中国漫长的乡土时代，熟人间的互惠文化是村庄保持基本稳定发展，以及有效抵御外来敌对力量的重要机制，至今日后，乡土时代虽有所式微，但仍发挥着不可忽略的作用。就这一意义来说，新主体力图将自己"打造"成村庄的自然成员和村民的熟人形象，以淡化和避免"外来者""局外人"身份所带来的不利影响，增加村民对自己的信任感。

类似的，新乡贤在党和国家指导性文件中的定位是社会文化引领者，以及公共物品供给者角色。但亟须注意的是，包括新乡贤在内的任何人都具有经济理性追求的利己动机，没有绝对无私利的个体，这是最基本的人性体现，任何无视或忽略这一规律的制度方针或政策方案都可能遭遇失败的结果。考虑到新乡贤兼有工具理性人和价值理性人的双重特征，引导新乡贤参与乡村振兴、回馈桑梓过程中，则必须使该群体获得一定经济收益，使他们的付出和回报保持相当的均衡。具体说是让新乡贤在农村有资可投、有钱可赚、有利可图，除了名誉和声望，他们还应获得切实的物质利益，使其名利双收，而绝不能一味口惠而实不至地要求新乡贤不求回报地付出，否则新乡贤建设家乡的行动势必难以长久持续。而在当前党和国家高度重视、推动农业转型的新时代背景下，农业及土地成为最具投资发展前景的热门领域，在土地制度改革深入推进中不可忽略新乡贤这一精英群体对农业发展的巨大潜在作用。新乡贤队伍的主要构成中，无论是工商企业主，还是学者或官员，抑或是其他领域从业者，他们都能从自身优势出发对新型农业转型提供自己的贡献。其中，作为新乡贤队伍主要成员的工商企业主最具参与农业转型所需的资源优势。

例如，在新乡贤培育和建设工作较成熟的浙江省，农村成熟的市场经济和发达的私营经济使得工商业主成为各地农村的乡贤主体，他们的直接或间接投资为农村基础设施建设和公共物品供给做出了突出贡献。虽然投资本身没有明显差异，但和工商资本下乡投资农业领域,追求经济效益所不同的是,新乡贤投资领域为农村公共服务,具有回馈桑梓的价值行动朝向,形成了颇具浙江特色的新乡贤资本下乡特点。可以肯定,以工商企业主为代表的新乡贤资本下乡不乏和农村土地流转、农业规模经营、农业服务的结合点,打破新乡贤标签化印象、民众超高道德期待带来的政策回旋空间不足,也让新乡贤放下外界的单向期待包袱,从政策引导和自身追求两方面促使新乡贤投身农业建设领域,在合法合情前提下勇于追求经济利益,无论对提高新乡贤积极性,还是农业现代化建设而言都不无裨益。除了工商企业主,学者和官员等其他新乡贤成员,也能根据自身资源优势,为农业现代化建设作出政策方针咨询、发展理念、项目支持、技术支持、业务培训、市场信息沟通和市场拓展等服务性贡献。

第三节　新型农业经营主体与新乡贤的功能整合路径

新型农业经营主体和新乡贤不仅具备功能整合的理论基础,而且在现实实践中也具备功能整合的要素条件。不可否认,基层可能已经出现了两大群体进行功能整合的事实,但官方和学术界的专门性归纳、梳理还不多见,滞后于现实发展。有鉴于此,本文将结合基层实践情况,构建两者功能整合的具体可操作路径方案。这些路径方案中,一方面突出了制度设计方面的作用,另一方面分别强调了新主体和新乡贤的主体性作用,以在政策统筹下充分发挥两大群体的比较优势。

一、制度设计优化

当前制度设计中,特别是顶层制度设计中存在的突出问题,是定位了新型农业经营主体和新乡贤的主要功能角色,而对两者扮演的其他次要却重要的角色关注不足。也就是,关于两者角色定位中,某种程度上出现了斯科特所断言的"弱周边视觉"效应——也称之为"管道式思维"。如何在顶层制度设计中进一步补充、完善新主体和新乡贤两大群体的角色功能范畴,从制度设计上缩小乃至消除和基层客观现实之间的差距,将成为乡村振兴持续深入推进中值得关注的议题。但要注意的是,制度设计优化既要引导和鼓励两大群体向乡村多领域、多方面拓展自己的参与和影响,又要规范两大群体的行动,使他们必须在合法合理前提下采取行动,确保工商资本下乡和新乡贤回乡进程中的法治底线。

实际上,学界调查和媒体曝光出来的资本下乡侵蚀基层治理能力、侵占农村公共资源、排斥小农、加剧农村阶层分化等已成为全国范围内的普遍问题，很大程度上应归因于相关制度设计中的规范手段不足，没看到下乡资本以新型农业经营主体身份在非农业领域的参与性及其负面影响，自然也谈不上对新主体违规违法行为的扼制。同样的，在部分地方新乡贤培育工作中，也出现了一些新乡贤攫取乡村经济资源、"乡贤"变"乡党"、不利村庄治理等"有乡贤之名、无乡贤之实"的负面现象，在村民心目中产生了恶劣影响，使新乡贤整体形象被严重污名化（高锦潮，2016）。同新主体相关问题产生的原因相似，这与顶层设计中对新乡贤实然性角色功能定位的不全面，对新乡贤参与农村工作中可能导致的负面问题缺乏针对性规范和约束机制不无重要关联，已成为新乡贤助力乡村振兴战略行动中的主要阻碍。

在相关制度设计优化实践开展中，亟须注意借鉴国内外部分国家及地区的先进经验，吸取我国推动新主体和新乡贤两大群体服务"三农"过程中出现的诸多教训，以扬长避短，在发挥我国农业的多功能性优势和乡贤治理传统的同时，减少和避免当前广泛存在的发展误区。破除政府施策中的"弱周边视觉"不足。重视新主体和新乡贤的多角色动能性，意味着须将两者置于村庄整体有机体的视野去考察其作用。从结构功能主义视角而言，社会是能够自我调节的机器，机器的每一部分都有其功能，当每个部分都正常运作时机器就可以正常地运行。结构功能主义的主要观点之一是，我们不能孤立地看待事物，必须看到它们在一个系统中是如何和系统其他部分联系在一起的。当随着社会经历变迁，社会的某一部分或是某些部分没有很好地适应变迁，不能很好地发挥功能，社会问题就出现了（詹姆斯·M.汉斯林，2020）。具体到我国乡村场域，无论是新主体，抑或是新乡贤的角色功能都不是独立发挥的，应明确看到其与村庄系统其他领域之间的内在密切关联，认识到两者角色之间的功能整合性，特别是在乡村振兴战略深入推进背景下，快速变迁的农村社会更需加强两大新生利益群体之间的功能协同性和相互适应性，而不能将两者彼此割裂，甚至将两者从村庄整体结构中脱嵌出来。

从结构整体性视野优化相关制度设计的核心议题是重视和发掘新主体、新乡贤两大群体的多功能性，将两者功能重新带回农村经济、政治、文化、社会等领域多元一体这一共同体格局之中。这要求各级政府应从乡村整体振兴的全局视野理解、把握新型农业经营主体和新乡贤"本职"工作的内涵和外延，重视其牵一发而动全身的结构联动性，否则难免会陷入"管道式思维"的政策误区，难以最大化发掘两大群体在我国乡村振兴中的积极角色。在两大群体角色功能多元化的推动路径上，既要考虑到新主体和新乡贤在具体个体身上的重合性，找出两者相互转变的可能性，也要看到两者的明显差异所在，通过建立各自比较优势和双方共同行动基础上的具体路径来实现两大群体的功能整合。

二、具体行为路径

(一)促进新型经营主体向新乡贤的转变

在新主体群体中,除了部分属于城市工商资本下乡通过土地流转,而从事规模化农业经营的主体外,其实还有相当部分新主体是在村或返乡新主体,他们是由本村或本地村民(包括长期在城工作的"城乡两栖型"村民)创办或作为带头人的大户、家庭农场、合作社或农业企业等,可统称为本土资本,以区别于城市下乡工商资本。不同于外来的城市工商资本,本土资本是由村民积累或筹集,不同程度上依赖于本村村民和资源才得以形成的,基于本土资本产生的大户、家庭农场、合作社等新主体带头人或领导人本就是村庄成员,他们的乡土情怀和对农村、农民、农业的感情也是下乡资本所无法比拟的。从各方面来讲,有部分本土新型农业经营主体是具备成为新乡贤的条件,其在社会文化领域可发挥作用的空间与新乡贤存在相当一致性,因此在严格甄选、考察前提下,将这些新主体吸纳入新乡贤队伍,给予他们以同等的政策扶持、社会声誉、村庄政治社会地位等必要支持,将对新主体多角色功能的发挥产生重要的推动作用。比如本土新主体带头人可直接参加乡贤理事会、乡贤参事会或协会等,或让他们发挥在村优势,成为乡贤群体的联络人和召集人等。这里要注意的是,促使转化时一般要奠定在新主体能正常实现盈利的基础上,通俗说,只有新主体能赚到钱了,带头人等才可能有实力、有心思、有可能向本职工作以外的领域发展,否则难免会有"巧妇难为无米之炊"的困境。不可否认,在农业收益总体低迷,大量新主体要依靠政府财政补贴才得以维持正常运转的情况下,大规模或不加选择地推动新主体向新乡贤转化不仅是不现实的,而且还可能导致更多负面问题。

(二)建立在比较优势基础上的功能整合

我国历年中央一号文件等党和国家纲领性文件中,对新主体和新乡贤的角色功能定位是建立在各自本职工作和优势领域基础上的,也正是两大群体的比较优势,使两者具备了开展合作共赢、机会共享的可能性条件。无论是新主体抑或是新乡贤,都不是孤立存在的,而是和村庄复杂多样的经济社会文化环境发生着千丝万缕的关联,村庄范围内的各领域之间也几乎处于"一荣俱荣、一损俱损"的关系之中,这也表明两大群体不可能脱离彼此而实现持续发展。

一方面,新主体为新乡贤提供了投资新领域和新方向,协助新乡贤获得经济利益;另一方面,新乡贤为新主体树立了社会价值方向和标杆、提供市场信息和产品销售渠道,帮助新主体实现或扩大经济收益。具体而言,作为新主体的"主场",农业可谓是当下"三农"领域最具发展前途的投资热点。如前文所述,新乡贤培育工作中同样要让他们有资可投、有钱可赚、有利可图，不能一味强调贡献和付出，新主体在同一场域内的农业投资无疑为新乡贤做出了示范效应。相比新主体，新乡贤特别是以工商业从业者为代表的乡贤投资农业并非没有可取性，甚至具有城市下乡资本所没有的优势——他们是村庄成长或走出来的精英人士，对农村的感情和回馈桑梓的心理可能使他们在经营中不像下乡资本那样过于或完全注重经济利益，也将会尽可能避免出现资本下乡带来的村庄资源攫取、村庄治理组织能力弱化、小农被排挤等负面问题。而就新乡贤的比较优势来说，他们在官方的角色定位就足以成为新主体带头人的人生价值标杆，各级政府对新乡贤奉献精神和社会文化引领者身份的褒扬，实质上也是将其视为社会各界人士、群体学习和效仿的榜样，包括新主体在内，也应以新乡贤的奉献行动为自己的社会价值目标。除此以外，新乡贤拥有一定的经济资源、开阔的视野和广泛的社会关系网络，能够为新主体发展提供必要的市场信息、产销渠道以及新产品理念等，协助新主体实现或扩大市场盈利。例如，新乡贤群体中大部分是有城市生活工作经验的，他们对城市农产品需求变化的把握较为精准，对城市流行的新消费理念更敏感，也具有市场眼光，这就为他们和新主体开展非生产领域的合作提供了一定可行性。

（三）建立在共同行动基础上的功能整合

新主体和新乡贤两大群体的共同行动之一是为村庄提供公共物品，或普遍参与到村庄公共基础设施建设之中，很大程度上拥有了村委组织的公共物品供给功能。近年来，随着新型农业经营主体的发展，全国范围内家庭农场和农业专业合作社向社区进行贫困救助、公共基础设施建设、文化活动组织等公共物品供给行动的比例持续大幅攀升，城市下乡工商资本在农村公共物品供给方面的投入额也不断增加，特别是在扶贫、科教文卫等领域的支出逐年递增。而至于新乡贤，公共物品供给是该群体角色功能定位的重要体现之一，虽然暂时缺乏全国性统计数据，但不少学者的实地调查证实新乡贤已广泛参与到公共物品供给过程。例如，浙江省天台县针对村两委班子建设后备力量不足等问题，通过有志乡贤"村官"回任，补充了新鲜血液。2017年村社换届中，回归乡贤村干部1253人，其中党员855人，担任村社主职干部508人，其中仅平桥镇就回归乡贤村干部192人，其中党员147人，担任村社主职干部119人（熊建平，2018）。江西德安县在乡村建设方面，"乡贤＋中心工作""乡贤＋村集体经济"等结合形式层出不穷。截至2019年底，全县已引入小微企业41家，乡贤领办的村级集体经济20个。磨溪乡继东高山白茶种植专业合作社就是其中之一，共吸纳26户贫困户，每人赠送0.5%的股份，终身享受分红。据统计，全县已成立产业扶贫合作社29家，创办了27家扶贫车间，吸纳了125名贫困劳动力就业（江西德安："乡贤＋"构筑基层治理新格局，2019）。

从相关数据可知，无论是新主体，还是新乡贤，两大群体在农村公共物品供给这一行动上并没有明显区别,所采取的渠道方式是高度重合的。这些公共物品既包括农村基础设施方面的"硬件",也包括农村社会文化方面的"软件",覆盖了经济、政治、文化、社会、生态等几乎所有的农村领域,等于是两大群体通过公共物品供给将自己的影响施加到农村各场域之中,充分体现了两者的多功能性特征。公共物品供给属于两者的共同性行动,说明两大群体已很大程度上突破了顶层制度设计的框架范式,没有将自己的追求局限在"本职工作"上,而是呈现出本职工作界限的模糊性和复杂性趋势。在我国农村,不管是经济边界和社会边界、文化边界,还是政治边界,一直以来都是彼此交织和重合的,这种相互关联、牵扯的农村多元一体结构格局也为新主体和新乡贤采取公共物品供给等共同行动提供了理想空间和具体情境。

第四节 结论与思考

一、主要结论

村庄善治是乡村振兴战略的主要构成部分和实施目的,发挥新型农业经营主体和新乡贤两大群体的多角色功能性,逐步实现两者的功能整合,使其转化为村庄治理的有效资源,是走向村庄善治的必要选择路径。关于两大群体角色功能的官方定位和现实实践之间存在一定张力,从理想类型上划分,新主体和新乡贤的行动分别属于工具理性行动与价值理性行动,但这不意味着两者界限分明,在应然和实然层面上双方都属于兼具工具理性行动和价值理性行动的双重特征,并在村庄场域中具有开展功能整合的理论基础和现实可能性。所以,首先从制度设计上进行优化,在官方政策或指导方针中明确新主体和新乡贤的多角色功能,突破以往将之分别限定在农业生产、服务与社会文化领域的不足。其次通过具体行为路径的构建,以实现建立在两大群体比较优势、共同行动基础上的功能整合。但要注意的是,对新主体和新乡贤的功能整合有一个重要前提是两者首先应做好自己的本职工作,然后才可能实现功能拓展和群体联合。这预示着在目前两大群体方兴未艾之际,推动两者的功能整合是一项需谨慎推进、做长远规划的工程。从制度设计和执行而言,重点在于破除由来已久的"弱周边视觉"和"管道式思维"效应,注重政策执行中面临的复杂性和多元性社会环境,把握农业制度改革、公共基础设施投入、精神文明建设等多领域之间的内在有机关联性,从整体结构视角去思考、推进乡村整体振兴战略实施。

不可否认的是，在当前我国剧烈的经济社会转型期，农村面临着国家惠农资源项目的不断输入和乡村人力资源、经济资源的持续输出这一结构张力，经济社会格局正处于快速分化和重新组合过程，乡村振兴战略推进中出现了新旧问题复杂交织，历史发展机遇和潜在风险并存的局面。这一背景下，新主体和新乡贤在进入高度空心化的村庄时，能否和国家资源输入形成合力以使农村摆脱走向衰败的结局，这方面尚没有经验可遵循或借鉴，两者能否对乡村各领域的全面振兴起到助推作用仍有待时间检验。还需看到，作为新利益群体，新主体和新乡贤两大群体的内部构成都是十分复杂的，成员之间的差异和利益分化也十分突出，规范协调某一群体在乡村的行动已需投入大量的物力财力成本，更何况是聚拢和整合两者的角色功能。因此，本文所建构的两大群体功能整合逻辑及路径具有一定的探索性和前瞻性，甚至在一定时期内的理论价值高于实践价值，在东部沿海发达地区的可行性可能高于中西部欠发达地区。选择各方面条件符合要求的典型地区开展试点和总结经验教训，将对全国范围内两大群体在共同场域内的功能整合起到借鉴意义。

二、相关思考

（一）坚持功能整合法治底线

自党和国家鼓励资本下乡从事规模化农业与新乡贤投身乡村建设开始，两大群体在乡村社会就经历着几乎是毁誉参半的差异化评价。面对资本下乡和新乡贤还乡，乡村社会一方面表现出一定的配合和期待，尽管这带有明显的政府推动作用，但另一方面也未停止过对资本和乡贤进入的质疑，甚至广泛存在对两者的不满和排斥——主要归因于部分资本下乡和乡贤还乡对村庄经济资源的掠夺和对政治社会的冲击，因此已有学者主张施策中"聆听底层的声音"，维护小农权益（陈晓燕等，2019；陈航英，2019；孙丽珍，2019）。简而言之，在资本下乡和新乡贤还乡的同步过程中，尚未形成全面有效的法治制度，以从激励和约束两方面营造健康有序的发展环境。甚至在部分地方，还出现了法律上正确而伦理上错误，或伦理上正确而法律上却被明令禁止的相悖现象。一旦对法律和道德关系的均衡问题处理失当，则可能导致新的社会问题。从文化社会学意义上讲，法治制度建设的不完善是"文化堕距"的一种体现，即在同一现实场域内，文化建设、思念观念等形而上层面的变迁一般要滞后于器物等形而下层面的变化速率，双方处于一种不均衡变迁或增长状态之中（麦休尼斯，2015）。因此，无论是推动城市资本下乡和培育新型农业经营主体，还是吸引、鼓励新乡贤还乡参与家乡建设，都要充分警惕、规制少部分个体打着服务"三农"的幌子，凭借新主体或新乡贤身份攫取私利的不法或不合理现象，确保乡村整体振兴中的法治底线和对集体利益、弱势村民权益的保护。

(二)加强公共物品供给水平

很大程度上,不管是提倡发掘新型农业经营主体的多功能性,还是鼓励新乡贤还乡参与农村社会文化发展,都是缘于农村基础设施建设的滞后和公共物品供给水平的低下,和城市相比仍存在很大的差距,所以要大力倡导社会力量积极参与到农村公共服务建设之中。归根结底,基础设施建设、社会保障制度等公共物品供给水平的滞后是数十年来中国城乡二元经济格局、城乡发展不均衡的恶果,乡村整体振兴仍是一项长期性工作,短时期内农村公共服务水平的提高仍面临着较严峻的挑战。时至今日,农民的生存保障机制仍和农业密切相关,基于传统道德伦理形成的村庄社区产权安排难以分割(朱冬亮,2013;黄增付,2019)。尽管新主体和新乡贤的出现可能向农民提供一定的公共物品,替代一部分原承载或附着于土地上的公共物品,但两大群体毕竟是公共物品供给的参与者和次要提供者,而无法替代国家的主导性和主体供给者角色。农村的"硬件"和"软件"建设仍必须高度依赖国家的财政投入和农村自我造血能力的提升。此外,当前有部分新主体或新乡贤巧借政策搭载平台攫取私利的行为,不仅没有起到补充或替代农村公共物品供给的作用,反而起到了相反作用,阻碍、破坏或摧毁了农民原有的生存保障机制,突出表现在资本下乡后农业从过去多功能性向单纯农业生产功能的转型和农村共享性社区产权向市场交易性产权的转型,使农民失去了生存退却空间,对底层边缘化农民的损害尤为严重。

(三)侧重培育本土资本成长

如前文所述,由本村或本地村民(包括长期在城工作的"城乡两栖型"村民)创办或作为带头人的大户、家庭农场、合作社或农业企业等,属于不同于城市下乡资本性质的本土资本。本土资本的成长依赖村庄和村民提供的各种资源,对乡土、邻里、农业和传统礼俗的情感是城市下乡资本所难以比拟的。这促使其在参与家乡建设时更具热情和责任心,不像下乡资本一般过度或完全看重经济利益,对村庄造成的经济社会破坏后果漠不关心,对村民造成的生存生活福利损害视若无睹,血缘和地缘连带关系使其返乡从事农业经营等经济活动时,更为看重人情、互惠、信任、声誉等村庄文化网络安排,对村庄社会政治结构的冲击较弱,甚至可能更有助于村庄社区传统的延续和村民生存保障机制的发展。因此,大力吸引城市工商资本下乡的同时,不妨加大扶持力度,充分引导和发挥本土资本、留村精英和从农村走出的经济政治精英在农业转型、农村公共物品供给、农村基础设施建设等乡村整体振兴战略中的积极作用。培育本土资本成长中,还应重视农村众多留守人员及从城市返乡就业创业的农民工群体的积极作用,与其期待早已熟悉城市生活方式的年轻农民回乡奉献,不如开发农村常住人口的潜力(王国华,2019)。特别是留守妇女和返乡的农民工，他们之中有相当部分拥有创业需求，但却缺乏政策引导和资金支持，如果能将这两大群体发展与本土资本培育相结合，使其向新主体和新乡贤转化，将起到多方共赢的效果。

（四）扩大乡村财富回流效率

费孝通（2006）在论述旧中国乡村复兴时，提出"（农村）资本的形成不能不从取消那种向乡土吸血的作用入手"。时至今日，这一观点仍有很强的现实性。大部分农民具有储蓄的习惯，特别是在城市务工的农民工更是将血汗钱存入银行或信用社，但普通农民在借贷时的阻力却高于城市市民，这等于本属于农村的大量财富和资本又通过银行储蓄信贷机制间接地回流到城市。这种城乡居民信贷失衡局面导致的现实问题之一是，一方面有在乡村创业想法的农民缺乏资金却借贷无门、借贷困难，另一方面农民群体的财富却重新回到城市市民或企业手中，两者又成为当下各级政府着重吸引和支持回乡参与"三农"建设的主体力量，在这一汲取农村财富"反哺"城市的恶性循环中农村无法获得自我发展的财富支撑和主导性地位。在农村发展资本匮乏的背景下，不均衡的城乡信贷机制却使农村财富加剧流失，农民工赚取的收入不仅难以转化为农村建设所需的资本积累，反而通过信贷机制回流城市进一步扩大了城乡差距。对此，应通过金融信贷机制改革和完善，提高对农村的金融支持力度，加大对农民贷款的优惠和扶持，扩大乡土财富的回流效率及质量，将对农村自我造血能力提升、基础设施建设水平提高、农民自主创业能力发展具有关键的支撑性作用。

（五）发展社区支持型新农业

以往资本下乡经营农业过程中，农民的参与度很低，他们有限的参与也往往局限于"公司＋农户"、"公司＋合作社＋农户"等订单农业模式之中，农民与公司签订合同，农民根据合同进行生产，公司根据合同进行收购。在这种模式下，农户没有参与制定利益分配规则的权利，企业掌握着绝对的话语权（陈义媛，2013）。而社区支持型新农业（CSA）可成为资本下乡订单农业模式的一种补充和完善，主要是通过市民与农民直接对接以更好地保护农民从农业生产中分享利益，同时也将企业经营风险适度地向农民传递，让农民拥有了更大的主动性和积极性。在工商资本下乡成为热潮的当下，资本下乡与社区支持型农业具有协同发展的巨大空间，二者协同机制可以围绕各自的比较优势展开，简而言之就是资本为 CSA 提供生存发展的空间，CSA 从资本手中接过农业生产的过程。由于农民个体直接承接市民的订单，新型农业经营主体将不再是农业生产的主体，而是更多扮演着技术服务、信息传达、业务谈判等后勤性工作，从形式上更适合专业合作社、家庭农场等小农受益主体型组织。此外，新乡贤在村庄社区支持型农业建构和发展中，可担当城乡之间的中间衔接人和桥梁角色，为村庄社区支持型农业搭桥牵线寻找客户、传达市场信息等，以避免因市民和农民占有资源不对等而导致的后者利益受损问题。

第三章　家庭农场扶持政策：绩效评价及其深层问题研究

——基于浙江宁波、上海松江、安徽郎溪、湖北武汉的实证研究

第一节　问题提出

一、研究背景

2013 年中央一号文件《国务院关于加快发展现代农业，进一步增强农村发展活力的若干意见》中第一次明确提出了家庭农场这一新型农业经营主体的概念。2014 年 2 月，农业部发布了《农业部关于促进家庭农场发展的指导意见》，在各地积极培育和发展家庭农场已取得初步成效、积累一定经验的基础上，提出家庭农场发展的十条意见，以积极构建新型农业经营主体。2014 年 11 月中央印发的《关于引导农村土地经营权有序流转发展农业适度规模经营的意见》再次强调要"重点培育以家庭成员为主要劳动力，以农业为主要收入来源，从事专业化、集约化农业生产的家庭农场，使之成为引领适度规模经营、发展现代农业的有生力量。"由此可见，无论是在战略层面还是在战术层面，中央对家庭农场这一新型农业经营主体都给予了高度的重视。

党和国家对于家庭农场发展如此重视主要出于以下两方面的考虑：一是广大中西部地区的农民由于务农的收入有限，青壮年普遍进城务工，青壮劳动力的流失导致不少地方出现了大量土地抛荒的现象，"谁来种田、谁来养活中国人"成为一个广受关注和亟待解决的大问题。二是出于对农业产业化和资本下乡的忧虑。一些地方为推进农业产业化和规模经营，盲目引进产业资本开发农村。这里面有几种不良现象必须高度重视：其一，一些国际化的农业资本下乡攻城略地，在种子供给、产品销售等方面具有垄断潜力，如果任其肆意扩张，必将危害国家农业安全。其

二，一些大型农业龙头企业下乡与农民争利。这些企业在生产效率方面并不好于农民自主经营，但由于有销售优势，再加上可以争取到国家各类补贴，因而也很有动力下乡种地。当然，事实上最后种地的依然是那些农民。其三，一些地方以城乡统筹发展的名义推动城市资本下乡圈地，"非粮化""非农化"问题突出，一些资本下乡大搞旅游、休闲度假乃至房地产开发项目，强迫农民流转，逼迫农民上楼，恶化农村治理环境。在我国还有大量人口居住在农村，农村对于广大尚未实现真正市民化的农民工来说还承担着社会保障功能。因此，推进以农民家庭成员为主要劳动力，以农业经营收入为主要收入来源，利用家庭承包土地或流转土地，从事规模化、集约化、商品化农业生产，保留农户家庭经营内核，坚持家庭经营基础地位的农业经营主体建设，无疑更符合我国农业发展的长远利益，这就是国家推动家庭农场战略背景所在。

由于从全国层面上看，家庭农场还是一个新鲜事物，还处在发展的起步阶段。当前主要是鼓励发展、支持发展，并没有一个放之全国而皆准的普遍实用的具体政策。只有在实践中发挥基层农户、基层政府的改革和创新精神，积极发掘各地先进经验，不断探索，逐步形成具有普遍意义的顶层设计。

二、家庭农场扶持政策的理论探析

家庭农场绝不是一个从天而降的怪物，它要具有蓬勃的生命力就必须深深地植根于中国农村深厚的历史文化之中，必须具有现实的广泛应用的实践基础，必须符合当今中国农村实际和广大农民的期待。而家庭农场的扶持政策也必须契合当今农村的现实，顺应农民的期待，适应中国农村、农业未来发展的大趋势，这样的政策才能具有生命力，才能真正促进生产力的发展，而不会成为可有可无的点缀甚至是成为阻碍生产力发展的桎梏。因此，结合当前中国农村家庭农场发展的实践，结合当前政界、学界争论激烈的相关问题，厘清相关理论问题，在此基础上探讨家庭农场的扶持政策问题才会更具有目的性、指向性，才会更具有全局性和前瞻性，不至于陷入就事论事、一叶障目的困境或者是南辕北辙的怪圈。

（一）农户经营还有前途吗？

在马克思经典作家看来，小农是"旧社会的堡垒"（马克思，2004），是"日趋没落"的；他们"落后""保守""迷信""偏见"，"愚蠢地固守旧制度"，"就像一袋马铃薯是由袋中的一个个马铃薯汇集而成的那样"（马克思等，2009）。他们过着"孤陋寡闻的生活"，农村是"穷乡僻壤"，并将小农生活的地区定位为"野蛮国家"。马克思和恩格斯对小农和农村如此评价，固然存在着一定的偏见，但主要是从理论上认为小农是"自给自足"的，取得生活资料主要是与自然交换而不是与社会交换，因而是

"过去生产方式的一种残余"(马克思等,2009)。

对小农生产方式持有批评态度的在国际上还有这么几种理论:

"阻碍发展论"将小农视为变迁的阻碍,认为小农是对"发展的阻挠",是工业化这个"摆脱落后的大道"上的障碍,因而是一种消失或被主动移除的社会形态,应该被装备精良、顺应市场逻辑的"农业企业家所取代"。

"消亡论"认为在那些现代化工程已经取得某些成功的地方,小农阶级要么已经转变成为农业企业家,要么已经沦为纯粹的无产者,小农阶级事实上已经消亡。

"农业内卷化"认为将劳动力不断填充到农业生产中只会带来适得其反的结果,并造成贫困的再分配。

"技术上限论",即认为小农不可能跨越他们使用的资源中所隐含的"技术上限"。

"贫困论",即小农农业模式就其定义本身来说,正如人们通常所设想的那样,会造成贫困。

以上的理论或囿于当时社会阶段和生产力水平的限制和误解,或纯粹是出于某种偏见。因此,如果认同相关观点,必然会认为小农农业毫无前途,必将被时代所抛弃。

不过,也有专家持相反的观点。荷兰学者范德普勒格对小农阶级极力推崇,在其著作《新小农阶级》中,他认为小农农业并不存在"固有的落后","小农无法养活世界"这一常见观点是站不住脚的。小农生产方式中被一些人所鄙夷的方面往往正是其优越的精髓。小农始终会带着热情、奉献精神并坚持不懈地投身于农业生产之中;小农社区的共享价值之一是"认同劳动是获得财富的唯一途径";小农农业模式比其他农业模式可以创造更多的就业岗位;小农依赖的是"人与自然的协同生产"。小农农业从表面上看起来略显混乱,但其背后深藏着严密的逻辑;小农通过发展一套自发的、自我控制的资源来保持自主性,而不必受其他力量的控制和支配,而这可以保持小农的独立地位;小农农业充满了对生物生命的尊重等(范德普勒格,2013)。

赞成或者反对农户经营,应该基于理性和现实的基础之上的判断,而不能基于某种理念或者偏见。徐勇从中国农户经营传统来评估家庭农场的价值,认为家户经营和农工商结合是中国的"本源型传统",而家庭农场也是以"家户"为基础的。他还认为,中国历史上的农村创新凡是背离"本源型"传统的一般都缺乏生命力,因此要弘扬"家户基础上的农工商结合传统,形成农工商互补经济"(徐勇,2013)。朱启臻认为:"理论和实践早就证明了一条真理,就是家庭是最适合农业的经营方式。家庭成员有高度的责任感,对土地负责"。(朱启臻,2013)陈锡文也认为:"只有让农民种自己的地、打自己的粮,他才会尽心尽力。"(陈锡文,2013)

（二）如何看待资本进入农村？

当前各类资本正在以各种名义进入农村。这些资本有的是涉农的，有的是非农的。一些基层政府或组织出于各种目的，向这些资本提供方便。部分专家也以农业产业化、农业现代化的说辞鼓吹"资本下乡"。而中央高层以及一些比较"接地气"的专家则是强调要以农户家庭经营为主，对大资本保持警惕。陈锡文甚至尖锐指出，有些资本进入农村"醉翁之意不在酒"。当前最旗帜鲜明地反对资本下乡和大农业的有两位学者，分别是贺雪峰和李昌平。贺雪峰累计下乡调研1000天以上，对农村的实际情况有较深的了解。他先后和周其仁、厉以宁展开争论，他反对厉以宁的双向城乡一体化的观点，认为在农业GDP份额不超过GDP总额10%且相对固定的情况下，资本下乡，无论资本能否赚钱，客观上都是在与9亿农民争夺农业GDP的份额，农民因此只可能更穷。他还认为资本下乡种粮食作物产量不如农户，种经济作物风险太大，过几年走掉只会留下烂摊子（贺雪峰，2012）。贺雪峰对家庭农场也表示反对，但是怎样解决农民土地抛荒的问题，他也没有提出办法来。

李昌平则警示性地提出如果放任大资本下乡，农业产业化经营必然会导致国际寡头或少数企业垄断中国的农业经营，最终导致农民边缘化，沦为农业产业工人或流浪者，中国届时就不是跌进"拉美陷阱"的问题，而是沦为"菲律宾"化的问题。大量自耕农和佃农在大公司的挤压下破产，被迫失去土地做资本家的农业工人或涌进城市。而随着工业发展的趋缓，失业问题转化成社会问题和政治问题导致社会动荡，经济衰退。而家庭农场发挥了家庭在农业生产里面的优势作用，家庭农场的重要意义在于其富有弹性，在外务工的农民一旦失业或不想在城市生活仍可以选择回到农村，回到自己的家庭，这样一旦在整体经济产生危机时就能缓冲社会风险（李昌平，2013）。

贺雪峰和李昌平的观点虽然在民间附和甚多，但在主流媒体中并不占优势，在支持土地流转和维护农民权益的话语体系中显得比较孤立。

（三）家庭农场的规模与前景

家庭农场的规模多少合适？绝不仅仅是一个技术问题，也不仅是经营效率问题。因为规模的背后涉及农村利益关系的调整，涉及土地所有权、承包权、经营权之间的复杂关系，涉及农村的长远稳定问题。当前不少人主张家庭农场应该扩大规模，建议加大土地流转力度。对此一些专家保持警惕，如贺雪峰就批评一些地方政府推动土地向"大农"流转到了不理性的程度。这些以资本经营为特征的土地流转，即使可以提高劳动生产率，却几无例外会降低土地生产率。黄宗智认为其所用的口号"家庭农场"是来自美国的修辞，背后是对美国农业的想象。这是个不符合世界农业经济史所展示的农业现代化经济逻辑的设想，它错误地试图硬套"地多人少"的美国模式于"人多地少"的中国,错误地使用来自机器时代的经济学于农业,亟须改正。它也是对当今早已由企业型大农场主宰的美国农业经济实际的误解。美国农业现代化模式的主导逻辑是节省劳动力,而中国过去三十年来已经走出来的"劳动和资本双密集化""小而精"模式的关键则在节省土地。美国的"大而粗"模式不符合当前中国农业的实际,更不符合具有厚重传统的关于真正的小农经济家庭农场的理论洞见。中国近三十年来已经相当广泛兴起的适度规模的、"小而精"的真正家庭农场才是中国农业正确的发展道路。

经济学家华生认为,中国农地流转到最后,农户平均规模就是几十亩地,这不是由我们的愿望决定的,而是由中国人口跟土地的关系决定的。中国现在 20 亿亩耕地,假定城市化过程中一亩都不少,最后城市化率 20 年、30 年以后 80%,还有 20% 的人在种地。那 20% 的人,也有好几亿人,即使是 10% 的人,也有 1.5 亿人,那也是 30 年以后的事情。20 亿亩地给 1.5 亿人,一人也就是 10 来亩地,一家五六口人也就是几十亩地。那么多大户去种几千亩地、上万亩地,其他所有的人去做什么? 这个问题是要回答的。你没有那么多地,甚至连家庭农场,中国也搞不了(华生,2014)。

陈锡文(2014)认为,规模适度非常重要。他认为中国家庭农场的适度规模是几十亩到上百亩的规模,东北地区土地条件好可以发展上千亩的家庭农场。他同时也强调,在中国和其他亚洲国家,人地关系不适合发展过大规模的家庭农场。朱启臻(2013)认为,家庭农场的规模要有上下限,下限是生计的标准,上限是现有技术条件下,家庭成员可以经营的最大面积,所谓适度规模经营。对规模的担心,还出于对土地大规模兼并影响农村长远稳定的担心。中国农业的小规模不是由法律制度决定的,而是由国情决定的。

(四)发展家庭农场政府与市场的角色如何定位?

发展家庭农场必然绕不过市场与政府的关系问题。市场与政府之间的关系问题在 20 世纪乃至 21 世纪初都是各国经济学家和政治家争论不休的问题。哈耶克和凯恩斯的论战持续了几十年,而他们的主张也风水轮流转地影响着各国的政策。哈耶克是一个坚定的市场派,他旗帜鲜明地坚持市场自发秩序的神奇作用,认为政府对市场的干预是"一种致命的自负"。在哈耶克的观点来看,国家的主要角色应该是维持法治,并且应该尽可能地避免介入其他领域。哈耶克主张经济上的自由是公民和政治自由所不可或缺的要件(王志伟,2008)。凯恩斯主义认为,通过利率把储蓄转化为投资和借助于工资的变化来调节劳动供求的自发市场机制,并不能自动地创造出充分就业所需的那种有效需求水平。在竞争性私人体制中,"三大心理规律"(边际消费倾向递减、资本边际效率递减和流动偏好)使有效需求往往低于社会的总供给水平,从而导致就业水平总是处于非充分就业的均衡状态(池元吉,2013)。因此,要实现充分就业,就必须抛弃自由放任的传统政策,政府必须运用积极的财政与货币政策,以确保足够水平的有效需求。凯恩斯最根本的理论创新就在于为国家干预经济的合理性提供了一整套经济学的证明,这是凯恩斯主义出现以前任何经济学都根本做不到的。

凯恩斯主义由于20世纪30年代经济危机的爆发而受到当时罗斯福政府的重视,并在此后曾经多次被众多国家的政府所应用。1998年亚洲金融危机和2007年美国次贷危机之后,中国政府为了应对危机,先后都采用了凯恩斯主义的相关主张。而哈耶克的思想却曾经长期受到冷落,哈耶克就曾经自嘲:"我年轻的时候,只有很老的长者才相信自由市场制度。等我人到中年,除了我自己,就没人相信它了。现在,我很高兴自己活得足够久,看到青年人再次相信它。"也就是说直到他老年时他的观点才受到重视。直到70年代之后,随着凯恩斯主义后遗症的凸显,人们才开始认识到市场的重要性,英国撒切尔政府、美国里根政府进行了大刀阔斧的改革,推动重新回归市场、释放市场活力。

家庭农场的发展,如果推出相关扶持政策,必然涉及政府对家庭农场发展的干预问题,这其中涉及政策上的引导和财政上的扶持。如果方向正确,必然有利于家庭农场的健康发展,反之,则可能带来一些不可预期的问题。特别是如果政府过度干预,有可能让政府管了过多管不了也管不好的事,可能会带来新的矛盾,增加过多的财政开支,甚至给政府的形象带来损害。当然,任由市场发展也可能带来市场失灵的问题,比如产业发展方向偏差,种粮问题得不到重视等,这将在下文中进行具体论述。

(五)发展家庭农场等新型农业经营主体是在引导土地产权的私有化吗?

当前在学术界不少专家的专家持有这一观点,不过他们的观点却并不被重视。其中经济学家华生和三农问题专家贺雪峰最为典型,他们的论战对象主要是周其仁教授。大家争来争去,问题的实质是土地的权属问题。周其仁、厉以宁等人资历老,对高层的影响力巨大,他们尽管没有明说,但"土地确权"、给农民"土地权利"等话语的实质指向无疑是土地私有化。他们的支持者众多,既有学术界的也有决策层的,但更多的还是一些地方官员。在学术界如厉以宁认为今后中国要改变农民进城这种单向的城乡一体化,要走向双向城乡一体化,愿意来农村经营的就来农村,农民愿意进城打工的就到城里去。这样不但农业生产率会提高,城乡收入差距也会进一步缩小(厉以宁,2012)。归结起来就是一句话,资本下乡,农民进城。农村有家庭农场制,就有家庭农场主,这就是未来中国农民的走向。这样既可以缩小城乡差距,又可以提高农业生产率。他的观点在当下比较有代表性,也体现了一些地方官员的期待。

周其仁对于家庭农场重点强调流转的权利,他认为不管是在村内流转还是跨村流转,关键在于要有流转权,这个权利必须定义清楚。[①] 周其仁、厉以宁一派的观点,对待家庭农场并不反感,但认为搞不搞家庭农场不是问题的关键,关键是土地要确权,他们的"确权"并不是维护现在农村土地的"集体所有"那么简单,而是要明晰农民的所有权。产权确定了,才能真正流转,农民也有了真正的财产权,农村才能真正搞活。

贺雪峰驳斥一些学者打着给农民更大土地权利的幌子来为土地私有化鸣锣开道,来为资本掠夺农民制造舆论的用心。他认为这些学者站在为农民要权利,为农民说话的道德高地,却不愿深入具体地考察农民到底要什么,他们的利益究竟何在。在中国农村,农户土地权利越大,集体行动越难,生产生活基础条件就越无法改善,单家独户的小农,尤其是仍在农村种田的耕者,就不得不面对更加恶劣的农业生产条件,他们不仅要流汗,而且要流泪,甚至流血了(比如为争水而打架伤人)。这是典型的"反公地悲剧"。所以在这种意义上,他认为,"给农民更多的土地权利,其结果可能会损害农民的利益"(贺雪峰,2010)。华生严厉批评周其仁过分自信"是因为他们原本以为自己已经完全占领了理论和道德高地,真理在握,对现行体制完全不放在眼下,觉得其中的问题和缺陷已经足以使其土崩瓦解,根本挡不住他们认为的土地资源配置市场化资本化的潮流和趋势"(华生,2014)。总的来看,华生、贺雪峰一派的观点则力主维持现有的土地制度,维护以农户为主体的生产经营,对大资本的用心保持警惕,对农业的产业化的成效持怀疑态度,对贸然改变农村现状的未来前景忧心忡忡。他们一般都支持家庭农场,因为家庭农场是以农户经营为主,不冲击现有土地权属,因而可以长远维护农村的稳定,只是家庭农场的规模不宜过大。

三、研究过程及思路设计

当前在全国家庭农场发展比较成熟的有浙江宁波、上海松江、湖北武汉、吉林延边、安徽郎溪五地。这五个地区各有其特色,其相应的扶持政策也各有其适应性。我们在这次的研究设计中考虑到吉林延边地处东北,其人均占有土地面积相对较大,与其他四地有着显著的差异,所以暂时没有将其纳入本次调研的范围。我们选择了浙江宁波、上海松江、湖北武汉、安徽郎溪等四个地区。其中,由于宁波和上海松江最为典型,因此将其作为调研的重点。

课题组共实地考察了浙江宁波、上海松江和湖北武汉的近30户家庭农场。其中宁波18家,松江5家,武汉4家。由于松江家庭农场的规模、经营品种、政府的

扶持政策情况都大体相似,所以即便调查中样本较宁波地区少,当前的调研还是能够较全面真实地反映该地区实际结果。具体的调研对象包括当地的农业局分管这一工作的领导、农委(农业局)相关负责人和当地家庭农场的农户。

(一)调研的主要方法

调研方法的选择直接决定着调研工作的质量,因此在调研上注重方法的全面性并突出调研重点。调研方法主要有三种:一是理论文献研究。在调研早期通过各种渠道已经搜集到大量的文字资料,包括国内外对家庭农场的理论研究材料,中央政府相关部门对于家庭农场发展的相关政策文件等。二是实地调研。作为调研的重点,主要采用问卷调查和个别深度访谈、实地观察三种方法相结合方式,并辅以录音、文字记录、现场照片采集等丰富调研结果。考虑到两地的不同情况,实际调研也做了相应调整。三是数据整理。利用统计学相关的抽样调查的计算方法对调查结果数据加以初步整理处理,并通过学理分析和国家与市场关系模型来建构两地家庭农场发展机理的分析框架。

(二)调研的具体过程

在宁波下属奉化和慈溪的调研,调研的大致程序相似,先是到两地的农业局与分管领导座谈了解面上情况,拿到家庭农场的登记簿,然后按照登记簿随机抽取调研对象,直接上门调研。在家庭农场的调研,主要采取问卷调查和个别深度访谈的方式。访谈一般是边参观边提问,尽量使访谈的过程更轻松随意,以搜集更真实的情况(具体见表3-1)。

表 3-1　宁波市 18 家受访家庭农场基本情况

农场名称	注册类别	负责人	生产规模	年销售额/万元	文化程度	职称	经营类型	主营品种	长期雇工/人	经营时间/年	备注
奉化市昊天农场	独资	沈国军	180亩	300	初中		种植	蔬菜	16	6	负责人是吸毒转化人员
奉化市范氏农场	个体	范海军	450亩	800	高中	工程师	种植	蔬菜	10	4	办有一个小型工厂
萧王庙街道五星蛋鸡场	个体	郑芳贤	80000只鸡	1500	初中		养殖	蛋鸡	15	24	浙江舟山人
西坞爱歌顿农场	个体	江聪优	450亩	900	高中		农家乐	水果	12	2	有网站、聘请3个大学生

（续　表）

农场名称	注册类别	负责人	生产规模	年销售额/万元	文化程度	职称	经营类型	主营品种	长期雇工/人	经营时间/年	备注
南浦畜牧场	个体	王运来	8000头	1600	大专	工程师	养殖	肉猪	10	6	儿子本科、子承父业
富乐生态养殖场	个体	陈绍康	47亩	50	高中	技师	种养	水稻甲鱼	1	6	生态养殖
奉化红卫农场	个体	邬红卫	1500亩	250	高中	助理技师	种植	水稻竹笋	5	6	农机合作社
辅德农场	个体	江辅德	1800亩	70	初中		种植	水稻	20	7	贷款难、不成片
欣业农场	个体	蒋雷	1050亩	250	初中	助理技师	种植	水稻	10	3	兼任村主任
悠然家庭农场	个体	周云杰	12亩	70	本科		种植	草莓	15	6	子承父业
绿丰家庭农场	独资	虞如坤	115亩	120	高中	工程师	种植	水蜜桃、雷笋	2	5	兼任合作社社长
沧北蔬菜种植场	独资	邹志孟	343亩	195	初中		种植	蔬菜	6	20	出口蔬菜备案基地
沧南火龙果种植场	独资	乐四清	200亩	无	初中		种植	火龙果	1	6	新入行暂无收入
涌森蔬菜农场	独资	郑涌森	605亩	800	中专	农技员	种植	蔬菜	12	12	在人大读MBA
明美蔬菜农场	个体	余志明	506亩	387	高中	农技员	种植	蔬菜	25	6	儿子大学全职帮忙
观海卫施叶生猪养殖场	个体	蒋场长	6000头	1200	初中		养殖	生猪	19	6	有两个大学生
观海卫水稻农场	个体	周社长	300亩	30（净）	初中		种植	水稻	4	23	曾是第一种粮大户
双超水产养殖场	个体	林聪德	108亩	70	高中		养殖	对虾等水产	4	13	自己部分开挖鱼塘转包经营

上海松江由松江区农委安排专人带领我们下乡调查。由于考虑到有人陪同调

研虽然方便，但也可能导致基层不愿意讲真话的顾虑，我们在他们安排的调研结束后，又随机抽了几个家庭农场进行实地调研（见表3-2）。

表 3-2　上海松江部分受访家庭农场基本情况

经营者	是否注册	经营规模	土地流转租金/(亩/年)	学历	年龄	经营类型	主要品种	是否种养结合	是否机农结合	备注
李春风	否	200亩	500斤稻谷	职高	36	种植养殖	水稻生猪	是	否	子承父业
杨玉华	否	136亩	500斤稻谷	—	57	种植	水稻	否	否	—
张小弟	否	199亩	500斤稻谷	初中	51	种植	水稻	否	是	—
谢全林	否	92亩	500斤稻谷	—	59	种植	水稻	否	否	—
金晓玲	否	127亩	500斤稻谷	—	25	种植	水稻	否	是	实际上是其父亲在耕种

对武汉、郎溪两地，由于没有熟人关系，我们都通过单位发函的方式，与对方的主管部门取得联系，然后确定调研时间和地点，先是与分管部门进行座谈，然后独立深入相关农场进行调研（如表3-3和表3-4所示）。

表 3-3　武汉市部分家庭农场基本情况

农场名称	注册类别	负责人	生产规模（亩）	上年利润（万元）	文化程度	年龄	经营类型	主营品种	长期雇工（人）	经营时间（年）	备注
吴店村循环家庭农场	个体	朱兰萍	300	200	本科肄业	40余	种养一体	薯尖、肉猪	3	12	循环农业
院岗彭想清家庭农场	个体	彭想清	207	35	初中	47	种养一体	鱼、猪、水稻、鸭子	只有短期雇工	12	家庭成员为主要劳力
李伟和种植业家庭农场	个体	李伟和	363	100	本科	44	种养一体	薯尖鸡羊	16	17	兼任村书记
向店村李新建水产农场	个体	李新建	298	5	初中	46	水产养殖	鱼	7	13	合作社成员

表 3-4 安徽郎溪部分受访家庭农场基本情况

农场名称	注册类别	负责人	生产规模（亩）	上年利润（万元）	文化程度	年龄	经营类型	主营品种	长期雇工（人）	经营时间（年）	备注
平凡种苗种植家庭农场	个体	李俊	700	35	高中	37	种植	粮油	无	7	夫妻二人耕种
凌笪乡鹤晟茶叶种植家庭农场	个体	周少青	350	50	初中	44	种植	绿茶		24	茶叶加工
建梅肉鸡养殖家庭农场	个体	侯建梅	11	50	高中	37	养殖	肉鸡	无	2	返乡创业
永红农作物种植家庭农场	个体	向永红	250	18	初中	47	种植	粮油		10	租用国有农场土地
赖正斌甲鱼养殖家庭农场	个体	赖正斌	130	80	高中	38	养殖	甲鱼	4	9	原在浙江经营甲鱼生意

第二节 各地扶持政策及效果评价
——基于典型案例的研究

　　家庭农场扩大了经营规模,也放大了经营风险,没有政府的政策扶持,是很难发展的。政府在与家庭农场的关系中,是很难把握平衡的。政府如果过分强势,什么事都替农民做主,无疑会抑制农民的主动性、积极性,甚至会导致依赖心理。由于政府不是万能的,政府不能操控市场,政府不能包办风险,政府由于自身的政绩冲动及政策的连续性没有保障还可能犯错。这样农民会无事靠政府,有事找政府,出了问题,政府也会承担无限责任。另一方面,政府也不能无所作为,也应该发挥主观能动性,因势利导,多运用市场的方法,发挥社会的力量,以政策来引导,以法规来约束,促使家庭农场向着健康的轨道发展运行。

　　在我们调研的四地中,政府都在不同程度上对本地的家庭农场进行了扶持,有政策上的支持,也有财政上的资助。总体来说,从政府介入的深度来看,以上海松江为最，其次为浙江宁波、安徽郎溪，武汉的介入程度比较低；从市场化程度来看，则是浙江宁波市场化程度最高、其次湖北武汉、安徽郎溪，上海松江的市场化程度最低。下面就各地对家庭农场各方面的扶持政策归纳、评析、比较如下。

一、激励与保障：各地化解土地流转难题的经验

从小农户到家庭农场，最重要的变化是经营规模的扩大，而要扩大规模必然需要土地流转。在我国农业费废除前后，农业补贴尚未大规模跟进之前，土地流转是非常困难的。这个困难表现在流入困难，就是很少有人愿意流入。这个时候，由于土地的各项税费比较重，种田不划算，一般的人都不愿意种田。但是，也有一些经营能力比较强的农民却发现了机遇。他们主要有这几种类型，一类是农机手，由于有农业机械，具备大规模的耕作能力，有规模效益，所以愿意耕种。宁波慈溪市的周姓农民就是一例，他早在 23 年前就开始"捡田"种，是慈溪市最早的种田大户。另一类是从事经济作物销售的农民，他们拥有销售渠道，为了保障供货渠道的稳定，他们也会选择流入土地规模种植。表 3-1 中沧北蔬菜种植场的邹志孟就是一例，他经营蔬菜种植有 20 年，最初就是一个菜贩子。这一时期为鼓励土地的流入，各地也采取了鼓励土地流入的政策。比如武汉市就曾对于土地流转单个项目达到1000 亩以上的按照每亩 50 元补贴给流入方。真正的流转难出现在金融危机以后，这时不少农民返乡，再加上政府农业补贴力度的加大以及土地确权的预期增强，一些农民开始视土地为重要资产，这时土地的流出开始越来越困难。所以说在当前阶段，各地土地流转难主要体现在流出难上。各地为化解流出难问题，推出了不少鼓励政策。主要有以下三种。

（一）为土地流转搭建便捷的沟通和交易平台

比如宁波慈溪政府在土地流转方面首先是健全土地流转服务市场，为供求双方提供法律咨询、供求登记、信息发布、中介协调、指导签证、代理服务、纠纷调处等服务，为土地流转搭建便捷的沟通和交易平台。武汉市建立了农村综合产权交易所，对土地流转进行鉴证，保障土地流转双方的利益，给流入方发放土地流转经营权证。流入方还可以凭此证抵押融资。上海松江在区、镇农业部门加强土地流转管理、指导和服务，规范土地流转行为，制定了统一的土地流转合同文本，在政府的指导下，发挥村集体的作用，通过村委会中介将土地经营权统一发包至中标的户主手中，而农场主不得私自与个体农户之间产生土地流转交易。他们还建立了信息化农业用地管理平台，将全区所有 113 个行政村的土地承包和流转情况纳入平台，登录平台便可查询到每户土地流出和流入情况。

（二）以资金投入促进土地流转

宁波市明确市本级财政连续三年，每年安排 3000 万元扶持资金用于土地流转。这几年，宁波市、县、乡镇三级每年投入土地流转的扶持资金总额均达 3000 多万元。到 2013 年底，全市土地流转面积达 45.3 万亩，占农户家庭承包面积的 63％。宁波慈溪市对承包土地在二轮承包剩余年限内的土地经营权一次性委托镇（街道）、村流转的农户，每亩每年补贴 150 元；对新流出（续订）土地经营权，且与村签订托管协议，流转期达到 5 年的农户，给予每亩每年 200 元的一次性补贴，流转期超过 5 年的，每超过 1 年每亩再补贴 60 元。在松江，政府规范土地流转金，全区统一为每亩每年 500 斤稻谷，既保证了土地承包者的利益，也推动了土地的流出；对于土地流入方，政府给予每亩每年 200 元的流转补贴，鼓励家庭农场发展。承包方和经营方都获得了利益，达到双赢。

（三）以完善社会保障解除流出农民的后顾之忧

土地对于农民来说还具有社会保障的功能，因此只有解决农民养老、就业的顾虑，农民才能放心流转。在这方面沿海地区做得比较到位。上海松江为进一步鼓励农民自愿流出土地，解决家庭农场发展的局限，政府对于全部流转给新经营者的老年农民（男 60 岁、女 55 岁以上），在上海市新农保标准每月 500 元的基础上，再给予每月 150 元的补贴。

二、钱的问题：融资难如何解决

在我们的调研过程中，不少公司反映办家庭农场贷款比较困难，但贷款的难易程度各地也有较大的区别。贷款难，首先难在启动资金不足。新建家庭农场，往往投入很大，需要大量的资金。但这时也往往是最难贷款的时候，因为这时一无抵押，二无信用，没有银行敢贷款。这时候农场主要靠自筹，自筹有三个渠道：一是自有资金。比如慈溪市沧南火龙果种植场乐四清，原来是搞客运的，有 4 台大巴跑杭州，后来高铁开通了，生意不景气，他就把车子变卖了，开起了家庭农场。二是找亲戚朋友借款，选择这种方式的占多数。三是民间借贷，一般的是年息 12％，高的有 30％。其次难在缺乏周转资金，主要体现在年初的投入上。比如武汉院岗彭想清家庭农场，主要是养鱼，每年年初的投入 70 万元左右，靠自有资金有很大的缺口，而从银行贷款额度有限。总的来说，由于缺乏有效的抵押物，家庭农场主一般都很难贷到款，这在一定程度上制约了家庭农场的发展。针对这一问题，各地出台了相关政策，力图解决这一问题。

（一）设立专项基金扶持家庭农场发展

宁波慈溪早在 2004 年就设立了"中小农场发展基金"，每年安排 100 万元专项资金对注册农场、贷款贴息、农业基础设施建设和新技术推广给予重点补贴。慈溪市本级用于家庭农场扶持资金占每年产业扶持资金的40%以上。该市还组建了农户小额信用担保有限公司，免费为家庭农场发展提供贷款担保。全市累计有488家家庭农场在该公司担保下贷款，累计发放贷款2.4亿元。安徽郎溪县财政每年预算内安排1000万元，整合涉农项目资金1000万元，用于支持家庭农场发展。此外，县政府出资600万元，建立郎溪县家庭农场贷款担保资金，通过放大数倍，具备了4000万元的担保能力。

(二)加强信贷和农业保险服务

宁波市试点开展家庭农场信用等级评定，对信用等级高的家庭农场给予一定的信贷额度，并给予利率优惠，允许家庭农场以大型农用设施、流转土地经营权等抵押贷款。武汉市通过农村综合产权交易所为土地流入者办流转土地经营权证，凭此证可以在银行贷款。在我们调研的四地，安徽郎溪在家庭农场的贷款保障上做得非常到位，郎溪经济发展水平较低，财政扶持资金非常有限。但对该地区的调查发现资金需求上基本可以满足，他们的模式是"政府引导，协会牵头，银行合作、各方受益"。具体的操作方式是：相关资金充足的农场主把资金委托协会存入银行作为担保金，银行按照1:8的比例放大，其他会员与协会和银行签订贷款协议，然后银行放贷。下面以100万协会资金为例以图表形式进行说明，如图3-1所示。

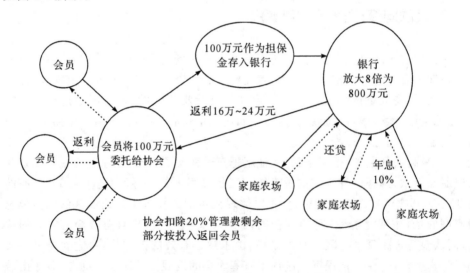

图3-1 安徽郎溪家庭农场协会担保模式运作方式

从图3-1中可以看出，无论是将资金委托给协会的家庭农场会员、协会本身，还是银行、贷款的家庭农场都因此受益。贷入会员获得了资金,发展了生产;银行降低了风险,获得了回报;协会获得运转资金,增强了发展活力;贷出会员获得了资产收益。各方的积极性都得到发挥。因为最初提出这个设想时,其他国有银行都不愿意合作,只有新华村镇银行(民营)进入,运行几年来没有一笔坏账,获得了可观回报。这几年邮储银行、农商行都纷纷要求合作。

(三)加大财政税收支持力度

这主要体现在对家庭农场的各项补贴和税收优惠方面。首先是对示范农场的奖励。宁波市对市级示范性农场,财政给予每家 10 万元的一次性补贴,其中市财政 5 万元、县市区配套 5 万元,2013 年共验收扶持了 37 家。武汉市对符合条件的家庭农场提供不少于 5 万元的扶持资金。其次是对家庭农场提供各类补贴。除了上文中提到的促进土地流转的补贴之外,各地积极为家庭农场的发展提供各类补贴。这其中以上海松江的力度最大。根据对松江 100 个家庭农场的数据分析,户均获得补贴 56746 元,亩均补贴 498 元。100 个家庭农场平均净收入 93122 元,财政补贴占家庭农场净收入的 3/5。若取消补偿,家庭农场亩均净收入仅为 319 元,户均净收入仅为 36336 元。详情如表 3-5 所示。

表 3-5 2010 年上海市松江区对家庭农场的现金补贴、实物补贴和保险补贴标准

(单位:元/亩)

补贴项目	补贴名称	总额	中央资金	市资金	区资金
现金补贴	农资综合直补	76	56	20	0
	水稻种植补贴	150	0	80	70
	土地流转费补贴	100	0	0	100
	考核补贴	100	0	0	100
	绿肥种植补贴	200	0	150	150
物化补贴	药剂补贴	22.5		11	11.5
	水稻良种补贴	16~25	0	16~25	0
	二麦种子补贴	35	0	20	配套实物
	绿肥种子补贴	实物	0	0	实物
保险补贴	水稻保险费补贴	15	0	6	9
	二麦保险费补贴	7.5	0	1.9	5.6

三、培育职业农民

当前各地在发展农业方面存在的后继乏人和农民素质不高的问题,各地发展家庭农场时也都非常注意探索解决问题的办法。在培养农二代方面,松江针对农

场主普遍是中老年人的问题，提出在选择农场主时，对于子承父业的优先入选，并限制报名者的年龄，满 60 岁的农场主必须退休。宁波市的家庭农场普遍以果蔬种植和养殖业为主，市场化程度相对高，且技术含量高，从业者一般年龄相对年轻，文化素质也较高。宁波市着眼于培养高素质的现代农民，启动家庭农场主高级培训班，已累计举办 5 期，有 300 多人进高校学习进修。还率先出台涉农毕业生创业就业扶持政策，对家庭农场聘用相关专业毕业生的，县市两级财政每人每年补贴 3 万元，大学生在涉农领域创业的，给予最高 50 万元的全额贴息贷款。我们在宁波调研期间经常可以在农场看到大学生的身影，而且发现一个特点——聘用的大学生往往是农场主的子女或者亲戚。比如奉化某养猪场场主的儿子大学本科毕业，毕业后带自己的女友回到父亲的农场就业，两人现在已经结婚，儿子负责业务，媳妇分管财务，真正实现子承父业。

四、完善社会化服务体系

发展家庭农场，离不开完善的社会化服务体系。这其中包括农机具供应、粮食烘干、技术服务、培训服务等方面。在四地中，市场化程度高的地区，基本上是依靠市场机制解决，市场化不足的地区一般要以农场主自行解决为主，政府协助解决。而对于政府具有经济实力和管理能力的地区，主要依靠政府提供服务。在上海松江，当地围绕家庭农场的生产需求，建立了一个涵盖良种繁殖、农资配送、烘干销售、农技指导、农业金融和气象信息等内容的专业化服务体系，可以为家庭农场提供产前、产中和产后全程服务，社会化服务体系比较完善。在宁波，农技服务非常到位，在我们调研过程中，经常在家庭农场见到现场指导的农技站技术人员，他们和农场主打成一片，见面非常亲热。不过宁波相对松江也有不足的地方，比如我们在奉化看到两个相邻的种粮大户，他们各自投巨资建立了自己的仓库，安装了进口的烘干机，但实际上两者的运转效率都不高，比如烘干机两家都不能满负荷运转。而在松江各乡镇粮食收购站都统一提供烘干服务，农户收割后直接送到粮站，计重时直接扣除水分就行。

五、加强对家庭农场的引导和规管

家庭农场是一个新鲜事物，各地发展家庭农场没有先例可以遵循。在鼓励家庭农场发展的同时，各地也注意防止家庭农场发展走偏，注意引导农场发展沿着产业化、现代化、科学化的道路发展。包括鼓励生态平衡、集约化经营、农业机械化，防止非农化、过分非粮化，滥用地力等。他们的主要方法有以下几种。

(一)典型示范引导

各地都非常注意发现和扶持培育典型，以发挥典型示范引领作用。武汉市制定《市级示范家庭农场申报认定和检测管理办法》，明确示范家庭农场的认定标准，获得资格的农场将给予奖励，这样有利于将家庭农场引导到政府鼓励的方向上去，比如在文件中对于有注册商标和品牌的、取得无公害和地理标准产品认证的、农场主是自主创业大学生等五个方面的家庭农场优先认定。松江区每年开展家庭农场高产创建竞赛，召开全区家庭农场经营者大会进行表彰，还推出一批优秀典型，如子承父业的李春风、机农一体的张小弟等。通过这些方法，起到示范和引领的作用。

(二)建立退出机制

这种方法主要是松江在用。他们规定新进家庭农场经营者试用期一年，年度考核不合格的，自动终止承包经营资格。凡出现取得经营权后不直接参加农业生产和管理、常年雇佣其他劳动力的，将土地转包转租的，经营管理不善、使用违禁农药、不能做到"种田"和"养田"相结合的，无正当理由不履行协议、故意拒交拖欠土地流转费的，都要被取消承包资格。

(三)限制性约束

由于家庭农场都是以农户自主经营为主，除了松江之外，其他地方政府很难去直接干预农场的经营。因此除了上述的典型示范引导之外，他们还通过家庭农场信用评级，并与信贷部门相合作，从而可以起到一定的规制作用。此外，还通过执法手段，比如控制养殖场排污、禁止改基本农田为鱼塘等硬性手段约束家庭农场的经营行为。

第三节　均衡与失衡：家庭农场发展中的深层问题探讨

在调研过程中，通过与农场主和基层干部广泛接触与探讨，我们注意到当前家庭农场发展也面临着不少问题，比如土地流转难问题、贷款难问题、人工成本过高问题、农场主素质不高问题、粮食生产比例过低问题、农场经营后继乏人问题、家庭农场经营风险问题等。对于这些问题有些只是表象，不能就事论事简单分析，而必须深入问题的背后，探寻问题的实质。下面就相关问题展开探讨。

一、农村土地三个"权利人"权属不清制约了家庭农场的发展

由于家庭农场的土地涉及村集体(所有权)、村民(承包权)、经营者(经营权)三个"权利人"，这三个"权利人"构成了家庭农场利益关系的主要方面，因而要想家庭农场健康发展，必须理顺三者关系，在"三权分置"的基础上，把握好三权利益平衡，这样才能扫清家庭农场发展的障碍。当前农村土地"三权"权属纠葛不清对家庭农场的影响主要有：

第一，农村集体土地所有权缺位或者越位影响了家庭农场的发展。现在有些地方农村集体土地所有权表现不明显，所导致的问题是集体不能发挥积极作用。比如，我们在郎溪调研时，不少家庭农场主就反映他们在土地流转时需要与农户一家一家的去谈判，费时费力，而且有时由于缺乏统一标准，也带来了不少矛盾。[①]由于缺乏集体的组织，基础设施建设如灌溉设施、道路建设无人牵头负责。部分集体组织在维护土地所有者的权益上不作为，导致一些损害土地所有者权益的情况时有发生，比如随意在基本农田上开挖鱼池、随意在土地上建设附着物等。至于大力发展集体经济，组织农民发展现代农业，积极开拓市场就更不用说了。这都是集体土地所有权缺位的表现。还有越位的问题，比如在一些城郊地区，由于土地级差地租较高，一些村集体感觉有利可图，又过分强调土地的所有权而忽视农民的土地承包权，出现侵犯农民的合法权益的问题。

第二，农民土地承包权缺乏可靠预期限制了农民土地的长期流转积极性。我们在各地的调研中，家庭农场主普遍担心流转农户到期或者失信收回土地，他们往往在土地上已经付出了很大的投入，如果到期农户收回土地，他们将损失巨大。如果农户要毁约收回土地，他们也没有办法应付。农民为什么不愿意签订长期合同，有多方面的原因：一是对土地的长远预期不明朗，担心由于政策原因收益大，自己签了长期合同会吃亏；二是由于农村社会保障体系尚不完善，而土地具有社会保障的功能；三是一些外出打工的农民对于自己能否融入城市信心不足，致使他们不愿意长期流转土地而断掉自己后路。

农场主对土地经营权的预期不足助长了短期行为。由于担心农户收回土地，使得一些农场主不敢对土地投入过多，比如不敢买大型的农机具，不敢在大棚、固定设施上投入过多，不愿意子女跟随自己从事农场经营等。

总之，土地所有权、承包权、经营权关系构成了家庭农场运作的主要矛盾，要维系三者之间的平衡关系关键在平衡三者之间的利益。如果过分强调土地承包权长

---

① 访谈地点：郎溪市，时间：2014 年 12 月 10 日，参与座谈的家庭农场主分别是李俊、周少青、侯建梅、向永红、赖正斌。

久不变,或进而鼓噪农地私有化,必将导致农村集体经济名存实亡,村集体无法有效调整和利用土地,土地撂荒和流转难就难以解决,家庭农场发展也将因缺乏主导力量而受限;虽然强调土地集体所有,但如果不尊重农民意愿,保障农民的利益,强迫农民离开土地,必然会导致矛盾丛生,家庭农场发展也会困难重重;同样,家庭农场经营权如果得不到切实保障,必然不利于稳定经营者的预期,其长期投入与经营的积极性也会受到影响。

二、如何处理好政府与市场的关系成为制定家庭农场政策的一个难题

在我们调研的四地中,各有其特色,它们的区别主要表现在政府与市场在家庭农场发展发展中的作用的不同。在四地中,政府介入最深的无疑是上海松江,市场最有活力的是宁波,安徽郎溪虽然政府实力有限,但其重视程度和引导的成效却非常突出,而湖北武汉无论是市场还是政府的作用则比较中性。下面以宁波和松江为例,探讨政府与市场在家庭农场发展中的作用与问题。

(一)市场驱动与政府主导:宁波模式与松江模式的主要区别

为了比较宁波和上海发展模式的区别,探讨政府和市场在两种模式中所扮演的角色和定位,本报告基于相关指标建立如下多指标评价模型:

步骤1　建立模型

$$E(宁波)=\alpha_1 f_1+\beta_1 f_2+\mu_1$$
$$E(上海)=\alpha_2 f_1+\beta_2 f_2+\mu_2$$

其中,E 表示两地家庭农场的发展状况,α 表示市场对该地家庭农场的影响程度,β 表示政府对该地家庭农场发展的影响程度,μ 表示随机误差项(由于随机误差项在该模型中较小,可忽略)。

步骤2　影响指标分析

市场指标 f_1 通过市场化指标和竞争力指标来表现,指标包括工商注册率、种植类型、产品走向、抗风险能力等,即

$$f_1=f(a_1,a_2,a_3,a_4,a_5,a_6)$$

政府指标 f_2 通过政府补贴占总收入比例和政府政策扶持等指标来表现,即

$$f_2=f(b_1,b_2,b_3,b_4,b_5,b_6)$$

步骤3　数据分析

基于本课题组的访谈结果,结合政府相关数据和文献(见表3-6),可以得到以下数据:

宁波(4.5,3.5),上海(2.5,5)。

表 3-6 "市场—政府"对两地家庭农场发展的影响指标

			宁波		上海	
			程度	分值	程度	分值
市场	市场化指标	工商注册率	91.5%	1	0	0
		经营类型	43.8%	1	4.9%	0
		产品走向	100%	1	45%	0.5
	竞争力	抗风险能力	小	0	较大	0.5
		经营者素质	大	1	中等	0.5
		经营规模	中等	0.5	大	1
政府		政府补贴	15.7%	0	60%	1
		政策支持	大	1	大	1
		农业基础设施	中等	0.5	中等	0.5
		土地流转状况	好	1	好	1
		城乡统筹	中等	0.5	好	1
		社会化服务	中等	0.5	中等	0.5

注:为将数据定量化,此处规定程度分值:大得 1 分,中等得 0.5 分,小得 0 分,两大项满分为 6 分,其余数据按照百分比的大小依次给分。

通过多指标模型的建立,结合上述数据,得到市场和政府对两地家庭农场发展的影响程度,可得到:$\alpha_1 > \alpha_2$;$\beta_1 < \beta_2$。详情如图 3-2 所示。

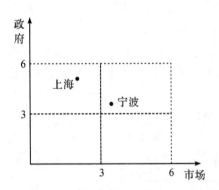

图 3-2 "市场—政府"在家庭农场发展中关系模型

由此,可得出宁波的家庭农场是市场引致、自发形成的,而上海的家庭农场则由政府主导形成的。两者的最优发展仍有待政府市场关系的相互协调促进。

(二)政府主导模式的成效和问题

上海松江家庭农场模式是一种政府主导的模式,政府在方案的设计、农场主的选择、社会化服务的介入、补贴的发放、农场主的考核等方面都发挥了关键的作用。

这种模式最主要的成效是保障了主粮的生产,也就是说为国家的粮食安全尽到了一个基层政府的作用,这种意义不可小觑。但我们也发现这种模式存在着如下问题:

一是巨额财政补贴难以持续和复制。在松江区家庭农场的收入中,政府的财政补贴占其中的 3/5。要是没有政府补贴,家庭农场单靠自身盈利状况难以维持正常运作,政府强大的资金投入如同注入了一针兴奋剂,维持家庭农场的生命力。这种措施在家庭农场的起步阶段是必要的,但是地方财政难以进行持续的巨大规模的投入,因而松江区家庭农场面临的一个问题即是如何靠自身达到盈利,而不是长期依赖政府财政补贴。

二是发展活力不足。主要体现在经营者素质偏低与老龄化严重。据对 2009 年松江区家庭农场主受教育水平的统计,具有大专及以上学历的比例仅为 1%,具有高中学历的占 8.5%,其余为初中及以下水平。农场经营者普遍素质偏低,思维、观念的守旧,知识的缺乏导致家庭农场的经营效率、发展趋势受到极大影响,如何突破知识型人才的缺乏是家庭农场今后发展面临的一个瓶颈。另外松江模式并不能有效解决农场主老龄化的问题,据对 2009 年松江区家庭农场主年龄的统计,年龄在 49 岁及以下的占 37%,50~60 岁的占 59%,61 岁及以上的占 4%(见表 3-7)。在调研途中看到的无论是在田里耕作的农民抑或是在田埂上歇息的农民,年龄都较高。36 岁的李春风是我们遇到的最年轻的农民,活跃在农场劳作的 70 多岁的农民大有人在。年轻人依然对经营粮食缺乏热情,家庭农场没有持续的新生力量的注入将是一个巨大的难题。

表 3-7　上海松江区金汇村农场主年龄分布

年龄层	占比/%
49 岁及以下	37
50~60 岁	59
61 岁及以上	4

(三)市场驱动模式的优势与局限

宁波处于沿海发达地区,宁波家庭农场起步早、起点高。他们的市场化程度高,产品具有很强的竞争力,农场经营普遍效益好,充满活力,而且不少家庭农场开始出现子承父业的现象。但是宁波模式也存在着非常突出的问题,主要表现是市场的趋利偏好制约了宁波的主粮生产。市场是逐利的,特别是对于宁波这样的沿海发达地区来说,家庭农场主普遍对盈利目标都有着比较高的期望,他们普遍愿意从事那些产品附加值较高的农产品的生产,而对于那些政府控制价格的主粮的生产兴趣不大。在我们调研的沿途,在宁波这样的历史上的鱼米之乡,居然很难发现有水稻的身影,看到的要么是工厂,要么就是花木、苗木、水果及其他经济作物。从具体数据来看,在宁波慈溪市提供的 32 家重点家庭农场目录中,居然只有 1 家是以种植水稻为主业(见图 3-3)。虽然宁波市不是粮食的主产区,但我们也难以想象在市场经济的大潮下宁波市的粮食作物的生产居然沦落到如此的配角地位。可见,如果任由市场选择,在类似宁波这样的地区要想发展主粮的生产,必然是非常困难的。

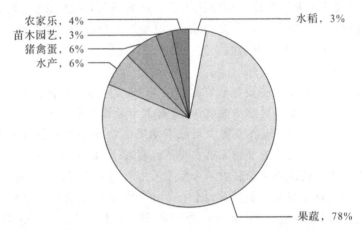

图 3-3　宁波慈溪市 33 家重点家庭农场的经营范围
数据来源:宁波慈溪市农业农村局提供。

三、过分重视家庭农场及其他新型经营主体可能伤害普通农户的利益

当前各地都非常重视规模经营,一些经营大户被当地政府树立为典型,并在政策上优先照顾;一些农业公司进入农村后被当地尊为座上宾。然而,传统的小农户经营却被视为落后的事物,被进一步边缘化。在这次的调研中我们注意到以下问题:

一是个体农户被家庭农场主挤压,导致农村新的不公平现象的产生。在不少地区随着家庭农场等新型农业经营主体的发展,传统农户由于不具备规模优势,效益不佳,最后干脆把土地转给大户,放弃农业经营。不少农民流转出土地后进入家庭农场成为雇工。我们在武汉看到一位 60 多岁的农民就是这样。虽然他现在每年为农场主打工有 3 万多元的收入,但从他的言谈举止中也可以看到放弃自主经营的无奈和对农村贫富差距拉大的不满。他告诉我们,他们家算是勤快的,其他农民干脆把土地流转给大户,就拿一点租金和补贴,也不从事劳动,整天打麻将。放弃劳动无所事事,这对于从事了一辈子农业生产的农民来说未尝不是一种悲哀。农村村民社会地位的改变,对农村的社会发展稳定也很难说是一件好事。①

---

① 访谈时间 2014 年 11 月 8 日,地点武汉市黄陂区李伟和种植业家庭农场。

二是一些地区对家庭农场准入限制了其他农户的发展机会。比如在松江区由于经营家庭农场风险小、回报丰厚,愿意竞争上岗的农户非常多。以我们调研的金汇村为例,有 23 户竞争 15 个家庭农场,淘汰率达到 35%。同是一村人,有的人能上,有的人无奈出去打工或者帮其他农场主做工,难免会有怨言。该村村主任也坦言村委会感到压力很大。① 不少农场主也担心土地所有者"眼红",以后会随意"要回土地"(刘守英,2013)。② 如果我们过分追求效率而忽略公平,可能会带来新的矛盾。

三是发展家庭农场并不必然带来政府希望的结果和效率。各地发展家庭农场最初主要目的是保障粮食安全,防止抛荒。对于我们调研的四地来说,确实土地抛荒的现象很少。但也有了新的问题:一是一些家庭农场并不热衷于种粮;二是即使种粮,产量也并不如个体农户。贺雪峰在农村的调研表明,大户种粮产量普遍低于个体农户。他发现,几乎所有调查人的结论都是:规模经营可以提高劳动生产率,但很难提高粮食单产。这里面的道理是,农民自己种自己的田,不仅不需要监督,而且不计成本——他们反正没有别的事情,有时将农闲时的农业劳动当作锻炼身体,尤其是农村中缺少外出务工机会的中老年农民更是如此。考虑到国家和地方政府普遍给种粮大户扶持的资源支持,和一般农户都会在种粮的同时进行副业生产,从耕地产出效率上看,大户较小农其实并无优势。所以说过分重视规模化经营,可能恰恰是出于对个体农户经营的偏见。③

习近平总书记指出:"创新农业经营体系,不能忽视了普通农户",因为"普通农户毕竟占大多数"(习近平,2014)。所以在发展家庭农场时,怎样平衡普通农户与家庭农场的利益关系,是一个需要重视的问题。

四、片面推进家庭农场发展忽略了统筹城乡发展不足的制约效应

在这次调研中我们发现,当前各地家庭农场发展中存在的主要问题,往往不能就事论事去解决,也不能单从农村出发去解决,而应该从全局的角度,从城乡统筹发展的高度去解决。无论是"老三农问题"(农业、农村、农民),还是"新三农问题"(农地流转、农民工、农地非农用),都需要统筹考虑、平衡推进,家庭农场作为问题的一个方面,更不可能做到单兵突进,同样需要在协调各方关系的基础上,解决一些深层次的问题。

农业劳动力城市转移不足制约了家庭农场的规模扩张。在调研中我们发现,

---

① 访谈时间 2014 年 7 月 17 日,地点为上海市松江区石湖荡镇金汇村。

② 家庭农场主沈忠良在采访时说:眼下家庭农场越来越吃香,如果土地所有者眼红,随意要回土地,这对干劲正足的家庭农场经营者来说无异于"致命打击"。

③ 贺雪峰. 种 1/10 的地,产 1/5 的粮? [EB/OL]. (2013-05-06)[2019-03-10]. 中国乡村发现,http://www.zgxcfx.com/.

越是农业劳动力城市转移充分的地方,家庭农场发展就越好。以宁波慈溪为例,2013 年全市从事农业劳动力 10.26 万人,务农劳动力占总农村劳动力比例从 1988 年的 56% 下降到只有 10% 左右。① 农村劳动力不断向非农产业转移,从而为土地流转腾出了空间,为发展规模经营、家庭农场奠定了基础。而一些劳动力转移不足的地区,由于还存在着大量的农业就业人口,必然无法扩大家庭农场的规模。

农户土地承包权稳定性不足成为外出务工农民流转的顾虑。当前不少在城市务工的农民工虽然已经在城市实现了稳定就业,有的甚至实现了全家外迁,但是他们并不愿意放弃土地,也只是暂时把土地委托给别人耕种,而不愿意长期流转。他们担心一旦长期流出去,以后可能要不回来了。在宁波我访问了一位来自安徽蚌埠的农民工,她在接受访谈时说:

> 儿子上学成绩很不错,今年顺利升入了洪塘中学。为了让儿子今后能够顺利在浙江参加高考,我们决定在宁波买房,首付 35 万元,贷款 100 万元,贷款期限 10 年,每月还款五六千元。现在儿子的户口已经转到宁波,儿子是户主。我们的户口还在老家。我们之所以两口子不愿意把户口转过来,是担心户口一旦转了,家里的田地就没有了,今后就没有退路了。

由于土地并没有确定是自己的,他们担心随着户籍的变动,会失去土地。从这种意义上说,如果土地没有确权,没有给在城市务工或定居的农民一颗定心丸,他们必然不放心长期稳定流转土地。

外出务工农民在城市的社会保障不足迫使农民倾向于保留土地的保障功能。在我们采访的农民工当中,比如从事出租车行业、个体服务业、建筑业的农民工几乎都没有办理养老、医疗等社会保障,从事制造业的一般都办理了社保,尽管标准不高,但毕竟有保障。不过也存在着问题,由于他们的流动性大,社会保障在全国范围内的接转还比较麻烦,会出现中断的现象。而且他们对打工多久并没有稳定的预期。另外,多数农民工在城市没有住房,"无恒产者无恒心",他们并不把打工地当家,所以他们一般都认为自己迟早要回老家的。因此,他们一般都把农村的土地作为最后的保障,绝对不会轻易长期流转,有的宁可长期荒芜,也不愿意流转出去。

所以说,如果一地的农业劳动力没有实现充分的非农就业,外出务工农民土地承包经营权权属没有明确而可靠的预期,在城市没有完善的社会保障,必然很难为家庭农场的发展提供前提条件。

---

① 数据来源:慈溪市农业局提供资料(2014 年 2 月)。

第四节　关于完善家庭农场扶持政策的若干建议

综合课题组对以上四地的调研，针对当前家庭农场发展存在的主要问题及其背后深层原因的分析，我们对下一步家庭农场扶持政策的完善提出如下几点建议。

一、妥善把握好政府与市场、社会的均衡关系

（1）各地政府应充分认识到发展家庭农场是一个长期、渐进的过程，切不可急躁冒进、人为推动。在我们调研的各地，家庭农场普遍是自发形成的，政府一般做的是因势利导的工作。即使在松江有较多的顶层设计的成分，但那也是在天时、地利、人和的特定条件下启动的。因此，不可过分迷信政府对家庭农场等新型经营主体的动员能力，防止出现重大失误。

（2）充分认识到中国农村人多地少的国情将长期存在，要合理控制家庭农场的规模。要认识到即使在中国城镇化率达到 85% 以上的情况下，中国农村人口还有 2 亿人左右，每家农户户均耕地也只有 30～40 亩，因此不能盲目贪大，要防止人为归大户、垒大堆情况的发生。

（3）充分发挥家庭农场的市场主体地位，政府发挥好扶持和引导作用。政府对家庭农场发展介入程度不可过深，不可代农户做主，"把选择权交给农民，由农民选择而不是代替农民选择，不搞强迫命令、不刮风、不一刀切"①。政府的作用主要体现在要为家庭农场的发展创造宽松的政策环境，要转变政府职能，为市场保驾护航。

（4）充分发挥政府的引导作用，鼓励家庭农场投入粮食生产。在沿海发达地区，农场主出于经营效益的考虑，往往会从事效益较高的农产品的种植，而对粮食的生产不太热衷。政府应该用市场的方法积极引导家庭农场从事粮食的生产，条件许可的地方，可以考虑以增加补贴的方式来鼓励农民种粮。从国家层面上，怎么样让真正种粮的人拿到补贴，也是一个需要考虑到的制度设计，在原有补贴不变的基础上，新增补贴可以考虑在售粮环节发放。

（5）充分发挥社会的自治功能，支持家庭农场协会等专业协会的发展。郎溪等地的家庭农场协会在会员之间互通信息、生产协作、担保融资等方面都发挥了较好的纽带作用。政府应尽量创造条件，为家庭农场之间的合作搭建平台，促成社会作用的发挥。

（6）充分调动各方积极性，积极解决融资难的问题。可以通过由政府设置"家庭农场发展基金"、成立小额"信用担保公司"，推动家庭农场之间的信用联保，探索

---

① 习近平. 小岗村释放农村改革信号——"让农民尽快富起来"[EB/OL]. (2016-04-29)[2019-08-10]. 人民网, http://cpc.people.com.cn/.

土地流转经营权证抵押，农业基础设施、大型农机具、农业订单抵押，支持家庭农场协会牵头融资等形式，广开渠道，为家庭农场的发展提供金融保障。

（7）充分履行好政府对家庭农场的监管职能，引导家庭农场合法经营。在食品安全、农地依法使用等领域应充分发挥监管作用。

（8）充分发挥政府的服务职能，建立完善的社会化服务体系。农业经营风险很大，如果没有完善的社会化服务体系作支撑，单靠家庭农场主的一己之力，很难控制成本、降低风险。政府应该为社会化服务体系的建立加大投入，建立一个涵盖良种繁殖、农资配送、烘干销售、农技指导、气象信息等方面的专业化服务体系，以降低家庭农场的经营成本和风险。

二、妥善处置"三权分置"重大理论创新后的三权利益关系均衡

充分有效合理地行使集体土地所有权，支持家庭农场发展。村集体作为土地所有权人，在家庭农场发展中既不能缺位也不能越位。在土地流转环节应发挥村集体的中介和核心作用，鼓励由村集体出面，经流出户正式委托与流入户签订合同，保障双方的权益，减少矛盾和纠纷。充分发挥村集体在产业导向、市场营销方面的整合作用，引导家庭农场的联合与协作。充分发挥村集体作为产权人的监管职能，防止土地违规使用。同时也要防止村集体以所有人的名义侵犯承包人和经营权行使人的利益。

切实维护流出户的土地承包权益，充分照顾他们的核心关切。不可为了促进家庭农场发展而忽略土地流出户的利益。一是要抓紧土地的确权工作，明确农户的土地承包权，消除农民的顾虑；二是探索土地租金的调整机制，照顾流转双方的利益，鼓励、推广以实物折价的方式计算租金。探索将集体资产以股份化的形式量化落实到每个农户，使得农民可以安心将土地流转。

加强对家庭农场经营者的土地经营权的维护，保障经营者的合法权益。引导流转双方签订正式合同，及时调解流转双方的矛盾纠纷，维护家庭农场主的合法权益。有条件的地方可探索为家庭农场提供相应补贴，调动农场主的经营积极性。

三、妥善把握家庭农场的发展与统筹城乡发展关系的均衡

（1）充分认识到推进城乡的统筹发展的重要意义。就事论事无助于家庭农场一些深层次矛盾的解决，家庭农场发展中的许多问题"表现在农村，根子却在城市"。只有切实解决 2.6 亿城市务工农民在城市的社会保障问题，让他们真正实现"人的城镇化"，困扰家庭农场发展的许多问题才会迎刃而解。

（2）完善农业补贴的投向，将农民工的投入纳入三农投入范围。新时期以来我

国对三农的投入越来越大，总体来说，广大农民是欢迎的。不过我们在调研过程中也听到了不少抱怨。比如补贴"撒胡椒面"问题、"平均主义"问题、"种田的拿不到补贴、不种田却拿到补贴的问题"等。其中我们发现的一个特别需要关注的问题是：三农投入总是就农村论三农，没有充分意识到，由于2.6亿青壮劳动力已经流入城镇，如果忽略这一群体的投入，就犹如"刻舟求剑"，三农问题的投入就会迷失方向。因此，我们建议：原有三农投入存量方向保持不变，新增部分除了集中财力解决农村的一些基础设施建设、提高农民的社会保障水平的问题之外，留出一个较大比例，用以逐步解决农民工在城市的融入问题。

（3）明确宣示不论农民工户籍是否转移，原有土地权益长久不变。除了土地确权让农民安心之外，还应该以立法或其他明确的方式保障城市转移农民的土地权益。现在，很多农民已经在城市实现了稳定就业，之所以不敢转户口，主要是担心土地会被收走，这已经成为他们实现真正城镇化的障碍。

（4）重点解决农民工在城市的住房、子女教育、养老保险等影响城乡统筹发展的关键问题。应利用当前中国经济进入新常态、城市劳动力供应不足、房地产发展受困的有利时机，加大中央财政的投入，发挥中央和城市政府的两个积极性，合理分摊成本，努力解决农民工的安居问题、子女教育问题。我们在调查时，不少农民工随着工资收入的提高、房价的下滑，开始有了在城市买房的意愿。如能通过贴息、补贴、购房优惠、企业资助（企业的投入可以抵税）等形式对农民工购房予以支持，不仅可以刺激内需提供长久动力，而且可以有效地推进城镇化的进程。进而可以促进城乡统筹发展，最终可以解决家庭农场发展中的一些诸如土地流转困难等深层次的问题。

第四章 乡村振兴战略推进中的农业综合体实践研究

党的十九大报告对乡村振兴战略的内涵进行了全面阐述,报告强调:"要坚持农业农村优先发展,按照产业兴旺、生态宜居、乡风文明、治理有效、生活富裕的总要求,建立健全城乡融合发展体制机制和政策体系,加快推进农业农村现代化。"2018年中央一号文件《中共中央国务院关于实施乡村振兴战略的意见》明确提出,要紧紧围绕市场需求的变化,优化农业产业体系,促进农业农村发展,改善农村环境。从当前顶层设计至基层实践的整体性范围而言,农业产业是乡村重要的经济基础,直接关系着乡村的未来发展,没有产业兴旺,实现乡村振兴就无从谈起,所以实施乡村振兴战略的首要前提是大力发展乡村产业。作为乡村最根本的产业资源,尽管中国农业现代化建设已取得长足发展,但受到长期农业经营方式粗放、科技贡献率低、农业资源环境压力大、农业基础设施建设落后等诸多客观因素的限制,中国农业现代化建设水平仍然落后,特别是和西方农业发达国家相比更是存在很大的差距。在中国这样一个幅员辽阔、地区差异明显的后发型国家,发展现代农业必须依据各地资源禀赋、经济发展基础等条件而有重点地展开,着重培养农业现代化的发展载体,即农业现代化过程中能够稳定地承载、传递和催化农业发展的平台,这是农业现代化的关键所在(陈剑平,2012)。现代农业综合体正是在此背景下提出的一个现代农业发展新概念,是农业园区发展的高级形态和升级版,是后工业化时代现代农业发展的新形态,是探索发达地区现代农业发展的新载体。现代农业综合体可以理解为以农业为主导,融合工业、旅游、创意、地产、会展、博览、文化、商贸、娱乐的三个以上相关产业与支持产业,形成多功能、复合型、创新性产业结合体,实际上是农业多功能性的主要体现。在乡村振兴战略深入持续推进的背景下,全国范围内农业综合体的建设实践方兴未艾,本章将基于农业多功能视角和各地现实案例,对农业综合体改革的意义、创新实践和路径完善展开分析。

第一节　农业多功能性与农业综合体

与现代农业或资本农业主导的主流趋势不同,社会学家范德普勒格(2016)批判了资本化农业的去社会化和去人性化趋势,与小规模农业"同气连枝"的社会关系沦落为纯粹的物质和金钱交易,农业被理解为企业式行为。在范氏看来,资本化农业对自然和社会的重建意味着景观、生物多样性、农村生计、劳动过程和食品质量的全面退化。然而,在资本化农业全球扩张下,小农群体并没有衰落或消亡,部分发达国家和发展中国家经历着复杂而富于变化的再小农过程,此过程的突出特点是对资本化农业的抗争与农业多功能性的重塑——不仅体现在农业产品、服务和附加值生产多样性上,更体现在农业与社会、自然以及生产者利益与愿景的重新连接,尤其是对乡村生活质量的贡献上。在这里,多功能性是农业的本质特征,指农民不仅从事农业商品生产,也会创造自然景观、社会关系等公共物品或集体活动,还会开展其他新的活动。

多功能性已成为国际组织农业政策的重点,重要性甚至超过了农业的基本功能(肖爱清,2008)。经济合作与发展组织(OECD)建构了农业多功能性的一般框架,用于分析农业政策的合理性及其效果;联合国粮农组织(FAO)定义了农业多功能性的食品安全、环境外部性、经济功能、社会功能四大特征;欧盟以共同农业政策推进农业多功能化,包括提高农林部门竞争力、改善乡村环境和推动农村发展等(陈彬,2008);在WTO框架下,农业多功能性与国际贸易问题密切相关,成为农业出口国和农业补贴国利益之争的焦点(王丽萍等,2004)。在中国语境下,农业多功能性具有更深层次内涵,非均衡性城乡发展、多样性区域景观、悠久的农耕文明、丰富的乡村文化、旺盛的市场需求、充足的劳动力等因素决定了多功能农业存在巨大的发展空间与潜力(林卿,2012)。早在一百年前,美国农业物理学家富兰克林·H.金根据对中国等东亚国家的实地考察,撰写了《四千年农夫——中国、朝鲜和日本的永续农业》一书,对中国传统农业的正外部性给予了高度评价,将多样化地方文化、社会化和生态化相结合的多功能性东亚农耕体系誉为能避免西方式大规模农业固有弊端的替代性出路,是中国历史上人地矛盾凸显条件下乡村社会保持稳定的关键因素。

与占主流的、单向度的规模化农业经营路径不同,农业综合体是一种具备包括经济功能、文化功能、景观功能等在内的多功能性农业经营模式,实际上是对中国传统多功能性农业的回归和发展。但与承载多功能性的小农农业又截然不同,农业综合体是面向市场、面向乡村社区发展、面向自然的新型经营主体,这要求农业综合体在建设过程中应联结市场、社区、自然三者,而不是彼此割裂。至 2016 年 6 月底,全国土地承包经营权流转达 4.6 亿亩,超过承包耕地总面积的 33%,转出土地的农户逾 7000 万户,超过总农户数的 30%,其中东部发达省份超过 50%。同期,经营 50 亩以上的农户超过 350 万户,合作社、家庭农场、企业等超过 270 万家,与全国农户规模比例约 1:37①。在农业规模化狂飙猛进的同时,针对大规模流转和土地集中经营的批判声音也不绝于耳,相关的研究成果主要集中在资本下乡从事规模化农业经营带来的去农业多功能性上——过于强调和重视农业的经济功能,而忽视了农业的政治社会功能和在乡村秩序中的整合维系作用(冯小,2014;黄增付,2020;徐宗阳,2016;安永军,2018)。也就是说,土地制度改革看到了大规模土地集中对农业生产的单线化作用,却忽略和抑制了农业的多功能性。"就在欧洲国家从专业化向多功能性转变的同时,中国的农业却正在从历史悠久的多功能性向专业化转变。"(范德普勒格,2016)。卡尔·波兰尼(2017)指出,经济功能只是土地许多重要功能中的一种,将土地和人民的命运完全交由市场来掌控无异于对它们进行毁灭。詹姆斯·C.斯科特(2017)根据对部分国家农业制度改革案例的剖析认为,政府对现代化农业建设的追求导致对农业多功能性的忽视,正像森林中的植物被简化为标准的树木一样,习惯实践中复杂多样的土地制度也被简化为土地的产权分置和可转让的契约制,附着于土地的公共物品获取渠道也伴随土地产权的清晰化和排他化而消亡。波兰尼和斯科特的观点对中国农村土地制度改革具有重要的启示,特别是在去多功能性弊端日益显现的今天,维护农业多功能性就成为包括土地制度改革在内的乡村振兴战略实施中亟须关注的议题。

农业综合体作为一种典型的多功能性农业经营模式,具有广阔的发展空间和社会经济生态价值,很大程度上能有效预防和避免单向度的土地规模化经营的弊端。亟待注意的是,关于农业综合体的制度支持没有完全陷入"一刀切"式的窠臼,不同地理空间、不同经济发展水平、不同饮食消费偏好、不同风俗习惯和历史文化积淀的地域,关于农业综合体的设计理念和政策激励方案也各不相同,农业综合体的探索道路也差异颇大,构建符合地方特色的、适宜本土文化、连接市场发展和农村社区发展的农业多功能性综合体发展道路无疑具有重要的现实和理论指导意义。不过,目前中国各地现代农业综合体建设尚处于起步探索与典型试点推进阶段,不同地区根据总体性内涵要求可能同时并存着多种模式类型,尚没有可循的统一模式或具体分类标准(邱乐丰等,2014)。接下来,我们将根据不同地区的创新实践进行总结和归纳,进而对现存农业综合体模式存在的

---

① 农业部.全国承包耕地流转比例已超过三分之一[EB/OL].(2016-11-17)[2017-11-17].新华网,http://www.xinhuanet.com/.

问题作出梳理,把握农业综合体在农业现代化发展和乡村振兴中的角色功能,并提出相应的完善建议。

第二节 农业综合体的功能:以"一村一体"模式为例

农业综合体的"一村一体"模式是当前最普遍的模式之一,主要是指依托某一个或数个村庄(行政村或自然村)乃至一乡(镇)的自然资源、经济资源和社会文化资源等优势,通过与当地美丽乡村建设规划充分融合开展的农业综合体建设行为。这种模式的适用范围一般为较具市场经济活力、产业强劲、财政实力雄厚的强村,主要集中在沿海发达地区村庄。国内有学者将"一村一体"农业综合体模式的发展重心归纳为:一是推动农业特色产业发展;二是推动农村休闲农业发展;三是推动农村公共服务发展;四是推动农村文化社会事业发展(陈剑平、吴永华,2014)。综合来说,"一村一体"模式的建设路径是以乡村资源环境为载体、以乡村的特色产业和地域文化为支撑,以美丽乡村建设成果为切入口,以养生养老产业发展为契机,以文化创意性、产业特色性为核心,秉承"乡村生活"模式,为游客提供文化体验、养生养老、休闲度假、观光娱乐、劳作体验、科普教育等基本服务内容,实现"吃、住、行、游、娱、购、养"功能的汇集,形成一种乡村发展的全新实现载体和形式(邱乐丰等,2014)。在不同地方实践中,"一村一体"模式的发展重心则各有不同,形成了"一村一体"模式中的"因地制宜、百花齐放"态势。

一、特色农业产业发展

九龙湖镇是浙江省宁波市镇海区规模最大的现代化农业产业基地和示范区,现有农田面积2.8万亩、山林面积5.3万亩,农田主要作物种植布局从东向西依次为水稻、蔬菜、葡萄三大作物。近年来,九龙湖镇各级部门齐心协力对九龙湖区域内耕地进行了全面高标准土地整理,并在全镇范围内重点改造农田基础设施建设。早在2014年,镇海区就制定了《镇海区生态休闲农业发展规划》和《镇海区农业"十二五"发展规划》,并将之纳入《宁波市"十二五"现代农业产业发展规划》。根据规划,镇海区在"十二五"期间将在"五园一带一基地"的基础上进一步优化功能分配和产业布局,重点实施1个主导产业示范区和5个精品农业园建设工作。根据示范园发展目标和功能定位,将示范区划分成七大板块——南三畈葡萄基地、百亩葡萄精品园、蔬菜瓜果种植基地、精品草莓基地、宁波飞洪生态农业有限公司、镇海区种苗培育有限公司、猪粪处理中心。九龙湖镇现代化农业产业基地（示范区）建成后，取得了显著的经济效益、社会效益和生态效益。

（一）经济效益

示范区建成后，原有的蔬果基地都得到了不同程度的提升和进一步的发展。经济效益主要是通过保障生产、降低成本、增加效益、提高品牌知名度带来的，包括直接经济效益和间接经济效益。至 2014 年，年蔬果总产量达到 23770 吨，总产值达到 11063 万元，亩均产值达到 8913 元，比周边地区增收 22%。示范区共辐射带动面积 25640 亩，带动农户 2500 户，产业园基地带动农民人均增收总量 6256 元，人均劳动生产效益提高 3055 元，直接经济效益明显。间接经济效益包括园区内设施、基础改造完毕后，生产能力提高、人工投入减少，新品种新技术推广，品种改良后的产量增加，还包括因减少化肥农药的使用带来的环境效益，即治理环境污染的费用减少。

（二）社会效益

示范区建设紧紧围绕镇海区农业特色主导产业，深化农业结构调整，优化农业布局，大力提升葡萄、草莓、精品蔬菜等特色优势产业，并结合特色农产品生产发展休闲观光农业，对促进农业增效、农民增收和现代农业转型都有积极的推动作用。通过示范区的建设，加强了区内路沟等基础设施建设，增强了农业抵御自然灾害的能力，提高了劳动生产率。区域产业结构更加优化，各个小区块产业特点明显，各个产业升级、农业组织化程度提高，蔬菜、瓜果、草莓、葡萄、农机等都成立合作社或协会。以宁波飞洪生态农业发展有限公司为载体，发挥龙头企业的优势，以产销合作社为纽带，带动整个基地的进一步发展，带动农民致富。通过合作社、龙头企业的带动，加速了农业新品种、新技术和新模式的示范、推广和辐射，加快推进主导优势农产品的区域化、规模化和产业化经营，增加农民就业机会。

（三）生态效益

示范区通过道路、绿化等工程建设，形成了农田标准化、设施现代化的智慧农业新格局，美化了农业农村环境。示范区共建成无公害基地 6465 亩，严格按照无公害农产品标准化栽培技术操作，控制使用化肥，禁止使用高毒、高残留农药。强化农业废弃物的资源化利用，提高农产品质量安全和安全水平，减少环境污染，大大改善农业生态环境。尤其是长石猪粪处理中心的投产运行，有效地减少了园区区域内畜禽粪便对环境的污染，制成的有机肥再用于基地生产，资源利用率提高，形成绿色可持续的农牧合作循环增长模式，达到干净整洁、环境优美的生态效果。

二、休闲旅游农业发展

休闲农业与乡村旅游是以乡村风貌、乡土文化、农民生活和农业生产为吸引力，以当地农民为主要经营者，以周边城镇居民为主要服务对象，满足消费者观光度假、健身娱乐和养生康体等需求的旅游体验活动。休闲农业与乡村旅游是旅游产业的核心内容，主要业态有农家乐（林家乐、渔家乐、牧家乐等）、农业采摘、农事参与和民俗体验等。随着中国乡村振兴战略的深入推进和新型城镇化模式的转型升级，休闲农业与乡村旅游在全国范围得以迅速开展。在旅游业的强大推拉作用下，休闲农业已成为改善农民生活条件、促进农业产业化水平、打造农村美丽家园的重要手段，成为乡村振兴的关键平台和城乡融合共进的主抓手。目前，全国范围内休闲农业发展迅速，催生了一大批典型案例，其中比较成功的有梅县雁南飞茶田度假村、成都五朵金花休闲观光农业区、深圳青青世界、上海孙桥农业区等。

（一）梅县雁南飞茶田度假村案例

梅县雁南飞茶田度假村位于广东省梅县雁洋镇长教村，占地总面积450公顷，由广东宝丽华集团公司投资和设计，利用当地历史悠久的茶文化，在青山绿水间浓墨重彩挥洒而就的集融茶叶生产、加工和旅游度假于一体的山区"三高农业""生态农业""旅游农业"开放型旅游度假区。雁南飞茶田度假村由自然山峦、生态林区、标准化茶山、果园、人文景观、旅游度假设施六大部分组成，属丘陵地貌，主要特点是突出博大精深的茶文化和客家文化主题。度假村于1997年10月开业，为融茶叶生产、园林绿化、旅游观光、休闲度假、养老产业于一体的综合性景区。主要的景点和设施包括茶园、果园、望茶亭、茶情阁、茶艺馆、美食街、游泳池、生态峡谷、网球场、人工湖、山水瀑布、游客中心、会议中心、围龙食府、山庄别墅、围龙大酒店、茶花大观园等。其中，围龙食府按客家土围楼建筑风格，游客可以一边品尝传统客家菜肴及风味小吃，一边观赏雁南飞山歌艺术团表演的客家歌舞节目。围龙大酒店按照客家民居围龙屋的反围龙结构建造，整体呈圆弧形，高六层，设计奇巧、技艺精湛、内涵丰富、特色鲜明，荣获2004年度中国建筑工程最高奖项"鲁班奖"。亲近自然、超越自然的匠心独运，茶文化与客家文化的完美结合，自然风光与人文景观的交相辉映，铸就了名扬海内外的"雁南飞、茶中情"乡土旅游品牌。[①]

（二）成都五朵金花休闲观光农业区案例

四川省成都市锦江区三圣乡位于城乡接合部地带，"五朵金花"其实就是三圣

---

① 案例来自百度百科. 雁南飞茶田度假村. http://baike. baidu.com/item/雁南飞茶田度假村/104856-01? fr=aladdin.

乡五个小村子的别称。成都市打造了以"五朵金花"为品牌的休闲观光农业区,占地1200公顷,已成为国内外享有盛名的休闲旅游度假区,被评定为国家四星级风景旅游区。这五个村子,各有特色,形成"一村一品一业"产业:江家菜地——江家堰村以认种的方式,将土地给城里人认种,把传统种植业变为体验式休闲产业,实现城乡互动;东篱菊园——驸马村突出菊花的多种类和菊园的大规模,形成"环境—人文—菊韵—花海"的交融;荷塘月色——万福村优美的田园风光,成为艺术创作、音乐开发的艺术村;花乡农居——红砂村主要发展小盆景、鲜切花和旅游产业;幸福梅林——幸福村围绕梅花文化和梅花产业链,发展旅游观光产业。尽管"五朵金花"相距较近,但各具特色,错位发展,避免了低水平重复建设和发展过程中的恶性竞争。"五朵金花"具有浓郁的文化品位,既具有兼收并蓄、博采众长的品格,又具有吸纳外来文化的风格,"同化"的能力也非常强,在对成都"五朵金花"规划时,注重突出蜀文化民居风格,形成了"一村一品一业"产业特色。"五朵金花"的快速发展,主要得益于其规模化经营,用连片联户开发和共同扩大发展的市场空间,破解农民单家独户闯市场的风险,走出了一条专业化、产业化、规模化的发展之路。在产业布局上,围绕共同做大做强观光休闲农业这一主导产业,五个景区实现"一区一景一业"错位发展的格局。①

(三)深圳青青世界案例

深圳青青世界位于深圳市南山区月亮湾和大南山山麓,是深圳市著名的精致农业与观光旅游相结合的生态旅游景点,被誉为"鹏城十景"之一,获深圳市环保局和深圳市教育局授予"深圳市环境教育基地"的称号,广东省委宣传部、广东省环保局和广东省教育厅授予"广东省环境教育基地"的称号。青青世界是深圳第一家以精制农业与旅游观光相结合的度假胜地,流畅的自然风情和古朴的人文景观相衬托,把久远的农垦文化点缀成远离都市喧嚣的田园风景。走在充满田园气息的山路上,一片片成长中的生态瓜果园尽收眼底,鸟语花香的青青世界是一个让人与自然充分接触的绿色空间,是一个集科教与环保为一体的主题园林,随处可见用废弃物品做的环保艺术品,例如用电风扇做的椅子,环保而又实用。作为一家以休闲度假为主题的旅游观光农场,园区占地面积约20公顷,景区分为侏罗纪公园、蝴蝶谷、瓜果园、陶艺馆、园艺馆等,另建有欧陆风情的木屋别墅、酒店、中餐厅、游泳池、钓鱼池等。其中,最引人入胜的青青世界"蝴蝶谷"是一个让生活轻松、让生命飞舞的昆虫大乐园,占地几千平方米,利用自然山谷建成,以网相连接将山谷封闭起来,延绵数百米,谷中植被参差错落,有几十种数千只蝴蝶在里面生息繁衍。园中的游

---

① 案例来自搜狐网.中国乡村景区典型案例:成都三圣花乡:"五朵金花"的别样魅力.http://www.80hu.com/a/228952635_125906,2018-04-20.

乐项目有制陶、垂钓、蜡雕、手工纺织、编织中国结、城市农夫、制作唐山彩陶版画、蜡染等,妙趣横生,很能锻炼人的动手能力。此外,游客还可以参加足底健康步道、惊险吊桥、果汁屋、蝴蝶谷、茶寮、烧烤场等娱乐设施中的各项活动。[①]

(四)上海孙桥农业区案例

孙桥是上海乃至全国农业园区的一面旗帜。从成立至今 20 多年来,孙桥园区取得骄人业绩,受到中央、市和区各级领导的关心和支持,以及全国各界的高度赞誉,各地来孙桥学习观摩的人群络绎不绝,其中包括几十个国家的政府首脑。在"先行先试"的浦东改革精神鼓励下,孙桥曾在我国农业园区创下了"四个第一"(张占耕,2009):

国内第一个把农业作为功能区的开发区。在浦东新区规划时,从生态城市要求和新区功能定位的战略考虑,孙桥农业园区作为陆家嘴贸易区、外高桥保税区、金桥出口加工区、张江高科技园区之后的浦东新区第五个功能开发区。

国内第一个综合性农业科技园区。与当时中国农业的科技示范推广的试验地或样板地等传统形式不同,新区农业功能开发区借鉴浦东新区功能开发区和工业科技创新园区的组织形式,以农业科技园区形式出现,在国内首创现代农业园区的新形式,现已经成为中国农业科技示范推广的主要形式。

国内第一个把都市农业发展方向付诸实践。上海是近代中国都市农业的发祥地,但在上海把都市农业作为发展方向并付诸实践的是孙桥,为大都市建立高科技集约化农产品基地成为孙桥在全国的亮点。

国内第一个成功完成引进、消化、吸收和改造的自控智能温室。1995 年园区从荷兰引进一套自控智能温室。根据 1987 年东北、北京等地区我国第一次从国外引进自控智能温室的失败教训,孙桥高度重视硬件与软件引进结合(去荷兰学习与荷兰专家来园指导相结合)、引进与独创结合(围绕自控智能温室市、区两级有 10 多项攻关课题)等,不断加强自主研发力度,取得了丰收成果。2000 年国内第一套自控智能温室终于在孙桥诞生并很快投入运行(张占耕,2009)。

三、公共服务建设发展

发挥农业综合体功能,以推动农村公共服务发展。该路径具体是指通过推进农村基层公共服务体系建设,缩小城乡基本公共服务差距,建立农村社区综合服务中心,为村民提供"一站式"服务,包括医疗卫生、计划生育、户籍管理、产业发展、保障救助、村务公开、社会治安等内容,将综合体的公共服务延伸到农村社会文化生

---

① 案例来自百度百科. http://baike. baidu. com/item/深圳青青世界/6657844? fr=aladdin.

活的方方面面(邱乐丰等,2014)。

尽管学界关于农业综合体的功能还存在争论,不过达成共识的是其影响从一开始就超出了单纯农业生产范畴,覆盖至乡村政治、社会、文化等领域。有学者据此提出了新土地精英概念,认为随着土地向合作社、家庭农场和大户的集中,规模经营者作为一个精英阶层崛起,推动着村庄利益主体博弈态势与权力结构的重塑(黄增付,2020)。新型农业经营主体在实践中已广泛参与到乡村治理中,发挥着不同程度的影响,只是参与途径主要是非制度化的体制外或依附体制内的方式。作为土地改革和乡村治理领域的交汇点,无论是大户、合作社、家庭农场,还是下乡企业参与乡村治理的途径主要有:在村两委领导或主导下,以工具角色向村集体提供公共物品;大户、合作社领办人、家庭农场主和企业主通过村干部选举、入党等渠道加入体制中,直接参与村庄顶层设计;大户、合作社领办人、家庭农场主和企业主独立向村集体提供公共物品。近年来研究发现,新型农业经营主体为了经营便利,大部分由村集体及村干部直接创办,或与之保持密切关联,不同程度上依赖村干部支持维持运转,长期独立经营的占比不高(黄增付,2018)。

据2016年《新型农业经营主体发展指数调查报告》显示:2013—2015年全国家庭农场中向农村提供过公共物品的比例为26.83%,平均投入金额约6.78万元;全国农民合作社中为社区提供过公共服务的占44%,提供过贫困救助(扶贫、助学等)的占23%,提供过基础设施建设(兴修水利、道路建设等)、文化建设(文化产品生产及文化活动组织等)的分别占21%和10%。2016年,下乡企业在全国农村基础设施建设方面投入额平均为35.6万元,在农村社会事业(扶贫、科教文卫等)方面投入额平均为16.96万元。虽然至今还少有高层文件明确支持,但现实中也有部分地方探索鼓励种植大户、家庭农场主、合作社领办人等以入党、竞选村民代表和村主任、参选基层人大代表和政协委员或推行"村庄公司化"等方式,将新型农业经营主体吸纳到乡村治理队伍中来。典型的如辽宁省昌图县,通过全县范围推广普及"村社合一"模式,将党组织的政治优势和农业专业合作社的产业优势相结合,渠道包括建立合作社党组织、村两委成员兼任合作社理事、党组织领办合作社、吸收年轻合作社员入党等。类似的还有山东省茌平县贾寨镇采取的"党支部＋农民专业合作社"模式,党支部带领农民发展蔬菜大棚经营,吸引外出青年回乡投资创业,实现村集体和农户共同致富。"党支部＋农民专业合作社"模式实现"一人一票"村级组织自治、"一户一票"劳动合作联合与"一股一票"资本股份联合的有机统一,成为村集体发展的强大动力。在浙江省宁波市,乡镇政府鼓励、动员种植大户、家庭农场主和合作社领办人等新型经营主体成员以竞选村两委成员、村民代表、党员代表,参选乡(镇)、县(区)人大代表和县(区)政协委员等途径,直接参与基层顶层设计之中。在贵州等省份的部分地方,进一步推进农村集体资产改革的步伐迈得更大,例如在黔西南布依族苗族自治州等地,在政府的推动下,各行政村挂牌成立能直接进入市场的村办集体化公司,这种村办公司的架构形式是当地乡(镇、街道)成立管理众多村办公司的总公司,而村办公司即是分公司,村两委负责人同时又是企业负责人,以村企合一化实行全州范围内村庄公司化。村庄公司化的典型特征是村集体所有的资金和可经营性土地能折换成公司股份,并号召、动员村民将承包地、宅基地、林地、水域面积、房屋等固定资产折换成股份入股公司和进入市场,村民既是公司股东,又是公司的员工,等于将村庄治理和企业化经营融成一体。

四、文化社会事业发展

农业综合体对农村文化社会事业发展的推动作用体现在深入挖掘传统乡土农耕文化资源,打造农村文化品牌,形成现代农业综合体助推农耕文化和社会事业发展的软环境,即发展现代意义上的文创农业。简而言之,文创农业是继观光农业、生态农业、休闲农业等之后,新兴起的又一种农业产业模式,是将传统的农业和文化创意产业相结合,借助文创思维逻辑,将文化、科技与农业要素相融合。接下来,我们将重点结合古城村个案来对文创农业发展情况进行介绍。

为进一步传承保护西周及春秋时期古郕国历史文化资源,山东省济宁市汶上县郭楼镇古城村抓住美丽乡村建设的有利时机,对全村进行了高标准规划建设。古城村依托修复护城河、保护72眼对花井、讲好"荣子三乐"故事、宣传优秀传统文化来建设以古城村为核心的优秀传统文化体验区,确立了以"郕国故都、荣子故里"文化品牌为引领,以现代农业为支撑的乡村建设方案,并全面开展了规划建设①。目前,修建了仿古街、景观桥,修复了护城河,打造了观景台、三乐岛、对花井广场等景观节点,并建设了"郕国城历史博物馆"和垂钓、划艇、采摘园、"农家乐"等餐饮娱乐设施,规划建设了1300亩的现代农业示范园起步区,促进了产业转型升级,增加了农民和集体收入。全村村容村貌、村风民俗发生了巨大变化,群众的幸福感、获得感极大提升。

2017年初,古城村在被确定为省级美丽乡村建设示范村后,借助政策扶持,走出了一条旅游观光、产业发展、集体增收、村民致富的新路子,而美丽乡村建设也起到了筑巢引凤的效果。上海一家农业技术公司看好古城村发展前景及游客数量,与村党支部达成合作意向,重点发展休闲农业和乡村旅游产业,着力打造田园综合体。目前已投资2000余万元建设完成集农业示范、育种、无土栽培为一体的高效观光玻璃大棚,流转土地200余亩。在收益分配方面,村企签订合作协议,实行"算总账、按比例"的模式,村集体以管理服务和基础设施入股分红、公司以资金入股分

---

① 林彦银. 看山东济宁古城村如何实现乡村振兴[EB/OL]. (2018-05-18)[2018-06-15]. 央广新闻网, http://news.cnr.cn/.

红、村民以土地入股分红,仅此一项每年可为集体增收 10 万元。[①] 总的来说,古城村通过努力建设以"醉美古城村"为核心的美丽乡村产业示范体,全力打造集现代农业、休闲旅游、田园社区为一体的田园综合体,助推农业转型、农民增收、农村变美,走出了一条富有特色的乡村振兴之路。

第三节 农业综合体的地方实践:"一企一体"模式

农业综合体的"一企一体"模式,即是以单个或多个企业或者合作社作为主体建设现代农业综合体的方式(邱乐丰等,2014)。21 世纪初,以土地流转为核心的新一轮土地制度改革在全国迅速推广。有学者指出,土地流转的主因是低效率的小农农业越来越难以适应中国经济发展的需要,成为产业结构调整、扩大内需和激发内生动力的关键障碍,亟须通过农村土地制度改革来解决城市化和工业化建设面临的后继乏力与资源供给不足等问题(简新华,2015)。换句话说,当前我国出现了产能过剩、结构失衡、内需不足和经济下行压力过大的问题,唯有启动第三次土地制度改革,推进农村土地流转,盘活农村土地资源,激发经济发展的内生动力,才能推动国民经济可持续发展。在这种整体性经济结构转型的趋势下,当前以城市工商资本为主的社会资本下乡流转土地和从事现代农业经营蔚然成风,下乡资本的投入规模日益增多、领域日益广泛。尽管国内不少学者对下乡资本带来的负面问题持强烈批判态度,但仍需看到的是,下乡资本经营农业具有解决传统农业经营主体投入不足、财政资金投入有限等问题,实现生产要素跨行业、跨地区合理流动和优化组合,促进农业规模经营发展、农业高新科技应用和农业经营机制创新等一系列传统小农农业不可比拟的优势。城市工商资本进入农业领域,以现代农业综合体为平台,通过高起点开发、高技术嫁接、发展高品位产品,不仅能够大大地提高资源利用率和劳动生产率,而且可以促进农业由粗放经营向集约经营转变,为现代农业发展注入活力(邱乐丰等,2014)。关于"一企一体"模式的推广和发展主要从综合性支持政策改革、营造就业环境和服务社区、加强科学管理等方面入手协同推进。

一、"一企一体"实践的典型案例

"一企一体"模式注重通过土地制度及配套性政策的改革,吸引工商资本下乡,

---

① 林彦银.看山东济宁古城村如何实现乡村振兴[EB/OL].(2018-05-18)[2018-06-15].央广新闻网,http://news.cnr.cn/.

以期根据龙头企业的引领和框构来实现乡村发展和进步,这一模式的终极形式是"村庄公司化"或"企业办村庄",在部分地方已有了较成熟的实践。例如贵州黔西南州工商局以脱贫攻坚统揽工商行政管理全局工作,用村民委员会公章编号作为工商注册登记录入代码编号,着力破解制约"村庄公司化"发展的瓶颈问题。截至2017年7月底,全州用村民委员会公章编号作为工商注册登记录入代码编号注册的企业达213户,总注册资金2.3亿余元,带动就业1447人,为脱贫攻坚工作作出了积极贡献。为切实推进"三变"改革,着力解决"空壳村"经济发展难题,州工商局大胆创新,用村民委员会公章编号作为工商注册登记录入代码编号,扫清了"村庄公司化"制度障碍和制约瓶颈问题。各县(市、新区)市场监管局和乡(镇、街道)密切合作,形成工作合力,指导村庄成立可进入市场竞争的集体公司,建立一级管理平台和服务平台。在村(居、社区)到工商(市场监管)部门办理注册登记时,只需由乡(镇、街道)为村(居、社区)出具注册相关证明,便可以到工商(市场监管)部门进行公司登记注册,从而开启从无到有、从繁到简的便利化服务通道。同时,鼓励乡(镇、街道)创新模式,乡(镇、街道)成立公司,而在条件具备的村成立分公司,统筹推进"村庄公司化"工作。在"村庄公司化"进程中,通过进一步整合各方资源,做大做强市场主体,乡(镇、街道)对村级原成立的集体经营性公司,整顿规范为村级公司;对村级原有集体专业合作社、农民协会等初级的经济组织,改造升级为村级公司;对村级原没有集体经济组织的,直接组建村级公司;对原来已引进有龙头企业、已经将部分资源租赁给龙头企业经营的,成立村级公司与龙头企业组建有限责任制公司进行合作经营。乡(镇、街道)督促、指导村级成立公司,发动群众主动将承包经营的土地、山林和湖泊等资源和闲置的房屋等资产作价入股公司,进入市场流通经营;鼓励村民将闲散资金作为股金入股公司,真正让村民变成公司股东。此外,村集体也将适合的村集体闲置资金和村集体可经营资源、资产等作价入股公司,不断增加村级集体经济积累。

　　黔西南兴义市清水河镇新场村就是黔西南州推进"村庄公司化"改革的典型村之一。新场村两委班子通过成立新场鉴鸿龙江建筑有限公司,带领群众开辟了一条"村庄公司化"的新路子,旨在帮助群众脱贫致富奔小康。根据兴义市政府网站显示,2015年6月17日,新场村两委班子6名村组干部共同出资800万元,以村集体的名义申请设立了兴义市新场鉴鸿龙江建筑有限公司。出资6人每人占12.5%的股份,村集体占25%的股份,并无条件参与公司的年终分红,分红所得作为村级的集体经济。① 公司在发展过程中积极创新,采用村干部既是投资者、管理者,又是实施者、监督者的管理方式,充分发挥自身资金、技术、人脉优势,统筹抓好公司

---

① 陈国祥,查德勋,徐婷.清水河新场"村庄公司化"带动群众脱贫致富[EB/OL].(2016-09-21)[2019-01-19].中国文明网,http://gzxy.wenming.cn/.

承揽的项目建设,先后争取到 5 个项目,涉及资金共计 500 余万元,推动公司不断发展壮大。公司以群众参与、群众需求、群众受惠为"目的地",为群众搭建畅通无阻、高效低风险的脱贫致富平台,村民亦工亦农、工作稳定,劳作模式和务工模式得到了充分结合,收入稳步增长。公司成立以来,先后吸纳该村及周围村寨建筑"技术能人"1800 余人,组建起工程队 6 支,承建大小工程 5 个,累计盈利超 60 万元,被吸纳村民人均增收 800 余元。同时,公司上下发扬"传帮带"精神,支持鼓励公司"技术能人"带徒弟、授技艺,先后帮助周边脱贫致富愿望强烈、有理想有抱负、勤劳肯干的 50 余名村民学习建筑技能,成为技术能手,带动其就业 300 余次;培养了技术娴熟、精通管理的建筑人才 20 人,间接带动就业 50 余人次,人均创收 4000 元,极大地激发了村民脱贫致富的内生动力。

新场村鉴鸿龙江建筑有限公司的"村庄公司化"运营激发了村组干部工作热情,转变了服务意识,提高了服务水平,强化了基层党组织战斗堡垒作用。在公司带动下,村民收入明显增加,生存环境有效改善,生活水平显著提高,脱贫攻坚成效明显。公司成立至今,共承揽了清水河镇人行道石板铺设、新场村 100 栋民居亮化建设、220 盏路灯安装、黔西村美丽乡村项目建设、新场村 30 栋民居亮化建设等工程项目。据初步统计,2015 年公司通过承接各类工程促进就业 3000 余人次,发放工人工资 120 余万元,积累创收集体经济 15 余万元,为新场村群众架设了一条脱贫致富的"快车道"(兴义市人民政府,2016)。新场村成立公司,带动困难群众脱贫致富、发展壮大集体经济的做法有以下几点启示:一是示范引领,典型带动。新场村的变迁离不开村两委班子的引领,只有建设一支工作能力强、服务意识高,敢担当、勇作为、善创新的基层党组织队伍,才能够发挥新时期农村基层党组织战斗堡垒作用,带领群众脱贫致富奔小康。二是穷则思变,变则通。村集体想要发展,关键是看有没有找到合适的途径,敢不敢创新,只有打破思想禁锢,突破发展瓶颈,因地制宜、找准路子才能实现有效高速的发展。三是取长补短、抱团发展。要想实现经济更好更快向前发展,就要充分发挥有能力、有抱负,懂经济、懂技术、懂市场等"能人"的带头示范作用,推动"能人之间"互通有无、取长补短,整合资源、利用优势,团结一心、共谋发展(兴义市人民政府,2016)。

二、"一企一体"实践的问题表现

(一)村庄资本化和公共资产的流失

"村庄公司化"的推进带来村庄政治生态的迅速变迁和治理组织架构的重大转型。贵州省黔西南州等地政府指导各村成立可进入市场竞争的村级集体公司,包括在乡(镇、街道)成立总公司,在条件具备的村成立分公司,企业负责人兼任村两委负责人,以统筹推进"村庄公司化"。在公司化过程中,凡是村集体所有的资产均可作价入股公司,村民也可将自己所有的固定或非固定资产作价入股,成为公司股东。不可否认,将新型农业经营主体吸纳到行政体制内的做法虽有利于扩大、健全乡村治理体系,发掘村庄治理资源,但是也面临缺乏制度化选拔监督和惩戒机制、村民自治和企业管理不分、公私不明等困境,不少是凭基层政府和村干部的偏好意愿来决策,从而为工商资本攫取村庄资源提供了可乘之机。概括说,新型农业经营主体已成为乡村治理的重要力量,但基本属于治理手段,而非有效的治理主体,作为组织或个体的新型农业经营主体充当的更多是可供利用的工具或载体角色。大户、合作社领办人、家庭农场主、农业企业主等新土地精英凭借规模化经营获得或扩大了在村庄的政治社会影响力,在提供公共物品的同时,也可能导致一些常见性问题:土地承包经营权流转或规模经营沦为部分新型经营主体套取政府补贴或村庄资源的"敲门砖",一旦达成了目的,农业经营本身很快成为马虎应付的表面文章,大量"空壳合作社"、伪家庭农场和土地流转后被大面积抛荒、高度"非粮非农化"、村集体资源被公司全面掌控等也证实了这点。

(二)村庄治理能力的弱化

有学者通过对"村庄公司化"案例的深入调查指出,虽然"村庄公司化"的设计理念和操作步骤具有一定的合理性和先进性,但农民却得利甚少,由其引领的乡村振兴只是资本的振兴而非农民的振兴。也就是说,基层政府通过引导、鼓励工商资本下乡来解决乡村发展乏力和治理主体弱化的思路固然可行,但是在具体的操作实践上须谨慎对待。"村庄公司化"的问题突出表现在:首先,将能人返乡变成为资本下乡开路。乡村振兴目标指向的是绝大多数农民的利益,资本下乡很容易发生与农民争地争利的问题。其次,村干部是公共职务,代表的是群众的利益,一旦返乡能人担任村干部且利益在身,就容易出现私人利益与公共利益分不清的情况。再次,倡导能人参与乡村治理可能损害乡村基层民主。企业负责人担任村干部,短期内容易产生村庄治理效果,原因是这些企业负责人拥有比普通农民多得多的经济资源和社会资源。他们利用自身拥有的绝对优势资源来治理村庄,容易出现基层治理中"以势压人"现象,无益于提升基础性乡村治理能力(桂华,2018)。

(三)政策推动中的"一刀切"倾向

"一企一体"模式的核心是将企业化经营模式移植到村庄社区的经济社会运作中,私营企业主成为村庄公共事务中的领导者,能很大程度上促进村庄经济发展和村庄资源的利用、变现效率,对拉动村民致富和地方经济水平的提高具有重要意义。有学者指出,政治的运作与经济相关又与一定的社会环境密切关联,任何一种村庄治理形式总是建立在特定的社会环境之中,特别是农村社会成员结构对村庄治理形成了深刻影响。20 世纪 80 年代以来,伴随着农村改革的深入和农村经济的变迁,农村社会成员发生了急剧分化,成为嵌入村庄治理的一个重要变量,对村庄公共权力的配置和运作过程产生广泛而深刻的影响,并要求村庄治理作出适应性(或者叫调适性)的变革(卢福营,2008)。也就是说,经济精英治理村庄既是农村经济社会变迁的必然,也是党和国家赋予新兴经济精英的重要责任。然而,由于中国现阶段经济社会发展的地域不均衡性,在缺乏成熟试点经验的前提下,大范围推广"一村一体"综合体模式无疑具有很大的盲目性和冒险性,可能导致乡村人力、财力、物力的损失。相对来说,在苏、浙、沪等东南沿海发达地区农村私营经济高度发达,村民对企业主治村和企业化村庄的运作认可度更高。如浙江省永康市私营企业已占全市企业的90%以上,农村私营企业主产生较早且数量较大,他们不仅仅是一支活跃的经济力量,而且也是最具政治活力的社会群体,早在20世纪80年代就已积极参与农村政治生活和介入村庄治理,民众也已习惯和接受了企业化村庄治理模式。但是在地域范围广阔的中西部欠发达地区农村,地方政府应警惕的是当地是否具有成熟有效和高社会认可度的私营企业主治村经验,村庄社会文化环境是否能适应这一新模式,以防其最终演变为"使其生、任其亡"的失败结果。

三、"一企一体"实践的完善渠道

(一)坚持"小步走""鼓励可逆性""为意外后果做计划"原则

1."小步走"

这场政府主导下的"一企一体"和企业化村庄建设会产生何种效果,官方、民间和学界都处于观望或预期之中。在这样的条件下,关于这种相对激进的农业综合体改革方式应尽可能"小步走"和保护农业多功能性,注意在适当时机及时观察、评估,再计划下一小步行动,避免"欲速则不达"。

2."鼓励可逆性"

不少地方的单向思维普遍存在,认为只有规模化才是农业唯一出路,以行政手段推动大规模土地集中,对地方社会经济带来了很大的破坏。这要求地方政府在制定政策时要鼓励"可逆性",消除规模农业先进和小农农业落后的二元认知,将小农现代化者纳入到农业总体建设的框架中来。

3."为意外后果做计划"

将企业运作模式移植到村庄运作中带来的意外后果远未完全出现,但显然地方各级政府对已有的意外后果也没有采取有效的措施,甚而还持着"使其生、任其亡"的漠然态度,这对改革构成严重性威胁。这种局面下,制定对意外后果具有适应性、前瞻性,并有足够改进空间的制度尤为重要。

(二)加强部门联合性精准施策

私营企业主群体参与乡村治理不只是农业部门或乡村自治领域的单一议题,而是涉及包括党建、农业、扶贫、环保、教育、司法等多部门在内的综合性改革议题。这要求针对新型农业经营主体参与乡村治理的制度支持亟须打破部门间的条块化、孤立化、分割化施策困境,加强多部门联合性精准施策,以实现政策制定、理论总结、基层实践的有序转化和避免单一部门施策中的"弱周边视觉"效应。具体路径主要包括:第一,将相应议题置入乡村振兴战略的综合政策体系之中,建立衔接农业现代化转型与乡村公共事务治理的政策整合机制;第二,各部门领导干部联合下乡了解群众、基层情况,大兴求真务实的调研之风,只有基于联合调研基础上的决策,才能充分减少改革政策中的单部门偏向和"一刀切"弊端。

(三)完善基层体制性参与渠道

地方政府要谨慎辩证地看待私营企业主群体的崛起和乡村治理参与行为,不能过于乐观强调该群体对乡村振兴的促进意义,也不可盲目因部分主体攫取公共资源而通盘否定其社会效用。政策设计中既应将有志投身乡村振兴的私营企业主纳入乡村治理体系,也要预防、惩戒打着农业经营幌子攫取私利、损害村庄公共利益的行为,这种行为无疑是当下农村基本经营制度改革有序推进的主要阻碍因素。已有的地方创新中,由于过于强调政策激励,缺乏有效的法规约束,暴露出了一系列严峻的问题。在一些实行"村庄公司化"模式的村庄,公司负责人担任村委负责人,形成村级组织、合作社和公司的"三位一体"化,酿成了企业对村集体资源的全面控制和与农民争地争利的结果,无益于乡村治理能力的提升。对诸如此类问题应加大基层监管力度,强化预防性监督,完善基层体制性参与渠道,扭转私营企业主负责人或领办人进入村委组织时的把关不严和评估"真空"状态,限定候选人的资格和加强候选人的甄选,区分私营企业主的本职工作和治理工作,杜绝私营企业主以乡村治理为包装攫取私利的后果。

(四)推广社区支持性农业模式

各级地方政府应根据地方实际情况,从资金补贴、信贷保险、项目扶持、市场准入和社会声誉等多部门、多渠道扶持以乡村社区支持为基础的适度规模化农业发展模式,尊重现代农业嵌入于复杂乡村社会文化网络和熟人情景场域的本质特征,重构农业生产和乡村社会的有机关联,而不是任由逐利性资本割裂两者。近年来,国内外社区支持性农业已有相对成型的经验探索可供借鉴,国内典型如中国农业大学推动的具有试验性质的华北地区农村生产者和城市消费者直接对接的"巢状市场"、北京及周边地区分别以生产者联合为特点的"农夫市集"和以消费者联合为特点的共同购买型农场,国外如部分欧美国家大量涌现出的生产者和消费者相互支持型的社区农场。这些都属于将现代农业发展与乡村内生秩序充分结合，塑造了以本土农民为主的私营企业主。伴随着当前城乡融合的深入推进，国内社区支持性农业模式已具备了城市消费者和农村生产者直接互动的基本条件，积极试点、推广社区支持性农业具有广阔的发展空间。更重要的是，相较于城市下乡资本，本土农民作为乡村的天然成员，他们对公共事务的参与拥有其他人群不可比拟的便利性优势和情感性投入，能极大降低乡村治理中的管理成本和沟通成本，最大化发挥私营企业主的治理性功能。

（五）开发乡村留守性人力资源

对地方政府，尤其是中西部偏远地区的地方政府而言，与其大力呼吁习惯城市生活的乡村青年返乡务农和吸引城市工商资本下乡，不如致力开发留守性人力资源在农业转型中的作用。乡村存在大量留守中老年农民、留守妇女，以及占据农业生产主要比重的小农农业基本由留守中老年农民和妇女经营的客观现实，决定了留守人口必然是农业现代化和乡村振兴过程中的主力军，这恰是不少地方制定、推行改革政策中所忽略的。部分地方政府片面看到城市资本下乡对农业生产效率的提升，却忽视了大批从农业领域转移出来，又难以进城就业的留守人口的后续生活问题，以致产生新的乡村治理难题。作为村庄的常住群体，留守人口既是现代农业建设、公共事务治理中的支撑力量，又是最主要的弱势群体和政策受众，充分开发这部分留守性人力资源在农业现代化中的角色功能，鼓励有能力、有想法的留守人口进入种植大户、合作社领办人、家庭农场主等新型经营主体队伍，将能在农业发展问题、留守问题、扶贫问题、性别不平等问题、公共秩序问题等乡村振兴领域重点难点问题的解决上发挥积极性作用。

第四节　农业综合体的地方实践："一业一体"模式

以"一业一体"路径建设现代农业综合体是基于地区主导产业来建设现代农业综合体，不同的主导产业决定现代农业综合体产业结构和发展水平，主导产业发展影响整个现代农业综合体产业结构变化。现代农业综合体具有多种功能综合共融特征，比如农业生产、科技示范、农业休闲、居住社区、加工物流和生产涵养等，可以选择其中某一项或多项功能作为现代农业综合体项目的主导产业，带动整个综合体项目的开发建设——所选择的主导产业将在综合体区域产业经济发展中的作用主要包括：带动其他功能关联性产业、提升项目整体价值、发挥区域价值和地方优势等作用（邱乐丰等，2014）。概括地说，"一业一体"模式的发展路径主要包括：一是因地制宜选择主导产业;二是延伸农业主导产业链;三是提升农业主导产业链;四是整合农业主导产业链。通过以上四大步骤,针对性、全方位提升当地农业现代化水平。

一、"一业一体"实践的典型案例

(一)浙江省绍兴市柯桥区漓渚镇"花香漓渚"田园综合体

漓渚镇位于渚山之麓,鉴水之源,距绍兴市区约 2km,离柯桥 18km,因该地有漓江、江中有渚,故名漓渚。明朝曾在此地设置漓渚关,清时称漓渚市。1916 年建漓渚镇,1948 年设建制镇,曾是漓渚区政府所在地,是柯桥区西南部古老而繁华的历史名镇。全镇镇域面积 36.6km²,辖 12 个行政村、1 个居委会,总人口 34406 人,其中户籍人口 22086 人。漓渚物华天宝、兰香遍地,被尊为"千年兰乡",诗云"漓渚满目绿无涯、棠棣无处不逢花",正是漓渚镇的真实写照。据东汉地方志《越绝书》记载:"勾践种兰渚山",位于兰渚山下的漓渚一带是国内人工栽培兰花最早的地区。2015 年 11 月,漓渚镇作为"花木(兰花)小镇"列入绍兴首批特色小镇培育创建单位。近一百年来,经过一代代人民的辛勤努力,漓渚镇经济发达、民生富足,花卉苗木、针织家庭工业是漓渚镇两大特色经济,先后被命名为"中国花木之乡""中国针织名镇"。2015 年,全镇完成财政总收入 22905 万元,工业销售 58.2 亿元,自营出口 1.9 亿美元,农民人均年纯收入 25226 元。

2017 年以来,在党中央大力推行乡村振兴战略的背景下,漓渚镇借助花木产业的优势,综合利用兰花经济、美丽乡村、乡村治理等优势条件,深入发掘农业、旅游、文化各方面资源,开发"花香漓渚"田园综合体项目,2017 年被列入首批国家级田园综合体的试点。"花香漓渚"田园综合体总投资 8.2 亿元,建设期限为 2017 年 7 月至 2020 年 6 月,总规划面积 1670 公顷,核心区域围绕花木产业基础扎实的棠棣村、棠一村、棠二村、六峰村、红星村和九板桥村等 6 个行政村,以及沿漓福公路、钱茅线、漓头公路和兰泽公路展开,发展现代农业及旅游、服务业,着眼于乡村产业振兴、农耕文化振兴以及农村人气振兴,重点推进实施"千亩花市、千亩花田、千亩花苑"3 个千亩级特色项目(范恺凯,2019)。

"千亩花市"项目主要集中在九板桥和红星村,规划有物流基地、苗木交易市场、盆景世界、鲜花市场、兰花展厅和配套服务六大板块。项目实施人员将对老花市进行提档升级,逐步扩建花市规模,打造中国最大的综合性花市花木交易平台,有效推动花木种植、花木经营、花木旅游融合发展。"千亩花田"项目主要集中于棠棣村和六峰村,规划有花木示范、五彩花海、休闲体验和艺术摄影四大板块,引导农户种植鲜花、一年生农作物、水果等,努力将花田打造成为月月有花开、季季有花香的"四季花海"。"千亩花苑"以棠二村为核心，规划有兰花培育、兰花展销、科普教育和休闲观光四大板块，继续实施兰花产业基础设施完善及兰花种植种苗选育工程，建设兰花精品培育基地，推动兰花优势产业集聚，打造规模效应显著、品牌影响深远、行业优势明显的"航母级"兰花基地。漓渚力争通过3年试点建设，努力将"花香漓渚"打造成为休闲农业集群发展区、宜业宜居宜游美丽新家园、品质型高效生态农业样板区、高水平建成全面小康社会的示范区，成为全国田园综合体建设的浙江样本。

（二）江苏省南充市仪陇县多维休闲农业综合体

在南充市仪陇县柑橘示范园区的实践案例中，当地政府在地区现状调研及案例借鉴的基础上，提出了"MARS"即多维休闲农业综合体（Multidimensional Agriculture Recreation Synthesis）的规划理念。多维农业休闲综合体是指在城市郊区或乡村集镇打造一个休闲娱乐区，集生产、休闲、娱乐、商务等多种功能于一体的现代化农业生产经营模式。在该项目中，多维主要包含时间多维、产业多维以及功能多维。时间多维指不同时间维度对园区发展有不同的要求，将一天、一年及一生的视角作为方案思考的出发点来进行规划设计；产业多维指时间维度的丰富对产业的发展提出了一定的要求，所以当地以柑橘产业为核心，以"农业＋N"为模式，使其与业态形式融合发展；功能多维作为综合体最突出的点，即在产业多维的基础上，将产生、发展不同的功能，最大限度地满足不同人群的需求，从而丰富综合体的体验形式（周雅文等，2018）。

多维休闲农业综合体通过从时间维度梳理不同产业发展的要求，提出多维"农业＋N"模式，由此产生多维功能，最终确定园区的功能定位为集农业观光、民宿康养、电商物流、生态教育、文化体验、运动休闲、产业孵化、田园办公为一体的多维休闲农业综合体。按照"多维休闲农业聚集体"中时间多维、产业多维、功能多维的规划理念，将仪陇县柑橘产业园打造成为四季有景、四季可游、农商互联、科技创新的全县后庭休闲农业中心。南充市仪陇县柑橘示范园区规划采用"大园小镇"模式，即乡村旅游开发中所提出的一种创新休闲农业的模式（周雅文等，2018）。所谓"大园"就是有一定规模或正在规划的大型园区，而"小镇"则是符合园区特色和整体风格，满足园区旅游发展所需要的各种服务配套功能开发。具体而言，小镇指庙子梁中心场镇，结合柑橘文化以及"三乡文化"等元素，发展以客家文化为特色的农家乐；大园则以海升集团柑橘产业为园区基底，由休闲、教育、观光、康养、文化体验、电商物流等功能片区组成。在产业发展中，大园小镇的模式更偏向于以小镇拉动大园，园区以圈层布局，实现产业的融合联动。以柑橘小镇为中心，以客家文化为特色，结合柑橘文化、三乡文化等元素，打造特色农家乐，从而带动整个园区，为园区农旅结合发展提供原动力（周雅文等，2018）。

(三)云南省昆明市石林台湾农民创业园农业综合体

在昆明都市型现代农业发展进程中,昆明市先后出台了一系列文件鼓励、引导和支持农业园区建设。目前已经建有 14 个现代农业园区,农业园区占地面积共 4 公顷,累计投资 79 亿元,2015 年园区招商引资 45.3 亿元,产值 29 亿元。农业园区的建设带动了昆明市现代农业的快速发展,园区内包括农业生产、农民增收、农村发展等"三农"工作得到良性发展。其中石林台湾农民创业园(以下简称"台创园")于 2008 年 12 月 17 日经农业部、国务院台湾事务办公室批准设立,是昆明乃至全省首个国家级农业园区,园区总面积 1.33 公顷,具备了发展农业综合体的基础和条件。台创园组建园区投资服务中心,招商入驻项目 46 个,其中台资企业 8 家、亿元以上项目 9 家,企业总资产和注册资本金最多的分别为 3.2 亿元和 9200 万元、最少的分别为 80 万元和 40 万元,总资产上亿元和注册资本金 1000 万元以上的均为 4 家,约占企业总数的 27%。台创园形成了以特色农业产业、农产品加工、休闲旅游和生物技术等为主导产业互促发展的新格局,开发出微藻生物产品、锦苑鲜切花、万家欢精品水果等产品,形成高原特色农业产业示范区,初步形成了昆明农业综合体的特色发展模式。

有学者对昆明市石林台湾农民创业园农业综合体进行了实证调查,调查发现 15 家入驻台创园企业中,有 5 家企业还处于建设期而没有提供就业岗位,其余 10 家企业共提供了 982 个就业岗位,工资投入总额为 1852 万元,平均每个岗位每年 2 万元。因为大量的工作人员是来自台创园区内农民,这些工资投入总额多数为当地农民的工资性收入。有关学者对入驻台创园的 15 家企业进行了农户带动情况调查,结果表明,15 家企业的带动农户数量为 2992 户,其中有 91% 的带动方式为直接带动,而通过乡镇政府(4%)、村集体(4%)和合作社(1%)带动的数量极少(曾倩、刘雅婷,2016)。台创园按照建园即建城理念加快城乡一体化进程,完成了园区内 8 个村组的新农村建设基础工作,培训失地农民 4850 人次和转移就业 2900 多人次,改造 0.17 公顷中低产田,年增加农业产值 1100 多万元,惠及 8000 多户农民,率先实现园区流转出租土地亩产值过万元和务工人员年收入过万元的重大突破,实现农业增效、农村发展、农民增收(曾倩、刘雅婷,2016)。

二、"一业一体"实践的问题表现

(一)土地非农化、非粮化现象严重

就目前"一业一体"模式农业综合体发展过程中,可以说绝大部分都存在严重的土地非农化和非粮化现象,尤其是非粮化最为凸显。在土地流转成本日益高涨和追逐经济利益的冲动下,以城市工商资本为代表的新型农业经营主体对种植传

统谷物等粮食作物的兴趣不大，转而种植高成本、高收益的经济作物或观赏类作物。特别在南方城市近郊农村，"一业一体"模式中大规模种植经济利润远高于谷物和普通经济作物的观赏类苗木等高价值作物，既抬高了土地流转成本，也导致当地农作物种植结构的嬗变，并对土壤生态平衡和土壤地力造成了长远性破坏。不仅直接从事产业化农业经营的工商资本多倾向将流转的土地用于发展温室瓜菜、畜禽和特种养殖、苗木花卉等高效农业项目，且部分基层干部群众也片面地认为耕地、草地、林地、养殖水面、农田水利用地等也都是生产用地，使得耕地种粮的观念在广大农民心中逐步弱化。

甚至在一些地方，出现了新型农业经营主体借着农业综合体建设的口号在所流转土地上进行土地硬化、非农业化设施建设等破坏耕地的行为，对耕地和生态环境造成了永久性破坏，与土地制度改革的理念和设计初衷严重相悖。相关学者在对具体案例的分析中也发现，不少地方基层政府迫于招商引资的压力，在吸引下乡资本过程中给予下乡工商企业提供以众多项目补贴、市场准入、组织管理等方面的优惠，甚至对工商资本直接或间接的破坏耕地和违反法律政策从事非农化行为也不愿采取强制性手段，这些将是土地制度持续深化改革中需要充分警惕的。

（二）底层农民的边缘化

"一业一体"模式建设需要大规模的土地流转，在这一过程中，普通村民丧失了长期以来的农业生产主体地位，他们要么从经济和空间上被排挤出村落场域而向城镇转移，要么被迫继续留守村中接受资本所形塑的新秩序，前者以原中青年农民为代表，后者以无力转移至城镇的留守老人为代表。特别是这些从农业中"解放"出来的老年农民因无法转移或就业不足，变得进一步边缘化和贫困化。他们终日无所事事，陷入依靠打牌、闲聊、看电视消遣度日，精神文化极度匮乏的境地，人际纠纷随之大幅增多，一些针对老年人的保健品下乡骗局也乘虚而入。土地大规模集中也影响到了原常年在外务工的青壮年农民，土地经营权的长期转出阻断了他们"半工半耕"的职业行为，并推动其家属向城镇迁移。这使他们对家乡的牵挂弱化了许多，失去了农忙时回乡的必要性，回乡频率大幅减少，村落变得更加没有"人气"。如今无论是过春节，还是红白喜事场合，再难觅青壮年的身影，村落社会景观急骤退化。

需要强调，"一业一体"模式农业综合体建设导致的负面问题不限于以上方面，鉴于相关案例事件发生、持续时间的短暂，尚未暴露出所有问题。即便如此也足以有力证实，大型市场型农业追求利润过程中，"农业生活、社区、家庭需求、长期的土壤结构、生态多样化和可持续等问题，或者很难被纳入进来，或者被完全排除在外"（斯科特，2017）。历史上，小农生产和村落秩序之间是一种相辅相成、和谐互生的自然统一体，虽然两者结合也存在一定人为因素——如家庭承包经营责任制的实行，但这一人为因素与其说是以行政手段强硬联结两者，倒不如说是对中国数千年来稳定性小农社会形态的顺势回归。随着城镇化的推进，小农生产整合村落秩序的意义被大幅削弱，不过两者结成的稳定性结构依旧存在，村落秩序基本形态仍继续保持，这为进城农民提供了退却的空间。土地规模化开启后，农业经营经历了在村落秩序中的脱嵌与重嵌，行政和资本联合推进的规模化农业不是根植，而是强硬侵入了村民的生活世界之中，村落秩序的各主体不同程度地被框构在资本的运作脉络中，村落秩序呈现出治理依附化、村民生活生产边缘化和外向化等后果。

（三）村干部代理人化

下乡工商资本在管理所转入耕地时，借助村干部的优势。具体是，资本利用拥有社会资源和政治权威的村干部的操作，转入土地的同时，还"雇佣"村干部承担工人招募和组织、纠纷协调、工资发放等工作，使村干部成为自己的"代理人"。村干部凭借自身优势，巧妙地将下乡资本的市场话语转化为国家政治话语——对国家土地改革政策的拥护和落实，协助下乡资本招募组织雇工，也借此应对下乡资本可能面临的村民或雇工的抵制、毁约、偷工减料等不配合，甚至是冲突的难题。有学者总结，外来资本进入乡村时通过吸纳正式权威——村干部顺利在村庄落脚，并通过重组的政治权力把整个农民的生活框构在资本的掌控之中，形成一张紧密相连的"权力—利益"之网（冯小，2014）。政治权力和资本的结合意味着村落治理依附化和资本化的肇始：下乡企业的市场经营实质被村干部的政治治理话语所掩饰，村干部成为企业的代表和农民打交道，但同时也分担着企业经营中的经济风险和管理成本，村干部呈现出向企业依附的趋势，不再是独立治理主体。

从村干部来看，他们以社会政治资本换取来自下乡资本的经济回报，其个体和村干部两种角色之间出现了角色混乱问题。由于相关部分的乡村治理一直有很强的村干部个人主导特征，村支书和村主任向下乡资本的依附致使很多村内事务决策受到企业的影响，带来村落治理的资本朝向，以及集体资产的大量流失。村干部利用社会政治资本和企业交换利益，自身的政治角色和权威身份发生了相当大的偏离，基层组织很大程度上异化为工商资本扩张的工具，表现出亲资本、远民众的势头，也首当其冲地沦为村民与企业发生冲突时的矛头所指对象。调查中发现，当和工商资本产生纠纷时，村民几乎无一例外把怒气撒到村干部头上，村干部的依附化大大降低了村组织的权威，销蚀着村组织的群众基础。

三、"一业一体"实践的完善渠道

（一）防范和治理土地"非粮化""非农化"

对于工商资本进入农村要从两方面看待：工商企业租赁土地经营，从积极的方面看可以发挥资金、技术和管理等方面的优势，向农业输入现代生产要素和经营模式。但是，中国农村人多地少，如果不加限制地让工商企业进入农业的直接生产领域，大片圈地会挤压农民就业空间和影响农村的稳定。如何抑制工商资本进入农业可能带来的"非农化""非粮化"倾向？原中农办主任、农业农村部党组副书记韩俊认为，为避免农村出现大资本排挤小农户，避免出现土地大规模兼并，避免大批农户丧失经营主体地位，必须对工商企业长时间、大面积租赁农户承包地采取慎重的态度。迫切需要探索建立严格的工商企业租赁农户承包耕地准入和监管制度。对工商资本租赁农户承包地要有明确的上限控制，要进行资格审查和项目审查。[①]要鼓励和支持工商企业发展适合企业化经营的现代种养业，鼓励和支持它们进入农产品加工流通和社会化服务流域，与农户、农民合作社建立紧密的利益联结机制，带动农民发展规模经营。中国社会科学院农村发展研究所原所长张晓山则建议，为防止"非农化""非粮化"倾向，还要建立动态监管制度，有关部门要定期对租赁土地企业的农业经营能力、土地用途和风险防范能力等开展监督检查，查验土地利用、合同履行等情况，及时查处纠正浪费农地资源、改变农地用途等违法违规行为。此外，要加强事后监管，建立风险保障金制度，防止损害农民土地权益，防范承包农户因流入方违约或经营不善而遭受损失。

（二）政府本位向民间本位的思路转变

2014年中共中央办公厅、国务院办公厅《关于引导农村土地经营权有序流转发展农业适度规模经营的意见》明确提出，农村土地流转不能搞急功冒进，不能搞强迫命令，不能搞行政瞎指挥，避免走弯路。村组织只能在农户书面委托的前提下才能组织统一流转，禁止以少数服从多数的名义将整村整组农户承包地集中对外招商经营。然而，地方政府主体的"自利性"驱使、科学性与民主性的失衡、价值的错位选择等因素，造成了现实中的公共政策落地过程中公共性困境、短视效应与工具理性的霸权等三重异化问题（沈在宏等，2014）。土地流转政策作为一项典型公共政策，异化问题的主要表现之一是地方政府出于政绩追求等原因利用行政命令手段使农户转出土地和成为工商资本下乡的"开路人"和"代理人"。

有学者指出，在乡经营大规模农业的新土地精英和企业实际上是在政府的"扶持"下打败小农的，如果失去政府部门的政策、资金扶持，大规模农业经营几乎无利润可言（贺雪峰，2014）。也是说，新土地精英和企业受益主体型农业经营实际上既无经济效益，又无明显的社会效益，不少是为套取国家惠农项目资金、迎合政府政绩偏好或名下的非农业部门盈利而投机农业的。这就使他们缺乏真正经营农业和投身农村的热情，也就无法成为农村建设的主体力量，即使参与村庄治理也是很大

① 李慧. 农村土地流转热点三问："非粮化""非农化"如何避免？[EB/OL].(2014-12-04)[2018-06-15].人民网, http://finance.people.com.cn.

程度上出于攫取公共资源的目的,反而成为乡村秩序整合的桎梏。这种问题现状的形成归根到底是要归结于土地流转中的"政府本位",政府在以行政命令推动土地流转的过程中,只片面地看到了土地规模化对提升农业产业化和生产效率的直接促进作用,而忽略了土地流转急功冒进的简单粗暴做法对乡村社会秩序造成的负面影响。农村土地制度改革作为一项涉及利益方多、辐射范围广、影响深远的综合性制度变迁,作为引导者和建设者角色的政府部门绝不应只单纯地追求经济效益,而忽略了与土地密不可分的农村社会、政治、文化等领域的问题,不可人为地强制将农业从与农民、农村三位一体的稳定格局中抽离出来。"政府存在的目的在于对民众的需要给予充分的回应"(陶学荣等,2006)。土地流转作为一个系统而非常复杂的过程,亟须政府"在各种不同的制度关系中运用权力去引导、控制和规范公民的各种活动,以最大限度地增进公共利益"(俞可平,2006)。所以,各级地方政府在土地流转政策推进过程中要明确好自己的组织者、管理者、服务者角色,杜绝政府行为的"错位""越位""缺位"问题,尤其切忌罔顾农村实际情形强行推进土地流转与利用职能权力为工商资本下乡"开绿灯"的做法。

在规范政府角色的同时,也要重视农村土地流转中农民的主体性作用。在现在及未来都始终是一个农业大国的中国,农民是土地制度改革的创造者和受众,要坚持以人为本,充分发挥农民的主体性作用就要注重广大农民的利益,从制度建设上确保农民的土地权益不受侵害。首先,从政策法规上保障的农民土地产权主体地位。农民土地产权是指农民通过社会认可的途径对集体土地享有的一系列产权的集合,包括所有权、管理权、经营权、使用权、转让权、发展权、收益权等(刘刚,2008)。只有在土地流转中充分尊重宪法和法律赋予农民的土地产权地位,才能实现土地流转的公平、公正,形成具有良性整合效果的土地流转局面。此外,土地流转中农民主体地位还包括应拥有土地流转决策自主权,也即农民有权自主决定是否流转以及向谁流转,而不受任何行政命令等外部因素的干扰,特别是针对土地流转过程中遭遇的行政强制作为或者不平等作为,农民也拥有话语权,并有最终的决定权。相应的是,尊重农民的土地产权主体地位和决策自主权也就意味着必须保护农民的土地收益权,在土地流转中将农民作为主要受益主体,不得损害农民的土地承包权益,尤其不得以行政命令方式强迫农民转出土地,确保土地流转不会演变成新土地精英和企业的"圈地圈钱"行为。只有土地流转双方保持以长期公平、合作方式来结成利益共同体,才不至于出现小农被新土地精英或企业等"大农"吞并的土地利益不公平分配结果。

(三)建立转出地农民与农转非人口对接预警系统

近年来,全国各地狂飙猛进的土地流转在催生大量种粮大户、合作社、家庭农场、农业企业等新型规模经营主体的同时,也直接导致了更大规模的普通小农从土地中解放出来与向城镇转移就业。当前全国有近 2 亿农民从农业中"解放"出来,从原来"半工半耕"的职业状态彻底向完全务工转变,其中大部分农民向城镇的转移就业成为土地转出后的一个必然性选择。并且这部分从土地中"解放"出来进城的农民既包括青壮年人,也包括相当数量的老弱妇孺,他们向城市的转移直接带来了家庭生活开支的大幅提高和城市公共服务供给的压力。对此,我们要思索和警惕的是,城镇是否能解决他们的落户和社会保障问题,是否有如此之多的新增就业岗位、足够的医疗设施和受教育机会等来满足他们的就业、医疗需要及其子女入学需求,以及他们的技能素质是否符合城镇新增岗位的需要等都是推进土地流转的同时所亟待充分考虑的。近年来我国城市每年新增就业岗位在 800 万~900 万个,但这些岗位大多数不是为转出土地的进城农民所预留的,并且也不是他们所能胜任的。如果城镇无力吸收数量如此庞大的从土地流转中释放出来的劳动力,那么他们很可能将沦为城市贫民和乡村边缘化群体,成为土地流转政策的最大受害群体。

针对从流转中释放出来的人口规模和城镇可吸纳"农转非"人口规模之间的不对等问题,目前相关部门尚未建立起专门的转出土地人口与农转非人口之间的对接预警系统。所谓两者之间的对接预警系统,就是用于监控、整理、量化全国范围内从土地流转中释放出来的、亟待向城镇转移的农村劳动力及其家属规模与城镇可接受、容纳的农转非人口规模及可为之提供的公共服务水平等数据的平台系统;进而分析、对比、预测转出土地人口与城镇可接纳人口规模之间的缺口及其变化递变趋势;在可预期时间内,当转出土地人口规模明显超出城镇可接纳规模时,及时利用政策工具对土地流转市场进行调控以抑制、减少转出土地人口的增长幅度,来实现农村人口向城镇的稳定有序流动。就土地流转速度与其释放出来的庞大人口规模来说,即使他们之中有一部分仍继续留在农村,但向外转移的那部分人口也是城镇所无力完全接纳的。更严重的是,随着我国经济发展的趋缓和城市产业的转型换代,城镇为农转非人口提供的就业岗位增幅有逐年放缓趋势,并在未来几年内仍难以作乐观预期,但这一时期却恰是农村土地流转狂飙猛进、规模化农业遍地开花,转出土地的农户和人口规模增幅逐年扩大的时期,两者的"此消彼长"进一步将众多转出土地的农民阻挡在了城镇的大门之外,导致大量城市边缘群体和农村"贫雇农"群体的出现。如果不及时正视该问题并建立完善的土地流转与农转非人口对接预警系统,继续任由少数人和工商企业下乡转入大规模土地,那么大批"失业农民"的安置问题无疑将成为导致社会不稳定的重要因素。当然,建立土地流转与农转非人口对接预警系统的前提,是打破地方政府将土地流转视为政绩指标的政策异化现象,严禁官商合谋诱迫农民转出土地的行为,只有地方政府切实履行守护人角色,真正愿意、主动去调控土地流转市场,才可能避免农民"失业"问题的积累和爆发。

第五章 城乡融合发展进程中农民的社会需求与基层治理回应

城乡融合发展进程中能否有效回应农民社会需求取决于基层治理转型。当前,农民社会需求呈现公共服务、经济收入、土地权益、治理参与的结构性特征。但是,在功利性的地方统合治理逻辑作用下,基层治理结构呈现治理网络行政化、行政网络部门化、职能重心经济化、公共服务边缘化等特征,与农民社会需求结构不匹配,不具备充分的回应性,行政权能扩张挤占基层治理网络,侵蚀农民的权益、参与空间与社会资本。增强基层治理结构的有效回应性,应侧重从国家与农民关系角度调适基层治理结构,明确基层治理改革与治理能力提升的过程是回应农民需求与农民需求层次不断提升的过程;在基层治理过程中真正重视农民社会需求与农民主体性作用,促进基层治理结构下沉,将农民需求回应过程视为农民参与治理的激励过程,通过赋权增能等策略提升农民的基层治理参与感和公共服务获得感。

第一节 问题提出及文献回顾

中国特色社会主义进入新时代,我国社会主要矛盾已经转化为人民日益增长的美好生活需要和不平衡不充分的发展之间的矛盾。最大的发展不平衡,是城乡发展不平衡,最大的发展不充分,是农村发展不充分。这样的发展现状难以满足新阶段农民群体多样化、多层次的社会需求,农民群体的获得感非常匮乏。农村公共产品供给不充分,是影响城乡协调发展的大问题。[①] 农村公共服务是农民最基本的民生需求,公共服务落后是农民群众反映最强烈的民生问题,是城乡发展不平衡、农村发展不充分最直观的体现,也是当前农民群众最急需解决的现实问题。[②]

---

① 王曙光.乡村振兴战略是解决"不平衡和不充分的发展"问题的关键[EB/OL].(2018-03-06)[2019-07-29].环球网,https://www.huanqiu.com/.

② 胡璐.加快补上农村基础设施和公共服务短板让亿万农民有更多获得感[EB/OL].(2020-02-07)[2020-02-17].中国政府网,http://www.gov.cn/xinwen/.

处在从"农民中国"向"城乡中国"的现代化进程中，国家治理、地方治理的治理逻辑应由"动员型"向"回应性"转型（徐勇，2013）。回应性是指政府在公共治理中，对公众的需求和所提出的问题做出积极反应和回复的过程。面对城乡发展不平衡与农村发展不充分问题，党和国家积极回应，先后提出并启动新型城镇化战略与乡村振兴战略。两大战略虽然侧重点有所不同，但是辩证统一、互为条件、相互促进，且两者核心内涵一致，都在于坚持"以农民为本"，旨在解决农村和农业不充分发展和城乡间不均衡发展问题，实现城乡融合。

但是，伴随新型城镇化战略、乡村振兴战略的实施，越来越多的政策、项目与资源下乡进村，出现了资源浪费与资源有限并存的奇怪现象，各类政策、项目、资源进入乡村基层却陷入"费力不讨好"困局，反而促使乡村基层纠纷矛盾增多，导致干群政民关系紧张。带来这些严重后果的原因有很多。原因之一，是这些旨在回应农民社会需求的政策与项目，并不具备足够的、真实的、有效的农民需求回应性。越来越多的外部政策、项目与资源输入难以促进农村全面发展与有效治理，反而导致诸多政治社会问题。从深层次看，问题的根本与实质是基层治理的回应性问题。

基层治理的回应性问题是当前必须重视并深入研究的重要议题。从研究对象看，已有文献主要从政策执行维度分析农村公共政策、公共服务的供给效率、质量、绩效、执行方式选择，以及存在的问题、执行机制创新和决策优化，部分文献分析了农村某一方面具体政策、某类公共服务的效果及其影响因素，这些研究成果影响卓越，为后续相关研究提供了丰厚的学术资源。

从研究视角看，既有研究主要有理性主义、制度主义与公共治理三种视角。其中，理性主义视角的研究强调基层政府衡量"效率"与"责任"以确定如何供给公共服务。基于自身利益考虑，基层政府会利用"选择性执行"（Brien，1999）"选择性治理"（刘宁等，2015）、"变通"（孙立平，2002）、"上有政策、下有对策"（丁煌等，2005）、"共谋"（周雪光，2008）等手段，导致农村政策、项目制存在治理预期与实际执行的偏差。基层官员与干部往往将国家政策和上级指示进行变通。项目建设中，政府自身的多重目标如符合项目要求形式要件、遵循项目预算、融资需要、提升经济效益等，往往与回应农民需求的目标相冲突，最终导致项目执行走样（王雨磊，2018）。制度主义视角的研究认为，1994年分税制、2003年税费改革的制度变迁驱动基层政权"悬浮化"、农村公共服务"真空化"（周飞舟，2006）；现行政绩考核制度导向下基层政府缺乏识别农民公共服务需求的激励机制（郭泽保，2004）。公共治理视角的研究则认为，税费改革后，农村建设资金转向中央转移支付项目，但庇护主义网络、利益分配结构主导项目过程，乡村治理与保障公共性的国家自主性被精英网络架空（李祖佩，2015），造成扶贫项目"精英俘获"（邢成举等，2013），导致政策不精准执行、瞄准目标偏离（刘升，2015）。通过改革乡村治理、增进公共服务供给和村民参与空间,推动参与、对话、沟通、反馈与纠错等民主协商制度机制建设,项目制等才能增进公益并达成既定目标(折晓叶等,2011),扶贫项目才能实现精准识别、精准帮扶、精准管理与精准考核(吴晓燕等,2016)。

新时代基层治理是回应性治理,是社会诉求与政府治理的互动过程(徐勇,2013)。因此,必须了解清楚农民的社会需求是怎样的,有何特征。但是,已有研究成果很少关注真正的、内生的农民社会需求,大多数研究具有"外部强加、先入为主"预设性质,对于城乡融合发展进程中的农民社会需求这一核心问题缺乏足够关注。因而,提升城乡融合发展的制度与政策回应性缺乏社会内生基础学理分析的支持。此外,在基层政策执行方面的研究中,制度主义视角的研究更关注制度的根本性、决定性作用及其衍生的治理逻辑,而基于理性主义政策分析的研究则强调政策执行主体的自利与理性计算,两者的关联性分析是不充分的,进而导致解释力欠缺。本章研究致力于回应以上可拓展之处,尝试探索农民真实社会需求,并以制度主义与治理网络相融合的视角,分析城乡融合发展进程中基层治理的真实逻辑、结构与特点,解构其是否具备充分的农民社会需求回应性。

第二节　城乡融合发展中的农民社会需求及其特征结构

近年来,研究团队赴山东、安徽、湖北、浙江等地的多个农村开展关于城乡融合发展与乡村治理议题的调研。其中的一部分调研内容涉及当前阶段尤其是乡村振兴战略、新型城镇化战略实施进程中的农民社会需求,即关注现在的农民最关心、最需要的是什么。关于这一议题,研究主要采用问卷调查、深度访谈与集体座谈的方式搜集了大量的第一手资料。这里先展开问卷统计分析,再对通过访谈方式获得的资料进行分析以补充论述农民社会需求特点。

在问卷调查分析方面,由于调研时间、调研规模等因素的限制,本项调查删繁就简,仅设计了以下 16 个涉及农村农民发展的重要问题选项。XQ_1:耕地能够自由流转、出租,增进财产收入;XQ_2:宅基地、自家房子能够流转,抵押贷款;XQ_3:加入中国共产党,成为党员;XQ_4:选举成为村干部、人大代表、政协代表;XQ_5:参与本村、本社区的事务管理活动;XQ_6:参与本人所在工作单位的管理活动;XQ_7:加入工会组织,成为工会成员;XQ_8:改善工作单位的福利;XQ_9:提高工资、收入水平;XQ_{10}:改革户口制度,能自由迁居;XQ_{11}:在城镇就业、工作、生活不受歧视;XQ_{12}:获得和城里人一样的地位,与城里人平等交往;XQ_{13}:孩子在城里上学、进好学校能够更加容易;XQ_{14}:能享受政府提供的经济适用房、保障房、廉租房;XQ_{15}:

获得更好的城镇社保，如养老、医疗保障；XQ_{16}：获得政府提供的就业、职业、创业培训、政策支持等。其中，题项问法是：您觉得对您来说，当前最想、最迫切实现的需求是什么？其中，给出5个备选项：完全不需要（赋值1分）；不太需要（赋值2分）；一般需要（赋值3分）；比较需要（赋值4分）；非常需要（赋值5分）。

我们先后在多地农村共发放350份问卷，经过回收整理，剔除无效卷，共获得有效问卷303份。基本变量描述统计结果见表5-1至表5-4。

表5-1　受访农民基本信息描述性统计

类别	N	占比/%
性别	303	71.9(男),28.1(女)
政治面貌	297	17.5(党员),82.5(非党员)
户口性质	303	88.8(农业),11.2(非农)

表5-2　受访农民受教育水平情况

	教育水平	频数	点比/%	有效占比/%	累积占比/%
有效	1.本科及以上	22	7.3	7.4	7.4
	2.大专	64	21.1	21.5	29.0
	3.高职高专	10	3.3	3.4	32.3
	4.中职中专	37	12.2	12.5	44.8
	5.高中	58	19.1	19.5	64.3
	6.初中	106	35.0	35.7	100.0
	合计	297	98.0	100.0	
缺失	系统	6	2.0		
	合计	303	100.0		

表5-3　受访农民职业情况

	职业	频数	占比/%	有效占比/%	累积占比/%
有效	2.00农民	186	61.4	64.6	64.6
	3.00个体户	30	9.9	10.4	75.0
	4.00私企职工	20	6.6	6.9	81.9
	6.00国企职工	2	0.7	0.7	82.6
	7.00中小学教师	12	4.0	4.2	86.8
	8.00村干部	23	7.6	8.0	94.8
	9.00乡镇干部	15	5.0	5.2	100.0
	合计	288	95.0	100.0	
缺失	系统	15	5.0		
	合计	303	100.0		

表 5-4 受访农民社会需求情况描述统计量

	N	极小值	极大值	均值	标准差
XQ₁ 耕地自由流转	297	1.00	5.00	3.8889	1.17883
XQ₂ 宅基地自由流转	297	1.00	5.00	3.8990	1.16388
XQ₃ 入党成为党员	275	1.00	5.00	3.3309	1.10554
XQ₄ 选举成为干部、人大代表	275	1.00	5.00	3.0073	1.07728
XQ₅ 参与本社区的事务管理活动	275	1.00	5.00	3.6582	1.01785
XQ₆ 参与本单位的管理活动	275	1.00	5.00	3.0945	1.09668
XQ₇ 加入工会组织	275	1.00	5.00	3.0109	1.18224
XQ₈ 工作单位福利的改善	275	1.00	5.00	3.9818	1.12196
XQ₉ 工资、收入水平提高	275	1.00	5.00	4.1745	1.13604
XQ₁₀ 改革户口制度,能自由迁居	281	1.00	5.00	4.0000	1.26208
XQ₁₁ 在城镇就业工作生活不受歧视	275	2.00	5.00	4.5055	0.68546
XQ₁₂ 获得和城里人一样地位,与城里人平等	275	3.00	5.00	4.4800	0.71133
XQ₁₃ 孩子在城里上学进好学校能更加容易	275	2.00	5.00	4.5345	0.72601
XQ₁₄ 能享受政府提供的经济适用房、保障房、廉租房	291	1.00	5.00	4.1340	1.02010
XQ₁₅ 获得更好的城镇社保(医疗、养老保险)	297	3.00	5.00	4.6162	0.63203
XQ₁₆ 获得就业创业培训等方面的政策支持	297	2.00	5.00	4.5354	0.69719
有效的 N(列表状态)	275				

首先,进行可靠性统计量分析,利用 SPSS 计算 Cronbach's α 系数的值为0.842,表明农民社会需求度量表的内在信度较高。其次,尝试将 16 项农民社会需求项目进行归纳整理,以发现农民社会需求结构性特征。16 个需求项目权利诉求对象之间存在高度的相关性。因此,可以采取因子分析对 16 个需求项目进行简化降维处理,得到 KMO 值为 0.635,大于 0.6,结果尚可[①]。巴特利特球度检验统计量(Bartlett)的观测值为 3215.069,相应的概率 p 值为 0.000,小于 0.01,达到显著性水平,可认为相关系数矩阵与单位阵有显著差异,拒绝零假设,总体的相关矩阵间有公共因子存在,适合进行因子分析。根据解释的总方差表所示,4 个公因子解释的总方差达到 72.011%,效果比较理想。变量共同度的公因子方差是表示各变量中所含原始信息能被提取公因子所表示的程度,根据公因子方差表所示,所有的变量共同度都在 0.5 以上。因此,提取出的这几个公因子对各变量的解释能力是比较强的。相关数据分析结果见表 5-5 至表 5-8。

根据旋转成分矩阵 a 表,可以提取 4 个公因子:第 1 个公因子,包含了"在城镇就业工作生活不受歧视"(XQ₁₁)、"孩子在城里上学进好学校能更加容易"(XQ₁₃)、

---

① KMO 在 0.9 以上,非常合适做因子分析;0.8～0.9,很适合;0.7～0.8,适合;0.6～0.7,尚可;0.5～0.6,表示很差;在 0.5 以下应该放弃。

"获得和城里人一样的地位，与城里人平等"（XQ_{12}）、"获得政府提供的就业职业创业培训等方面的政策支持"（XQ_{16}）、"改革户口制度，能自由迁居"（XQ_{10}）、"获得更好的城镇社保（医疗、养老保险等）"（XQ_{15}）、"能享受政府提供的保障房、廉租房"（XQ_{14}）。从这些指标所涉及的内容来看，主要与城乡均等化的公共服务需求，与城里人平等的社会权利诉求有关联，我们将该因子命名为"公共服务诉求"。第 2 个公因子，包含了"选举成为干部、人大代表"（XQ_4）、"参与本单位的管理活动"（XQ_6）、"加入工会组织"（XQ_7）、"入党成为党员"（XQ_3）、"参与本社区的事务管理活动"（XQ_5）。从这些指标所涉及的内容来看，主要与参与治理需求（具有政治权力的属性）有关联，我们将该因子命名为"治理参与诉求"。第 3 个公因子，包含了"工资、收入水平提高"（XQ_9）、"工作单位福利改善"（XQ_8）。从这些指标所涉及的内容来看，主要与"经济收入需求"有关联，我们将该因子命名为"经济收入需求"。第 4 个公因子，包含了"耕地自由流转"（XQ_1）、"宅基地自由流转"（XQ_2）。从这些指标所涉及的内容来看，主要与"土地"有关联，我们将该因子命名为"土地权益需求"。

表 5-5　KMO 和 Bartlett 的检验

取样足够度的 Kaiser-Meyer-Olkin 度量		0.635
Bartlett 的球形度检验	χ^2	3215.069
	df	120
	p	0.000

表 5-6　公因子方差

公因子	初始	提取
XQ_1 耕地自由流转	1.000	0.908
XQ_2 宅基地自由流转	1.000	0.736
XQ_3 入党成为党员	1.000	0.661
XQ_4 选举成为干部、人大代表	1.000	0.818
XQ_5 参与本社区的事务管理活动	1.000	0.624
XQ_6 参与本单位的管理活动	1.000	0.825
XQ_7 加入工会组织	1.000	0.672
XQ_8 工作单位福利的改善	1.000	0.531
XQ_9 工资、收入水平提高	1.000	0.707
XQ_{10} 改革户口制度，能自由迁居	1.000	0.765
XQ_{11} 在城镇就业工作生活不受歧视	1.000	0.863
XQ_{12} 获得和城里人一样的地位，与城里人平等	1.000	0.773
XQ_{13} 孩子在城里上学进好学校能更加容易	1.000	0.724
XQ_{14} 能享受政府提供的经济适用房、保障房、廉租房	1.000	0.683
XQ_{15} 获得更好的城镇社保（医疗、养老保险等）	1.000	0.574
XQ_{16} 获得就业职业创业培训等方面的政策支持	1.000	0.650

注：提取方法为主成分分析法。

表 5-7　解释的总方差

成分	初始特征值			提取平方和载入			旋转平方和载入		
	合计	方差/%	累积/%	合计	方差/%	累积/%	合计	方差/%	累积/%
1	5.227	32.670	32.670	5.227	32.670	32.670	4.512	28.202	28.202
2	3.187	19.916	52.586	3.187	19.916	52.586	3.539	22.121	50.323
3	1.779	11.121	63.707	1.779	11.121	63.707	1.846	11.540	61.864
4	1.329	8.303	72.011	1.329	8.303	72.011	1.623	10.147	72.011
5	0.864	5.399	77.409						
6	0.664	4.148	81.558						
7	0.640	3.998	85.556						
8	0.539	3.366	88.922						
9	0.446	2.786	91.708						
10	0.356	2.226	93.934						
11	0.298	1.862	95.795						
12	0.231	1.444	97.240						
13	0.168	1.051	98.291						
14	0.145	0.908	99.199						
15	0.096	0.600	99.799						
16	0.032	0.201	100.00						

注:提取方法为主成分分析法。

表 5-8　旋转成分矩阵 α

变　量	成分			
	1	2	3	4
XQ_{11} 在城镇就业工作生活不受歧视	0.927	−0.038	0.022	−0.044
XQ_{12} 获得和城里人一样的地位,与城里人平等	0.844	0.024	0.215	0.114
XQ_{13} 孩子在城里上学进好学校能更加容易	0.841	0.028	0.088	−0.087
XQ_{16} 获得就业职业创业培训等方面的政策支持	0.759	0.209	−0.069	0.161
XQ_{10} 改革户口制度,能自由迁居	0.748	0.419	−0.166	0.053
XQ_{15} 获得更好的城镇社保(医疗、养老保险等)	0.677	−0.180	0.221	0.187
XQ_{14} 能享受政府提供的保障房、廉租房	0.592	0.077	0.530	−0.215
XQ_4 选举成为干部、人大代表	0.009	0.885	0.179	0.054
XQ_6 参与本单位的管理活动	0.000	0.858	0.292	−0.065
XQ_7 加入工会组织	−0.125	0.802	0.101	−0.041
XQ_3 入党成为党员	0.252	0.695	0.272	0.201
XQ_5 参与本社区的事务管理活动	0.358	0.615	−0.132	0.316
XQ_9 工资、收入水平提高	−0.003	0.235	0.800	0.106
XQ_8 工作单位福利的改善	0.167	0.271	0.655	−0.033
XQ_1 耕地自由流转	−0.095	−0.038	0.207	0.925
XQ_2 宅基地自由流转	0.291	0.270	−0.268	0.712

注:提取方法为主成分法。旋转法为具有 Kaiser 标准化的正交旋转法,α 旋转在 7 次迭代后收敛。

在这里，根据 4 个公因子测得具体测量项的均值，可以做一个初步的判断，基本上可以发现农民的社会需求优先序，即"公共服务需求"（均值＝4.40）＞"经济收入需求"（均值＝4.07）＞"土地权益需求"（均值＝3.89）＞"治理参与需求"（均值＝3.22），据此获得图 5-1，可以直观地比较四项农民社会需求的需求程度差异。

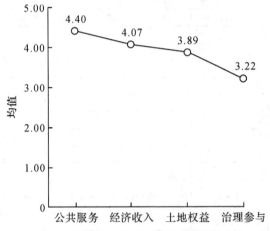

图 5-1　农民四类社会需求的需求程度比较

通过对 16 项社会需求的降维与简化处理，发现农民社会需求具有一定的结构性特征，即公共服务需求、经济收入需求、土地权益需求与治理参与需求，这表现为农民社会需求的"结构性特征"，总体性地反映农民社会需求的几个维度。[1] 通过均值比较表明，农村居民对各类社会需求的需求程度存在一定程度的差异。依据需求程度从高到低排列，农民社会需求呈现一定的优先序特征，即"公共服务需求＞经济收入需求＞土地权益需求＞治理参与需求"。这一特征并不能说明哪类需求比较重要，只是体现农民社会需求的迫切度。从这一优先序特征来判断，政府职能转变（服务型政府）、治理结构转型确实存在社会需求驱动。

由于问卷调查主要采用偶遇抽样的方式获得，并不是严格的等概率随机抽样，导致样本数据的代表性可能有一定偏差。因而，以上分析结果具有静态性，并且只能在一定程度上反映现阶段农民的社会需求情况。为了弥补抽样调查的不足，我们还对多个农村的村民展开了深度访谈。因篇幅限制，这里主要补充一些从浙江宁波的 XHT 村获得的访谈资料。[2] 在与村民、村干部的集体座谈与深度访谈中，

---

[1]　这四种社会需求基本对应经济权利（经济收入、土地权益）、政治权利（治理参与）与社会权利（公共服务）。

[2]　本部分研究的 100 余份问卷是从 XHT 村获得的。在 XHT 村，村书记、村主任、村民代表、普通村民、老年人、年轻人均参与到访谈中，对本村村民的社会需求情况的表达非常充分翔实。通过访谈资料，可以对问卷调查统计分析的结论作一定的补充与印证。

可以发现 XHT 村村民的基本需求、诉求主要集中于以下几个方面：

第一，近年来 XHT 村借助土地流转政策，汇集 2000 亩土地推进乡村农业旅游建设。近几年项目已取得了一定的成效，每年吸引不少游客前来参观游览。但是，项目建设中也存在不少问题，比如村主任指出，这几年虽吸引不少游客，但项目缺少创收点，盈利能力不足，反而每年因游客带来的生态环境治理问题给村财政造成很大压力。村民们则认为，村里发展农业旅游项目与自己关系不大，并没有为自己带来收入的增加，自己的收入主要就是每年 1000 元左右的土地流转费用，即使不流转耕地，留着自己耕作获得的收入也不止这些。但是，村里为了保证项目范围内土地的整体性，总是希望他们把土地流转。因此，很多村民对本村的发展政策并不是很满意。

第二，部分老人养老保险缺失。XHT 村村民中，60 岁以上的老人大约有 600 位，但是这部分老人的土地基本上未被征用，故他们无法获得失地农民养老保险，每月的养老金、低保很少。小部分失地老年人在一次性补缴了 9 万元后方可获得失地农民养老保险。但老人们认为，近几年虽然已经开始享受每月领取养老金的待遇，但远远未能领回本金，因而得"活得长命"才划算。在村里老人眼中，辛苦积攒的养老钱一下子交出去了，有点像做生意投资一样，原本是防范风险的养老保险，却需要自己承担风险。对此，村里老年人觉得不满意。

第三，行政区划调整导致老年人福利不增反减。不少村民指出，2017 年，XHT 村在划入 H 区后，村民的不少福利没有了。比如老年人的某些福利被削减，本村原来属于 Y 区时，村里 70 岁及以上老年人以及四级伤残人士都能免费享受有线电视这一福利，而划入 H 区后，现在只有被判定为一级残疾的村民，才能免费享受免费的有线电视，其他人都已经不能免费享受。村民认为，只让听力、视力存在障碍的村民获得免费有线电视，并没有多大实质意义。这让村民对地方发展规划、行政区划的调整有一定的不满情绪。

第四，土地征用补偿款标准低、补偿方式不合理。村民们反映，土地征用，六七年前是每亩 13200 元的标准，而现在依然是每亩 13200 元。这些年本地的房价、地价飞涨，但这个补偿标准没变过，明显不公平、不合理。而且，村民指出，其补偿方式也不合理，如果一个家庭的土地全部被征用，其补偿是按照人头计算，也就是无论被征地 6 亩还是 8 亩，都按该家庭户口人数计算，这就会导致人多地少的家庭的补偿款比人少地多的家庭的补偿款要高的情况。家里地多的村民，就认为很吃亏，觉得这种方式不公平、不合理。

第五，村里适婚年轻人的安家成家问题。这是村里最关心的一个问题，但现在面临很大难题。一方面，村民们认为，现在家里的年轻人都希望去城里发展，希望在城里安居乐业。但是，房子均价 2 万多元，地段差一点的都近 2 万元，XHT 村本身的地理位置即在城郊地带，近郊的房子也均价 1 万元以上；而现在年轻人的收入一个月 3000 元上下，收入低，而且因为按揭贷款有一定限制，买房就更加困难。另一方面，即使在村里想要分块宅基地建栋房子，也已经不允许了，很多村民没有办法，希望将现有的房子加高一层或两层为年轻人办婚房，同样不被允许。一旦动工，镇上就会来人强制拆除。村民们认为，现在的农村土地政策管得太严，自己村里的土地，但村里说了不一定算。

值得注意的是，在访谈中，几乎没有村民主动提及治理参与方面的需求。我们与村民谈到这方面的问题，村民表达的内容更多的是对现行村两委的态度与评价，而不是自己是否参与治理。比如，在村子农业旅游建设项目中主要领导是否做得好、做得到位。而一些村民认为，村里的很多事自己管不管没什么用，像土地征用补偿这些问题反映了也没用，村里也解决不了，懒得管了还不如想办法多赚点钱。所以，从访谈资料来看，XHT 村的农民社会需求主要是集中于公共服务、土地权益、经济收入等方面。

综合而言，问卷调查分析与访谈分析的结论基本一致，因而本部分的分析比较能够真实地反映出当前农民的社会需求结构及特点。

第三节　基层治理的农民需求回应性：网络结构与治理重心

新时代政府治理应充分回应人民日益增长的社会需求，要求实现政府职能转变与治理模式转型，要求政府实现自身角色从经济建设型政府向服务型政府转变，调整政府、市场与社会的关系，实现从统治与管理到治理与服务的转型。那么，如何衡量政府职能转变、治理模式转型的进展？衡量的方式应该有很多，比如地方财政支出的结构情况等。

这里主要选择对"协调小组"展开分析，主要因为我国的政府治理过程常常表现为一种聚焦重点事务的"小组过程"。中央政府或者地方政府为提升对特定项目、事务的重要性的认识，提升执行效率与治理绩效，常常会设立各种各样的协调小组（也被称为非常设机构）。这些非常设机构由来自不同的政府职能部门的人员组成，规避部门各自为政的阻力以凝聚各部门合力构建的部门间合作网络。因此，这些协调小组或非常设机构既是制度安排的结果，同时也是典型的主体间密切联系的治理网络。这里将利用某县级政府组建的 50 余个非常设机构的资料（某县级人民政府办公室发布"关于调整部分非常设机构领导小组成员的通知"）展开分析，以此观察地方政府在推进城乡融合发展过程中,形成了怎样的治理结构。

这里首先将一份县级政府为推进城乡融合发展而设立的 55 个协调小组的政策文件转化为数据形式。该通知对该县级政府设置的 55 个非常设机构领导进行了汇总,每个非常设机构的内容包括:领导小组名称、组长、副组长、成员,文件附有这些组成部门及人员的职位信息。领导小组的名称可以代表具体事项,如公开招标项目协调领导小组。对这些事项的分析可以反映出当地政府的事务职能重心,在一定程度上,也可以反映出以地方政府为中心的治理主体关系网络是否是一个回应农民社会需求的治理结构(戚攻,2006)。

55 个非常设机构代表了 55 种重要事项,具体包括绿道工程建设、规划用地、推动产业集群发展工作、招商引资、企业扶持、企业上市、服务业发展、小微企业信贷风险补偿共担资金工作、旅游产业发展、公开招标项目工作、建设项目预算外增项增资审批工作、文化产业总部基地项目建设前期工作、推进依法行政工作、创建安全发展城区领导小组、物业管理工作、中小学校舍安全工程、少数民族流动人口服务管理体系建设试点工作、霍乱防治工作、防治艾滋病工作、深化医药卫生体制改革、安置房工作,等等。经过整理,归纳为六大类事项(参见表 5-9),分别是,经济建设(11 个小组)、社会管理(8 个小组)、公共服务(21 个小组)、环境治理(9 个小组)、组织建设(2 个小组)、文化建设(4 个小组)。从各个大类事项的小组数量来看,可以初步发现,该区政府非常重视"公共服务",其包含 21 个小组;其次是经济建设,包含 11 个小组;然后是环境治理,有 9 个小组;再次是社会管理,有 8 个小组;最后是文化建设(4 个小组)与组织建设(2 个小组)。

然而,这些分类的小组数量多少并不足以反映该县级政府已经推进职能转变,或者已经将公共服务职能、环境治理职能、社会管理职能置于重要位置。县域协调小组以及公共服务类小组数量虽然较多,但专门涉及农民、农民工公共服务类的小组几乎没有,涉及农村土地制度改革的仅有集体林权制度改革,而且也并未涉及农村宅基地制度、集体经营性建设用地入市、征地方面的改革。[①] 社会建设、民主协商、公民参与方面的内容似乎也并没有涉及。

在上述资料整理与初步分析的基础上,再通过统计分析县级政府各个部门在各类事项(职能或小组)中的出现情况(参见表 5-10),并将此表导入社会网络分析软件 Ucinet,将这一"事项—部门"网络结构进行可视化,得到图 5-2。因为这一矩阵不是标准的 Square Matrix,因此无法计算其点度中心性、中介中心度等网络结构指标。但是,可以从图形上比较直观地观察出该"事项—部门"联系网络的一些结构性特征。

---

① 中共中央办公厅. 中共中央关于全面深化改革若干重大问题的决定[EB/OL]. (2013-11-15)[2018-01-16]. 新华网,http://news.xinhuanet.com/.

表 5-9　协调小组事项分类统计

事项大类	具体事项
经济建设(11)	3 企业上市；4 公开招标项目；5 建设项目预算外增项增资审批；6 产业集群；7 招商引资企业扶持；9 规划用地；15 旅游产业发展；18 服务业发展；19 企业信贷风险补偿共担资金工作；26 绿道工程建设；52 文化产业基地项目建设。
社会管理(8)	1 依法行政工作；17 创建安全发展城区；21 物业管理工作；31 中小学校舍安全工程；44 少数民族流动人口服务管理体系建设；45 霍乱防治工作领；46 防治艾滋病工作；48H7N9 禽流感防控工作。
公共服务(21)	2 深化医药卫生体制改革；11 安置房工作；12 市政基础设施建设；16 健康教育与促进工作；20 保障性安居工程建设；22 城镇居民和被征地人员社会保障工作；23 社会保险扩面工作；24 社会保障和基金监督管理；30 终身教育促进委员会；32 学生资助管理中心；33 招生考试委员会；35 减轻企业负担工作；36 副食品生产供应协调工作；37 物资供应站建设管理；38 集体林权制度改革；39 移民安置；40 气象灾害防御和人工影响天气；41 开展企事业单位安全生产标准化建设提升工程；50 除"四害"指挥部；54 知识产权工作；55"五险统征"工作。
环境治理(9)	8 节能减排工作；10 宜居环境建设；13"河长制"工作；14 水资源管理；25 重点流域水环境综合整治工作；27 景观整治提升建设；28 可再生能源建筑应用工作；29 园林绿化植物病虫害防治工作；42 公共机构节能工作。
组织建设(2)	34 政府机关软件正版化工作；43 门户网站第二轮开发内容规划和协调工作
文化建设(4)	47 公民无偿献血；49 社区中医药工作先进单位复核工作；51 爱国卫生运动；53 科学技术奖评。

注：资料来源于某县级政府门户网站。

表 5-10　"事项—部门"共现情况统计(部分)

小组序号	县长	常务副县长	副县长A	副县长B	副县长C	副县长D	副县长E	副县长F	副县长G	政府办公室	组织部	发改局	财政局	住建局	经信委	国土局
26	1	0	0	1	0	0	0	0	0	1	0	1	1	1	0	0
9	1	1	1	1	0	0	0	0	0	1	0	1	1	1		1
6	1	1	0	0	0	1	0	0	0	1	0	1	1	1	1	1
7	1	1	0	0	1	0	0	0	0	1	1	1	1	0	1	1
						······										
1	1	0	0	0	0	0	0	0	1	1	1	1	1	1	1	0
17	1	1		1	1	1	1	1	1	1		1	1	1	1	1
21	0	1		0	0	1	0	0	0	1	1	1	1	1	1	1
						······										

（续表）

小组序号	县长	常务副县长	副县长A	副县长B	副县长C	副县长D	副县长E	副县长F	副县长G	政府办公室	组织部	发改局	财政局	住建局	经信委	国土局
38	0	0	0	0	0	0	0	0	1	1	0	0	1	0	0	1
2	1	1	1	0	0	0	0	1	0	1	1	1	1	0	1	0
11	1	1	0	1	0	0	0	0	0	0	1	1	1	1	0	0
12	1	1	0	1	0	0	0	0	0	1	0	1	1	1	0	1
16	1	0	0	0	0	0	1	0	0	0	1	1	1	1	1	0
20	1	0	0	0	0	0	0	0	1	0	1	1	1	1	0	1
……																
8	1	0	1	0	1	0	0	0	0	1	1	1	1	1	1	1
10	1	0	1	0	0	0	0	0	1	0	1	0	1	1	0	1
13	1	0	0	0	0	0	0	0	1	0	1	0	1	1	0	1
……																
34	0	0	0	0	0	0	0	1	0	0	0	1	0	1	0	0
47	0	0	0	0	0	0	0	0	1	0	1	1	1	1	0	0

注：资料来源由调查小组统计整理。表格中的0代表无联系，1代表有联系。由于表格篇幅较大，这里仅截取了部分。

可以发现，掌握核心权力的"县长与常务副县长"处在网络的边缘地带（处于图的右上角，用椭圆标示），包括各个副县长（共7位）。一般地，这与我们通常所认为的，县长与常务副县长、副县长等地方的主要领导人、核心角色应当处于治理网络结构中心区域位置的看法有所出入。这是因为，仅仅通过共现情况、联系频率等指标测量计算的可视化网络结构不一定能够完全准确地反映权力结构关系。因此，在某种程度上，这也反映出网络分析可能存在一定的局限性，即理论界也认为网络分析并不一定能够反映真实的权力关系格局。也正因此，制度分析就极为必要。治理主体之间的关系，在网络中的位置是制度安排的，还是资源互赖结构下互动形成的？显然，这两者是同时对治理结构发生作用。其中，在现阶段的我国的制度环境下，制度结构因素往往起决定性作用。

但是，当我们结合事项（小组职能）分析的时候，就可以发现，与"县长、常务副县长"在网络中距离最近的是几个重要事项基本上都是经济建设类事项，具体包括旅游产业发展（经济15）、企业上市工作（经济3）、建设项目预算外增项增资审批（经济5）、企业扶持政策（经济7）、推动产业集群发展工作（经济6）、规划用地（经济9）、公开招标项目工作（经济4）。很明显，依据抓主要矛盾的方法论，县长与常务副县长重点抓了几项重要的经济建设类项目。这可以说明，该县级政府的职能重心显然仍然以经济建设为主，公共服务等次之。

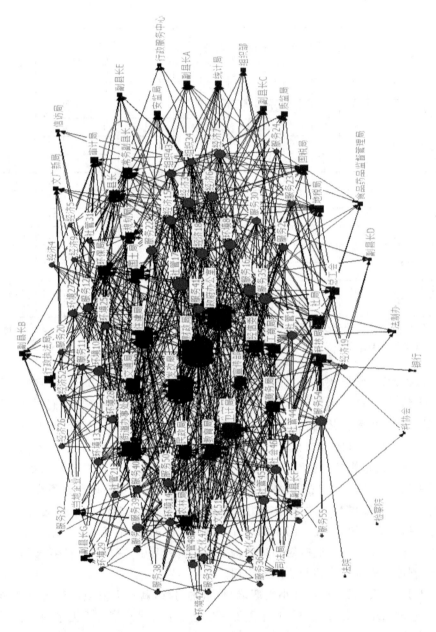

图 5-2 县域协调小组的"事项—部门"网络结构

注：图中小圆圈代表事务，小方块代表政府部门。右上角椭圆中是县长与常务副县长。

从治理网络结构的角度看，通过某县级政府公布的资料转化的客观数据展开分析，可以发现，政府办、发改局、财政局、住建局、国土局、经信委这几个部门基本上是处于治理主体联系网络结构的中心位置,这些部门一般被称为"实权部门",主导着城乡融合发展进程。改革开放以来,政府主导推进是城乡融合发展的主要动力机制,地方政府基本上决定各类资源的配置。自 20 世纪 90 年代以来,地方政府在促进地方城乡融合发展中的治理行为逐渐从"经营企业"向"经营城镇"和"经营土地"转变,即地方政府推进本地经济增长从主导农村工业化向主导城镇化转变,城镇建设被作为推进经济增长的主要途径,土地经营成为地方财政的主要来源。

　　然而,理论界一般将地方政府作为整体来看待,这些研究没有指出的是,在这种经营模式的变化中,那些起到关键作用的行政部门是否发生过变化? 在当前的"经营土地"行为模式中,发改局、财政局、住建局、国土局、经信委等几个少数部门在治理网络结构中发挥主导作用。可以预见,以经济增长为核心任务的制度环境,以及制度安排所赋予的职权,使得这几个部门长期处在治理网络结构的核心位置。这是长期以来地方治理形成的一个重要结构性特征。如果整体性地将城乡融合发展战略视为一个政策议题,或者将其视为一系列制度安排与公共政策的集合,那么,发改局、财政局、住建局、国土局、经信委,包括现在权力较大的管委会等,就形成了学者所界定的"政策社群"(Marsh,1992)。这些部门也可以被称为"要素资源控制部门",其资源优势显然是制度安排的结果,也与以经济绩效为发展目标的制度环境有关,"政策社群"的重要特点是以谋求经济的、或专业的利益为主要目标,而这些部门一般被称之为地方政府的"实权部门""创收部门"。

　　在这些要素资源控制部门中,发改局主要管理工程建设、项目核准、投资项目审批,是负责研究提出全县国民经济和社会发展战略、发展规划、总量平衡、结构调整和经济体制改革的政府综合经济部门;一般具有企业投资项目核准、基本建设工程初步设计审批、依法必须进行招标项目的招标范围、招标方式、招标组织形式的核准、外商投资项目核准、政府投资项目审批和竣工验收等行政许可权等职权。财政局,负责拟定全县基本建设财务制度,管理县级财政基本建设支出;指导政府投资的基建招投标工作;负责小城镇建设资金与财务管理、编制年度财政预算草案,执行县人大批准的财政预算;编制年度财政决算等工作等。经信局(委),负责承担综合管理全县工业经济责任,一般具有企业投资项目核准、外商投资项目核准、工程建设招标范围、招标方式、招标组织形式核准、固定资产投资项目节能审查等行政许可权。国土局,主要负责编制、指导和实施县级国土规划、土地利用总体规划、土地利用年度计划、矿产资源总体规划和其他国土资源专项规划;参与审核县总体规划、监督检查全县国土资源管理部门行政执法情况和土地、矿产资源规划的执行情况;一般具有采矿权许可、采矿权转让许可、土地开垦审核、建设项目国有土地使用权审核、乡(镇)村公共设施、公益事业建设用地审核、农村集体经济组织兴办企业用地审核、临时用地审批、改变土地用途审批、国有划拨土地使用权转让、出租审批、农村村民住宅用地审核等行政许可权。住建局，负责研究制定城市规划、村镇规划，拟定工程建设、城市建设、村镇建设、建筑业、住宅房地产业、勘察设计咨询业、市政公用事业的配套政策措施以及相关的发展战略、中长期规划及年度计划并指导实施，进行行业管理(邢鸿飞等，2006)；一般具有建筑工程施工许可、商品房预售许可、房地产开发企业资质核准等行政许可权。

可以明确，关键是制度安排赋予以上几个实权创收部门具有权力与资源优势，凭借这些权力与资源优势占据治理网络结构的核心。[①] 相对而言，负责公共服务或市场监管的部门，包括人社局、民政局、教育局、卫计局、农林局等，处于比较边缘化的位置，主体之间的聚类联系并不紧密，且与县长、常务副县长的距离较远。可以判断，这些部门则是比较松散的"议题网络"。在公共服务事项中，"22城镇居民和被征地人员社会保障工作"靠近网络中心，说明当地政府比较重视被征地人员的社会保障问题，但是，也可能说明当地仍有长期性的征地拆迁事务。其中，这几项事务包括"41开展企事业单位安全生产标准化建设提升工程""12市政基础设施建设""11安置房工作"，也靠近县长、常务副县长、副县长B，可以发现这几项事务与投资建设事项有关。在社会管理类事项中，"17创建安全发展城市"处于网络的中心位置，与其联系的部门较之于其他事项明显更多，这一事项与我国历来高度重视维护社会稳定高度相关。在环境治理事项中，"8宜居环境建设"处于网络的中心位置，这体现这一事项也与近几年我国越来越重视环境治理有关，且与推进地产业发展有一定关联。其他的公共服务、社会管理与环境治理事项基本处于网络的边缘位置。

在上述分析的基础上，这里还统计了各个部门在大类事项出现的频次数(参见表5-11)。可以发现，就经济建设类事务，县长与常务副县长共出现了16次，社会管理类事务为5次，公共服务类事务8次，环境治理类4次，组织建设与文化建设类事务为0次。发改局、财政局、住建局、经信委、国土局也基本上更多地出现在经济建设事项中。只不过由于公共服务事项分类较多，不容易比较差异。如果，将不是很重要的公共服务类事项删去，那么经济建设与公共服务两类事项中，这些部门出现的频次差距就会比较明显。显然，该县级政府"事项—部门"网络体现该县级政府的职能重心仍然是经济建设。

---

① 这与政策网络分析、社会网络分析侧重于分析各个主体的资源相互依赖条件下互动过程中形成网络结构的观点是不一致的。因此，综合制度分析与网络分析就显得尤为必要。

表 5-11 事项—部门共现频次总数统计

部门	小组数（55）					
	11	8	21	9	2	4
	经济建设	社会管理	公共服务	环境治理	组织建设	文化建设
县长	8	2	4	4	0	0
常务副县长	8	3	4	0	0	0
副县长 A	1	1	4	0	0	0
副县长 B	2	1	2	4	0	0
副县长 C	4	1	2	2	0	0
副县长 D	1	1	1	0	0	1
副县长 E	1	2	3	0	1	0
副县长 F	1	6	3	1	1	3
副县长 G	0	1	5	3	0	0
政府办公室	7	7	15	8	2	4
组织部	0	2	2	1	0	0
发改局	11	6	16	8	1	4
财政局	11	8	21	9	1	4
住建局	9	5	9	5	1	2
经信委	6	3	7	6	1	1
国土局	7	3	7	5	0	0
人社局	5	2	11	0	0	1
行政执法局	1	3	4	4	1	0
环保局	4	2	6	6	1	0
规划局	7	1	3	4	0	0
公安局	2	6	10	3	2	2
司法局	0	6	4	6	0	0
法制办	0	1	2	0	0	0
信访局	0	0	1	2	2	0
宣传部	4	4	7	2	1	2
安监局	1	1	5	2	0	0
交通局	3	4	7	7	2	1
民政局	1	6	10	1	2	1
教育局	0	6	11	5	2	3
农林局	0	4	10	6	0	1
卫计局	2	4	12	4	0	3
商务局	6	4	8	0	0	3

（续 表）

部门	小组数（55）					
	11	8	21	9	2	4
	经济建设	社会管理	公共服务	环境治理	组织建设	文化建设
食药监管局	1	2	3	0	0	0
科技局	5	2	4	3	0	2
质监局	1	1	3	1	2	0
工商局	5	5	7	1	2	0
地税局	6	0	5	1	2	0
国税局	6	0	3	1	2	0
统计局	3	1	3	0	2	0
审计局	4	2	6	0	0	0
文广新局	4	0	1	2	0	0
总工会	0	3	8	1	0	1
行政服务中心	1	1	0	1	0	0
各个街道办事处	5	6	10	8	1	3
科协会	0	0	1	0	0	1
当地企业	1	1	4	2	0	2
银行	1	0	0	0	0	0
法院	0	0	1	0	0	0
检察院	0	0	1	0	0	0

注：通过政府门户网站收集整理。

总之，本部分是利用比较客观性的数据来分析地方治理网络的职能重心、或者说治理网络围绕何种目标在运转、主体间关系等治理结构特征（刘军，2004）。[①] 分析的核心结论是：在当前或处在转型中的治理模式下，治理主体在当前城乡融合发展中形成的治理网络呈现行政化特征，而行政网络呈现"部门化"特征，治理网络和行政网络以围绕"经济建设"为中心运转，具有制度优势的资源要素控制部门占据网络核心位置，属于联系紧密的、经济利益性的"政策社群"；而公共服务事项、部门边缘化，是联系松散的"议题网络"。部门之间形成的治理网络结构职能重心仍然聚焦于经济建设而不是公共服务，而且土地改革、公民参与等方面的内容涉及很

[①] 由于协调小组的数量多，且该县级政府的各部门基本上都形成了联系，主体之间联系的整体网分析就失去了意义。因此，本部分的分析没有展开中心度、中心性、小团体等整体网特征分析。网络密度是网络的核心特征，表示网络中各个节点之间关系的紧密程度，密度值介于 0 和 1 之间，越接近 1 则代表彼此间关系越紧密。但如果整体网密度为 1 的话，那么所有节点之间相互都有联系，则失去分析意义。

少,与农民社会需求结构的匹配性并不能精准对应,很难有效回应农民的社会需求。

第四节　基层治理的功利化统合与公共服务目标偏离

考虑到前述政策文本的量化分析主要是静态反映地方政策目标与基层治理结构,农民社会需求问卷设计与调查也或多或少存在研究者"主观预设"的成分。所以,部分分析的解释力有所欠缺。因此,研究同时采用案例研究法,以深度访谈、集体座谈等方式获得更真实的农民社会需求信息,以及对城乡融合发展进程中的地方治理展开深度观察与分析。

这里选取的一个典型案例是 W 市(地级市)推进旧村改造和撤村并居工程的个案。我们调研了 W 市的 Z 市、A 市(县级市)的多个农村社区,这些社区是 W 市近年来推进村改居建设的农民社区,是当地推动农村社区化建设的重要工程,目前各地的改造工程已经完成。

当地政府推动村改居工程的目标和动因是多方面的。一方面,农村基层的生产要素难以集约利用;另一方面,农村基层由于受宗族派性影响,农村的民主政治难以推行。当地政府提出的城乡融合发展目标与路径是以"公共服务"为主体内容的,还涉及了农民经济组织建设、农民土地权益、土地制度、民主政治建设等重要内容。单从政府官方的目标阐述看,地方政府已经全面地关注到农民群体的社会需求,因而,关键是城乡融合发展治理过程中具体的实际行动逻辑。在访谈中,Z 市的原 LW 村村主任与 GX 区政府官员向我们介绍了旧村改造、社区化建设的主要过程与具体细节,并指出整个改造过程在"规定时间"内保质保量地完成,比较顺利,没有出现严重问题。

在后来的集体座谈中,当地政府的综治办官员也承认,在推进城乡融合发展中,征地拆迁工作肯定会引发很多的社会矛盾纠纷,几乎难以避免,是一个比较突出的社会问题。从项目启动以来,涉及征地拆迁、土地征用等方面问题的维权案件数量呈现比较明显的上升趋势。信访局官员在谈到社区集中化建设推进中信访工作的变化时也指出,随着建设进程加快,在农民变市民的过程中,征地拆迁引发的纠纷不断增多。其中,比较突出的是:一是拆迁。一个村庄整体拆迁,一般都是涉及大多数利益影响少部分人的意愿,可能一个村大部分人都愿意拆迁,但是少部分人不愿意就难以顺利推进,这就导致近几年因为征地拆迁、土地流转等问题引发的社会矛盾呈现多样、多发态势。二是公共服务和配套设施落后问题。由于资金投入不足，导致配套设施落后，公共服务满足不了农民生产生活需要。三是由于快速推进，产生了特殊利益群体诉求问题。利益群体之间的诉求加码，现行没有制度上政策上的处理依据，难以从根本上加以解决。

在项目推进工作中，政府往往感到压力巨大，总是觉得心有余而力不足。从地方官员的角度来看，在地方城乡融合发展推进中产生大量矛盾似乎是必然的，但他们认为这不仅仅与本地政府行为有关系，其深层次的原因来源于相关制度。W市A市（县级）财政局的一名负责人指出：政府要管的要做的事情太多了，任何一件事是大是小都要花钱，财政压力太大，政府长期处于负债状态，根本吃不消。A市近年来每年的公共财政预算支出大约都在25亿元，要用于一般公共服务、教育、科学技术、文化体育与传媒、社会保障和就业、医疗卫生、节能环保、城乡社区事务、农林水事务、交通运输、资源勘探与电力信息等事务、商业服务业等事务、金融监管等事务、国土资源气象等事务、住房保障、粮油物资储备、预备费、国债还本付息以及其他共21个项目，财政支出的压力不言而喻。市政府在推进城乡建设中处理征地拆迁等问题时，补偿难以达到农民的预期，也难以取得农民的理解，容易引发社会矛盾、加剧社会风险、影响社会稳定。A市信访局官员认为：在土地征用过程中，政府与群众之间容易产生矛盾，这和城乡土地收益级差有直接关系。因为，中国的土地收益结构是城市土地收益高于农村土地收益，国有土地和农村集体土地是不等值的。土地征收、用途变更基本是政府决定的，导致在农村土地征收过程中，有关部门与农民之间产生矛盾，农民与农民之间也容易产生矛盾纠纷。当然，2019年修订的《中华人民共和国土地管理法》中关于土地征收补偿以及允许集体经营性建设用地入市等条款正在逐步解决上述问题。

地方政府在推进建设集中社区的过程中是否能够较好回应农民需求？集中社区化建设涉及当地区域内大多数农民的切身利益，理应征求农民群体的意见。在调研中，我们针对这个问题进行了访谈。A市政府办公室主任讲到：作为政府工作人员，还是支持把老百姓集中起来居住，这样有限的资源都能享受到，效率也高。但是，困难之一就是部分老百姓不理解。比如说90%的人同意，剩下10%不同意，就必须得考虑这些不同意的意见，这样就导致推进困难。老百姓在这方面没有动力，主要是一方面他们的负担加重。另一方面，农民的需求不是这样的，他们看不到集中化居住对他们带来的好处。进入社区，需要服从社区管理，不像农村那样自由，农民不适应。还有一部分人确确实实在上楼之后不适应这种生活方式、生活习惯，比如倒垃圾必须倒在垃圾桶。原来在家生炉子烧点柴火，自己做饭问题就可以解决了。上楼之后做饭要烧煤气，取暖也得交钱，反而成了一个经济问题。再有一个很现实的问题，农民在农村有一个平房住着，也不旧，攒点钱给子女在城里买个房，两个问题都能解决。现在拆了上楼，还得另外再掏出一部分钱来买房。上楼之后就是生活方式的问题,各种花费增加了经济负担。还有,失地之后,农民到底依靠什么生活,从事什么工作? 所以,不管是主动的,还是被动的,社区化对很多农民来说,是一个比较漫长的过程,面临很多问题。

从这些官员的表述可以发现,可能出现的问题或者已经出现的问题,当地政府都已经注意到了。当地政府对社区集中化建设中的农民问题、农民需求的关注是比较明确的,而且也很清楚恰当的治理举措是什么,还明确应该如何展开治理。在集体座谈中就有官员提到:不管是新型城镇化战略,还是乡村振兴战略,都是庞大的系统工程,关系到农民增收、农业发展、农村稳定等诸多问题。因而,政府面临的困难和压力前所未有,仅靠政府某个部门、某个单项措施很难见效,需要通过统筹谋划、协同推进,解决战略实施进程中出现的各种问题。还有官员提到:在推进居民聚居融合的过程中,会否出现大拆大建也一直是当地政府所担心的问题。当地政府曾以文件特别提醒:就具体执行的镇(街)这一主体,应该充分认识,撤销建制村并不是大规模地归并自然村,更不是强拆自然村,也不是大规模地合村并点。引导农民聚合居住,要通过公共服务的吸引、政策的引导、基础设施的改善来实现,而不能急于求成。

关于通过集中社区化建设推进公共服务均等化问题,当地政府提出主要是为了将规模小、数量多、布局分散的建制村合并,为农民集中地、高效地供给公共服务,进而实现基本公共服务均等化。从这些官方的"目标设定"与"方法策略"的描述中可以看出,这些公共服务目标既包含农民的生存类需求,也包含了发展类需求目标。这些情况进一步说明当地政府对农民需求的关注,当然另一方面推进农村社区化也是为通过增减挂钩进一步激活存量土地资源。相关调查数据显示,W市下的Z市(县级)每年重点整体改造偏远村、空心村四五十个,可以复垦旧村址的土地三四千亩,也就可以节余相应的建设用地指标,然后将指标储备,每年的土地收入高达二三亿元。

在实践操作过程中,在短期内出成效的政绩动机等多种因素作用下,政策目标往往发生偏移,逐渐偏向选择性地提供公共服务,而且主要集中于硬件方面,如供暖设施、污水处理、社区道路建设等基础设施类服务。主要因为,这些外在的、易被观察、易于考核的硬件服务是各级官员政绩考核制度中的核心内容,而就业、医疗卫生、教育、社会保障等软性的、发展类公共服务并未作为硬性考核指标。在项目建设中,一个很重要的制度安排导向是政绩考核制度。W市的城乡建设奖惩考核办法规定:只要进入W市小城镇建设提升考核前10名的乡镇,列为年度考核一等奖,奖励70万元;对不能按要求完成镇(街)驻地改造、农民居民点土地综合整治、农村社区集中供暖和污水处理设施建设的,在年度科学发展综合考核中,实行"一票否决制",并对相关责任人及时进行调整(唐敏等,2010)。因此,可以发现,政绩考核驱动型的基层压力型体制依然在发挥主导作用。

当地政府综治办官员在集体座谈中明确指出：当前公共服务能力还是不足，公共服务投入欠缺，教育、医疗等资源配置还是不均衡，城乡之间公共服务水平仍有差距，要进一步加强一些配套设施的投入。供给的公共服务类型也是选择性的，偏向基本生存类，而不是发展类公共服务（王仁贵，2010）。① 逐渐地，项目建设原初设定的政策目标偏离正轨，即"公共服务目标偏离"。即使中途有一些试图约束与矫正的举措，也很难起作用。由此看来，城乡融合发展进程中农民需求回应性不足主要是政策执行过程中的问题，而不是早期政府没有识别农民社会需求的问题。项目实施前、实施中政府虽然通过调研等方式了解倾听农民群众的意愿，但政策执行维持着"自上而下"的贯彻途径，造成了农民的不理解以及与政府的对立。对项目建设中出现的侵犯农民权益问题，缺乏制度化的利益诉求表达机制。农民的利益表达渠道主要是村委会（或新社区居委会），但是原属自治组织的社区居委会和原先的村委会因为土地制度改革后，"统分结合"中"统"的作用发挥不足，出现组织弱化、工作虚化、权力边缘化的问题。

在加速推进城乡融合发展的形势下，一方面，由于农民的权利意识和法制意识日益增强；另一方面，具有"外部驱动"性的强制性地推进社会变迁过程中，社会主体不可避免地被卷入到利益调整与矛盾冲突中。因此，无论是内生因素的驱动，还是外部因素的强制驱动，不管是政治积极性高，还是政治冷漠，社会主体对公共事务参与程度、范围都在扩大，治理网络与政策网络自觉地或不自觉地在拓展，这无疑是对地方治理体系和治理能力的考验。

当然，处于维护社会稳定的需要，地方政府也正在努力化解城镇化推进中产生的利益纷争，其努力的主要方向是社会矛盾大排查、大调处与大调解。在调研座谈中，当地司法局的官员指出，在项目建设推进中，基层矛盾不少，我们主要通过大调解的方式来应对，比如组织村、社区人民调解员，一般由村干部兼职，设立镇域企业和行业性人民调解组织，等等。司法局的官员还指出调解工作中面临的诸多困境：调解人员队伍素质不高，特别是村（居）委会人民调解员普遍存在年龄偏大、文化水平偏低、法律法规和政策水平欠缺、人员不足、经费无保障等问题，尤其是村级人民调解组织，大多是村干部兼职为调解员，他们的法律法规和政策知识欠缺，调解工作方法、技巧掌握不多。公安局的官员提出一些问题：一是警力下沉压力更大，现在集中居住后，在每个集中居住区都要有两名民警；二是镇域企业和行业性人民调解组织偏少，一旦发生纠纷，就会发生无人调解或调解滞后的情况，容易造成矛盾积累和激化；三是调解组织经费保障不到位，既没有调解办公经费和指导经费，也

---

① 王仁贵.城乡土地"增减挂钩"在一些地方发生严重异化[EB/OL].(2010-11-22)[2010-11-30].新浪网，http://news.sina.com.cn/.

没有给调解员补贴费用,影响了调解人员的工作积极性。

而且,需要指出的是,这种利益冲突与矛盾处理机制主要是事后性质的,即冲突矛盾已经形成之后再来化解。虽然在实践中起到一些积极作用,但是面临不少问题。一方面,县域的良性的社会资本网络已经被破坏,事后进行修复,作用有限;另一方面,致使政府负担进一步加重,阻碍政府公共服务能力提升。研究发现,在社会网络关系恶化的零和博弈格局下,几乎没有其他社会组织予以协调,或对社会资本进行修复,以至于新社区公共物业、公共卫生等基本公共事务都无法有效处理,社区治理效能进一步下降(张立荣等,2017)。

然而,不管是过去还是现在,地方政府在推动城乡融合发展方面都承担着重要的领导角色,在城乡融合发展进程中享有绝对的话语权,地方政府部门、社会主体、要素资源等都被统合在一起服务于当地经济建设。显然,自上而下的一以贯之的"统合治理"策略往往面临执行困境。但是,即使在强调发挥市场机制作用、政府更多发挥引导作用的当下,政府实际上依然处于"主导"地位。在城乡融合发展中,缺乏积极的对话窗口和信息交流平台,造成政府与民众之间形成的政策网络或治理网络沟通不畅。[①]

总之,普遍看来,制度结构决定了地方政府自主性具有强大的扩张性,但极大地限制了农民群体、社会组织的行动空间。政府行政权能具有普遍的扩张性特征,汲取权能强大突出,强制性力量常常兜底解决冲突,形成农村基层自治对行政权力的依附。社区治理与村庄治理趋于"行政化",改变了居委会与村委会的自治性质。然而,最关键的民主协商制度是"结构性短板"。作为结构型社会资本的社会组织,有利于代替分散的公民个体表达利益诉求,在民众与政府之间实施有效沟通协商等具有不可替代的作用。但农村社会组织数量、规模偏小,覆盖不足,有调查发现,农村社会组织每万人不足 10 个,仅 12.67% 的村庄还有传统组织,农村社会组织存在主体"空转"、构架"官化"、活力不足等问题,因"政府要求"和"村两委决定"而成立监督组织的村庄达 91.6%(雷宇,2015)。农民社会资本的匮乏决定了其与政府的互动只是一种边缘性的"弱嵌入"。重强制、重汲取、重渗透与轻协商,对匮乏的农村社会资本造成进一步破坏,导致其难以嵌入治理结构体系的格局,决定了地方政府无法将治理权能有效转化为建制性治理能力,总体呈现一种"行政僭越政治"的基层治理结构。这种结构容易使各利益主体陷入零和博弈的不良循环,政府采取行政命令与行政强制行为,居民采取对抗与冲突行为,致使政策过程中农民民主参与的网络治理行动无法达成。对农民社会资本的行政渗透使得农村基层自主进行公共治理的行动无法实现,基层治理结构功利化最终阻滞城乡融合发展的实现。

---

① 近几年,宁波、南宁等地方政府正在积极推动"电视问政",力求解决上述问题。

改革开放以来，地方治理是一种"统合治理"，其通过独特的统合机制将社会主体、要素和资源卷入城乡融合发展进程，使得全能主义非但未能转型为有限政府，反而不断扩大政府权能范围，同时挤占了农民的社会、政治权益。那么，为何会形成当前的地方治理结构？基于制度变迁视角，回顾改革开放以来的地方建设发展与治理史，土地承包制和财政包干制这两种新制度组合安排产生激励性政策效应，构成地方政府推动农村工业化的"结构性激励"：一方面，农业去集体化使得农业不再是地方财政收入的主要来源，地方政府将发展重心从农业转向乡镇工业；另一方面，绩效合法性被国家建构为主要政治合法性基础，中央政府通过财政包干制赋予地方政府安排财政支出的自主性，地方政府增加财政收入、促进工业发展的积极性大大提高（张立荣等，2017）。20世纪80年代，制度环境缺乏确定性，地方政府理性选择"经营乡镇集体企业"。地方政府直接介入经济，将乡镇企业发展统合进经济建设与治理中，既为企业提供经济依靠和政治保障，又对企业施加影响力和控制权。地方党委、政府与所辖企业结成类似大企业共同体的法团组织，以经济利益最大化为目标。地方政府协调辖区内各经济事业单位的运作，类似从事多种经营的实业公司，凸显"地方政府公司化"色彩。20世纪90年代，随着民营企业的兴起，地方政府更多地扮演"统合者"角色，通过对合同和资源的控制以及对民营企业的庇护，把民营企业吸纳进地方国家统合主义框架中（Jean，1998）。

20世纪90年代后乡镇企业衰落，地方统合机制正被新机制所替代。其一，由于财政包干制威胁"国家能力"或曰"国家自主性"诱发制度变迁，其很快被分税制取代。其二，土地产权制度赋予地方政府土地征用、变更及转让的垄断性自主权，土地征收和用途变更的"非市场化机制"得以建立。分税制与土地产权制度的新制度组合对地方政府行为模式的转换构成新的"结构性激励"：地方政府的产权控制由"企业产权"转变为"土地产权"，其推进城乡融合发展的行为模式由"经营企业"转变为"经营土地"；而在土地财政饱遭诟病和中央调控的情势下，则转向"经营城镇化"，地方政府不再直接兴办经济实体，而是利用行政权和土地等资产控制权经营城乡融合发展项目，即通过网络化的项目平台组织方式，采用"行政—政治—公司"三位一体的新统合机制来动员、联结与城乡发展关联的地方机构和组织、资源要素来经营辖区。在制度、机制转换中，分税制反而强化了地方财政增长激励，还改变了地方政府主要收入来源，促使其在预算内收入基础上谋求预算外收入和非预算收入（周飞舟，2006），这些收入源自农民负担和土地征转收入，以侵损农民土地权益为代价，地方政府权能扩张从"援助之手"转向"攫取之手"（陈刚，2009）。

历史性地看，尽管统合机制发生了变化，但地方国家统合主义的体制特征并未随着体制环境的变化而发生根本性转变，即地方政府统合各类组织追求经济绩效的基本运作模式并未发生实质变化。地方政府通过统合机制将各社会主体、要素和资源卷入发展过程,使得全能主义国家非但未能转型为有限政府,反而不断扩大政府权能范围(赵树凯,2012)。这种"统合治理"模式有助于优化经济决策和协调、整合资源持续投入以快速推进城乡融合发展,但"高度再集权化"是统合治理的主导逻辑,权力腐败、市场失序、债务风险、社会冲突等治理危机如影随形,阻滞地方健康可持续发展。统合治理有悖于市场化、民主化、分权化的治理现代化的主旋律(陈国权等,2015)。

概括而言,当前的基层治理结构是在"统合治理"的治理逻辑作用下形成的,这种统合治理模式又是在中央与地方、国家与社会、结构与行动等多重关系综合互动中形塑而成,偏重于中央与地方关系维度,而忽视国家与社会关系维度的制度调适与制度变迁是生成根源所在。因此,要变革当前的基层治理结构,必须首先重视设计地方治理结构的相关核心制度安排的调整。

第五节　基层治理结构下沉与农民社会需求的有效回应

为更好地说明问题,下面选择浙江宁波农民安置的典型社区——湾头社区作为治理案例进行分析。湾头社区 2014 年建制,是宁波最大的"纯农民安置社区",至 2017 年短短 3 年就获得"十佳公益品牌"荣誉。可以确定,湾头社区与当地政府在促进安置农民融入社区工作方面取得了显著成效,其经验值得挖掘。课题组成员对该社区进行了为期 10 天的调研,利用实地观察、集体座谈、问卷调查、入户访谈等方式,获得了丰富的第一手资料。

湾头社区总建筑面积 42.5 万 m²,套型面积从 50m² 到 120m²,共计 3151 套。2009 年开工建设,2014 年 12 月交付使用,现有总户数为 2518 户,总人口为 5186 人。湾头社区安置了三个建制村的农民拆迁户,完全属于农民安置型社区。2014 年年底,三个村的绝大多数村民,通过拆迁征地安置政策、抓阄选房的方式迁入湾头社区混合安置。研究团队重点关注了该新社区安置农民的社会需求、社区融入与治理问题。

由于边界相连、地缘相近、血缘亲缘关系紧密,三个建制村的村民重组全部迁入湾头社区,原来农村的传统、生活方式等几乎全盘带入到新社区之中,这对社区治理现代化带来挑战。而且,这也将几个村的历史遗留问题带入新社区,比如村与村之间的矛盾、村民与村民之间的矛盾等。三个村村民在社区的各个楼层分散重组后,也出现了邻里关系淡薄化、邻里纠纷冲突增多的情况,各种各样的问题很快就暴露出来,比如社区氛围沉闷、农民在楼道里烧煤炉、安放狗窝、养鸡养鸭、毁绿种菜、乱搭乱建乱堆放、在小区公共场合打麻将打牌聚集围观、小区物业费与停车费难收、大声喧哗、高楼窗外晾湿衣服等。与此同时，因为农民的自治观念薄弱，搬迁进安置社区后，遇到问题矛盾，往往依赖以原来建制村为主的村委会与党组织，新社区的原始秩序变得比较混乱。

湾头社区的安置农民如何转换身份角色、融入新社区成为关键问题。根据问卷调查，15％的居民认为自己还"完全"是农民，17％的居民"经常会"认为自己是农民，4％的居民"有时会"认为自己还是农民。江北区、甬江街道、湾头社区意识到社区农民上楼后，如何帮助、引导被征地农民在价值观念、思维方式、生活理念等方面融入社区，是推进安置社区建设与治理的前提和关键，也是难点所在。

江北区政府、甬江街道为促进安置农民积极融入湾头社区提出的治理策略是，通过政府引导的外部"赋能"和培养自治组织的"自身增能"。① 在实践中，主要采取了下沉基层治理结构、构建多元主体参与式治理、完善公共服务供给、再组织化提升新居民素养等方式，促进安置农民在新社区进得来、住得下、融得进。

2014年以来，宁波市坚持社会治理"核心是人、重心在城乡社区、关键是体制创新"的理念，强化系统设计，理顺条块关系，夯实基层基础，初步走出了一条以"扁平化指挥、网格化管理、信息化支撑"为特色的宁波基层社会治理新路子。② 在原有城乡社区"一委一居一中心"体制上，宁波拓展建立新型城乡治理体制，构建起以村（社区）党组织为核心的区域化党建、以村（居）委会为主导的协商共治、以村（社区）服务中心为平台的综合服务管理"三位一体"的新型城乡社区治理基本架构，统筹各类社会组织、驻区单位的力量和资源，构建多元主体参与、共同治理的新格局。

在这一背景下，江北区着力构建"人在网上走，事在网格办"的基层社会治理体系。江北区共划分网格728个，有网格长708名、网格员2297名及服务团队732个，2017年以来，每月平均报送事件13900余条，处置率达99％以上，基本实现了"小事不出格，大事不出网"。江北区还将党建、综治、城管、安全生产、食品安全等10多个部门网格纳入统一网格体系，最大限度释放了群众参与社会治理的巨大能量，积极将矛盾化解在萌芽状态（方圆圆，2017）。

为提高改革效能，江北区在乡镇（街道）统一设置综合指挥室，由乡镇（街道）专职副书记领衔，进行扁平化管理，统筹协调区域内各条块的管理服务力量，并实行实体化运作，承担信息汇总、综合研判、流转督办、绩效评估等工作职能，实现统一指挥、及时响应、协调联动、有效处置，推动事件处置的高效化，形成融社会管理与

---

① 江北区委宣传部. 安置社区建设，农民市民化的入门考题[EB/OL]. (2018-06-27)[2019-10-10]. 江北新闻网，http://jbxww.cnnb.com.cn.

② 曾毅. 宁波：让社会治理创新温暖一座城[EB/OL]. (2017-05-15)[2019-10-10]. 凤凰网宁波频道，http://nb.ifeng.com/.

公共服务于一体的综合性服务管理平台,最终让信息"活"起来、让数据"联"起来、让网格"动"起来。江北区委政法委常务副书记提出:2018 年,打算依托"网格微群",实现"居民发个微信就能解决问题",及时倾听群众基本诉求,准确把握群众思想脉搏,第一时间回应群众呼声,着力打通服务群众的最后一公里。[①]

社区治理结构与组织创新方面,主要通过党建引领的自治组织实现社区治理效能的提升。因为农民自治意识薄弱,农民搬迁进安置社区后,依赖以原来农村为主的村委会与党组织。但几个自然村的居民混合居住后,原组织的社会基础、社会网络已发生新的变化。对此,社区建立起以楼道为主的网格化党组织,在社区公共区域设置党员责任区,很多社区事务由党员做沟通工作。一些传统旧观念问题如物业费、停车费不交、乱堆放乱搭建等问题的解决主要依靠党员引领解决,党员通过劝导自己亲朋好友进而带动邻里。

湾头社区将 32 幢居民楼划分为 11 个网格,每个网格由 1 名社区工作人员担任网格长并建立微信群。网格长可以在微信群里实时发布政策信息,负责及时收集社情民意、调解矛盾纠纷、帮助居民排忧解难、挑选网格员等工作,让社区服务更加贴近百姓生活;居民们可以通过微信群进行生活交流、互帮互助,共同参与社区治理。11 名网格长中女性有 10 名,调研发现,社区居民非常信任她们,很多老人像对待孙女一样热情地与年轻女性社工闲话家常,愿意与她们沟通表达自己的真实想法。女性网格长善于交流、心思更细腻、更注重细节、富有耐心和感情等优势得以体现。楼道里烧煤炉问题、高层晾衣服滴水问题、楼道安置狗窝问题等,很多都是她们与居民耐心沟通得以解决的。

在公共服务供给与治理方面,街道与社区重视"前置"工作,意识到拆迁安置小区问题应当比其他商品房社区更复杂,组织设置、生活配套和管理服务都需要"前置"。也就是说,在安置农民进入社区前,就将党组织、居委会、业委会、物业组织等组建好,解决好"有人管"的问题,同时搭建小型邻里中心、居家养老服务中心、便民服务中心和卫生服务站点等平台,解决好"服务圈"的问题。[②]

在社情民意表达与决策方面,湾头社区开展了"微治理"创新实践,主要分为"微组织""微服务"和"微机制"三个方面。其中,"微组织"建设方面,成立了"社区自治协商会"是社区服务管理的决策机构,负责社区重大事务协商并参与决策。在调研中,湾头社区书记提及:小区每一幢楼下都有一个架空层,由于闲置成了居民堆放杂物的地方,不仅有碍观瞻,还有一定的安全隐患。为此,2018 年上半年,社

①　沈洁琼,谭玉声.网格建起微信群服务百姓"零距离"[EB/OL].(2018-07-13)[2019-12-10].浙江新闻客户端,https://zj.zjol.com.cn/.

②　江北区委宣传部.安置社区建设,农民市民化的入门考题[EB/OL].(2018-06-27)[2019-10-10].江北新闻网,http://jbxww.cnnb.com.cn.

区居委会联合物业，在征求居民意见后将小区一楼架空层进行清理，添置桌椅、摆放绿植，居民也自发捐出书法作品和花卉，将闲置下来的空间打造成了如今的"邻里会客厅"，也叫"邻里议事厅"。"邻里会客厅"常常吸引不少居民"做客"，社区事务无论大小都可以到这里来讨论，"邻里议事厅"桌子上摆放着居民对社区的建设意见，每个居民都可以在建议本写上自己的建议和意见。为了更好地发挥"邻里议事厅"的作用，湾头社区邀请楼幢内的党员和热心志愿者，指导他们制定"楼幢邻里会客厅"的日常管理制度和居民议事规则。"邻里会客厅"已经成为社区居民自治的新平台。左邻右舍可以聚集在一起读报纸、做手工，共享生活、学习的快乐，原本空荡荡的架空层，开始焕发不一样的生命活力，起到了联结邻里、共享生活的作用。社区书记提出下一步将根据居民意愿，改造更多的邻里议事厅。在议事厅里，居民不仅能谈天说地、读书看报，还能主动参与到各类自治活动中，居民在协商社区事务中，逐渐从旁观者向亲历者转变。①

在居民诉求表达的正式制度方面，湾头社区设立了社区人大代表接待选民日制度，确立每月 20 号为人大代表接待选民日，促使湾头社区人大代表履职更接地气，使基层人大制度落到实处，解决了社区居民不知道利益诉求、建议与意见向何处去的问题。而且，湾头社区人大代表共 6 名，其中女性 3 名；人大工作联络员共 6 名，女性也有 3 名。每次接待日，由 1 名人大代表和 1 名人大工作联络员共同负责，一般都会有 1 名女性人大代表或 1 名女性人大工作联络员参加。她们与来访居民耐心交谈沟通，认真倾听居民诉求、建议与意见。女性之间更喜欢、更愿意花时间互道家长里短、远虑近忧，却进一步使居民诉求、建议与意见得以更好、更有效地表达。

值得提及的是，安置农民的不同类型、不同层次的社会需求可以表达并得到回应。受访居民觉得，起初迁到新社区时，常常闲了没事做，平时一般打打麻将，小区楼下打麻将、聚集围观的很多。原来以村为单位的社会关系网络松散陌生化，生活交往方式依然传统且单一化，安置居民的闲暇时间多了，但更多用于原本村里盛行的赌博性质居多的活动。

调研发现，湾头社区"湾紫千红"舞蹈队的成立为改变这种情况起到引领作用。作为舞蹈爱好者，从最初的无人参与到舞蹈队的成立，胡女士等几位妇女的坚持获得认可。胡女士表示，起初设想组建舞蹈队，但无人参与，最早只有她一个人在小区广场跳，在很长一段时间里，只是有一些人围观，后来吸引了几个女性好友。问题是家人不太认同她们，丈夫与长辈有些传统，说她们不务正业、不顾家、耽误照顾孩子，子女也不理解，说跳广场舞太吵会扰民，有些丢人。社区李书记是很支持她们的，给她们提供很好的室内场地，还支持舞蹈队参加各类活动，为她们购置音响

---

① 江北区委宣传部.湾头社区构筑温馨邻里生活[EB/OL].(2018-09-13)[2019-10-10].江北新闻网，http://jbxww.cnnb.com.cn.

设备、舞台服装等，她们感觉很受认可。

幸运的是，这支成立才一年左右的社区舞蹈队就获得了第三届"江北万达杯"舞蹈比赛二等奖、"广发银行杯"舞蹈比赛一等奖、第二届"自在卡杯"全国广场舞大赛宁波站一等奖等荣誉。这激励了越来越多的社区居民参与。舞蹈队一些成员表示：自己的家人看到自己身体与精神状态越来越好，也改变原来那种不太认同的看法；其他居民也普遍认为在舞蹈队的引领下，参与跳舞等集体文化活动不仅促进了居民身心健康，而且大大改善了社区风气和精神面貌。可能由于社区核心领导是女性的缘故，社区非常重视发挥女性主体在社区建设与治理中的作用，比如宁波市推进垃圾分类工作，湾头社区就意识这项工作的关键是动员好社区女性群体这一关键少数。根据随机抽样调查，关于"小区妇女群体（比如舞蹈队、合唱队、志愿者）为改善小区精神面貌做了很大贡献，您同意吗？"这个问题，15.7%的受访者完全同意，51.5%比较同意，合计67.2%的受访者认为妇女群体为改善小区精神面貌做出了很大贡献，而完全不同意与比较不同意的合计仅占3.4%。

湾头社区李书记是一位重视社区公益事业的女性领导者。她提出，湾头社区是安置社区，退休教师、退休党政干部等群体较少，主张可以先从培育自益型组织入手，以快速形成凝聚力，再逐步孵化他益型组织，慢慢培养居民的自治意识和自治能力。在这一愿景与思路下，社区培育了多个居民自益型"微组织"，之后，社区领导开始着力于营造社区公益生态圈。2017年，建制近3年的湾头社区就是凭借治理创新品牌"益邻湾志愿服务公益生态圈"获得了宁波"十佳公益品牌"荣誉称号。

湾头社区的管理者们也敏锐地意识到社区舞蹈队的作用和价值，积极回应舞蹈队的需求，解决她们在日常运作中遇到的困难，并动员她们参与到打造"新型邻里文化"等和谐社区共同体建设行动中。在舞蹈队的引领下，湾头社区居民组建了乒乓队、太极队、兜球队等健身类团队，带动了社区居民活动的开展。各类居民"微组织"的建立，激活了社区氛围，加强了居民人际交往，培养了社区骨干，实现了湾头社区居民的多元化社会交往需求，且整体性地提升了社区精神文明。受访居民认为，"现在因为打麻将打牌造成家庭矛盾、邻里冲突、沉迷赌博的事越来越少了"。更重要的是，社区公益生态圈培育具备了广泛的社会网络基础。

更加值得注意的是，甬江街道、湾头社区在促进社区建设治理、回应农民需求时，并未把原来湾头地区的乡土传统完全剥离。这是因为，即使安置农民在空间意义上的身份上发生了变化，但他们依然是传统的，安土重迁的乡土情结浓重，对原来老家农村是怀念的，空间意义上的身份变化远不能说明农民观念的、文化的融入。对这一现象，社区辩证看待，并没有认为是不利于安置农民的身份观念融入，而是认为融合当地历史文化氛围、共同的文化记忆，有利于将分散的、半陌生化的安置农民真正重新黏合起来。

　　江北区政府、甬江街道重视当地的文化保护与传承，决定挖掘湾头悠久而丰富的历史文化底蕴，建一个社区历史文化博物馆。因为湾头社区有着浓厚的、独特的历史文化底蕴，尤其是菜农文化是湾头社区居民的共同记忆。在博物馆建设中，湾头社区几个年纪比较大的文史爱好者热情参与其中。经过几个月的寻访，同时查阅了大量的资料，他们整理出了比较完整的湾头地区地域变迁史，尤其是该地区独特的菜农文化历史让人耳目一新，涵盖了历史、文化、党建、行政等沿革。其中"大事记"从明朝一直记录到2014年拆迁结束时，重要的历史事件都被整理出来。在博物馆里，不仅有湾头历史上的名人严信厚、包昌法、计亮年等人的生平简介、取得的成就，还有他们的铜像可供瞻仰。社区居民认为，这些前辈乡贤是孩子们学习的典范和榜样。关键是，社区居民非常支持这个博物馆的建设，很多展品都是居民家里传承下的老物件如斗笠、蓑衣、犁耙等，都是湾头社区安置农民自愿捐献给博物馆的。之于湾头社区安置农民来说，湾头的历史文化展示馆成了他们的精神家园，成了社区居民回望乡愁、追寻记忆的牵挂。

　　此外，湾头社区经常以丰富多彩的邻里活动为抓手，打造传统文化与现代文化相融合的邻里文化。比如结合"我们的节日"，传承、发扬中国优秀传统文化，如：元宵创意汤圆制作、谷雨茶艺文化体验、"沐浴湾头精神传承屈子风骨"端午亲子活动、"私人订制冠名湾头中秋节""当我老了，才体会到您的辛苦——湾头社区迎重阳活动"等。开展各类特色主题活动：湾头首届社区邻里种植大会、"奔跑吧，阅读"、垃圾分类亲子活动等。在2018年的"三八"国际妇女节开展了"女人如花"大型花色展示活动，有做花、画花、裱花、剪花、插花、种花等，展示了社区广大妇女心灵手巧、奋发有为的精神面貌。通过这些活动，社区积极利用传统的文化符号、文化记忆向社区居民宣扬本地传统文化，社区文化氛围逐渐养成，重新联结邻里，"守望相助"的邻里关系也日渐唤醒。

　　社区不仅是社区居民生活活动的主要场所，也是居民接受教育和再教育的学习共同体。随机抽样数据显示，湾头社区农民的学历并不高，初中及以下学历占比70.1%，但是他们的学习需求却极为强烈。目前，湾头社区组织了舞蹈、合唱、越剧、太极、手工、旗袍、环保等11个班级，每个班都有70～80名学员，形成了不同类型的学习型团队8支。依托社区邻里课堂、乐龄课堂、特色课堂和美丽课堂等平台，湾头社区把这些有精力又具有共同爱好、共同需求、共同志趣的居民聚集在一起，建立了社区"学习共同体"，让大家在共同学习的氛围中积累知识、建立友谊、丰富生活，发挥自己的优势和潜能。2018年以来，湾头社区妇联还不定期组织各类宣传教育活动20余场，受益妇女500多人。如邀请浙江欧硕律师事务所的鲍明女律师开展婚姻财产规划讲座，提高社区妇女群众的维权意识和法律意识，还有深受中老年女性欢迎的养生健康讲座等。

目前,湾头社区从周一至周六每天都有课程开课,社区居民基本都按时上课学习。可以说,一个以居民需求为出发点,以居民满意度为落脚点,不断以丰富的培训内容服务社区居民的、人人皆学、处处能学、时时可学的湾头社区逐步形成。通过参加共同体的学习活动,形成相互影响、相互促进的人际关系,满足社区居民的成就感、认同感和归属感。这又激励着他们主动参与社区建设和治理之中,形成了自益与公益相互增进的良性循环体系。

在社会治理中,志愿者是取之不尽、用之不竭的社会资源,是最重要的社会资本。湾头社区具备培育公益型社区的良好志愿文化基础,两位老人徐世利、谢雨康因为几十年如一日的无私奉献获得 2017 年首届"江北好人"荣誉。2017 年,湾头社区着力建立志愿服务队,利用社区志愿服务广场、服务站与服务点三位一体的"益邻湾"志愿服务平台,志愿服务广场每月 10 日定时开展便民服务,志愿服务站由志愿者全天轮流值班进行志愿者登记、服务资源链接,9 幢的爱心理发点、5 幢的缝纫点、17 幢健康服务等 6 个服务点提供每日定点服务。湾头社区搭建公益平台,积极推动公益活动开展,建立了湾头社区志愿服务站工作制度和"益邻湾"志愿服务站积分兑换制度,激励社区居民参与志愿公益活动,社区居民是主体成员。服务队开展多种类型的志愿服务,展现了社区志愿者的奉献精神和良好风采。比如,很多有一技之长的居民如会理发的居民在志愿日免费帮社区居民理发,等等。2017 年 12 月,建制近 3 年的湾头社区通过不断拓展服务领域、强化培训和激励以及深入开展志愿服务等工作,获得了宁波"十佳公益品牌"荣誉称号。这项荣誉进一步推动湾头社区社会治理能力和品质的提升,更多的社区居民走出家门,融入社区,为社区自治组织的培育和居民参与公益生态的发展注入强大的内生动力。

在一系列治理创新作用下,湾头社区在安置农民社区融入方面成效显著。调研发现,多数受访居民表示适应或非常适应现在的社区生活,71％的居民表示比较习惯现在的社区生活,19％的居民表示完全适应现在的社区生活,两者相加合计高达90％。多数受访居民对现在的工作生活满意,92.4％的安置农民都找到了工作,月平均收入 2320 元。70％的受访者表示与过去的农村相比,对现在的工作生活满意,20％的居民表示非常满意,两者合计高达90％。湾头社区仅用了 3 年就获得"十佳公益品牌"荣誉,其突出特点是社区内众多安置居民志愿参与到社区公益活动之中,营造了充满互助互惠生态的社区共同体。

总结来看,湾头社区农民需求实现、需求层次提升的过程也是社区治理创新水平不断提升的过程。其促进安置农民融入社区取得显著成效的关键是,意识到社区治理应以有效回应安置农民需求为导向,并将需求回应与安置农民的社区融入、社区治理创新结合起来。第一,当地政府重视且意识到安置农民的社区融入是个重要问题,确定了以公共服务引导为主的治理策略。第二,有效识别安置农民的不同类型、不同层次的需求，将安居农民社会需求实现与社区建设治理关联起来，实现从"自利"到"利他"，从"互益"到"公益"，从回应居民个体、群体需求、促进居民自身发展到促进社区共同体营造。第三，下沉基层治理结构，重视社区居民自组织的价值与作用，以楼栋为单位创新社区居民需求表达机制，降低了居民的参与成本，提升了居民需求识别的效率，关键是由此提升了社区居民的治理参与感。第四，社区建设、社区治理、制度建设考虑到农民群体的特质，运用地域文化、共同记忆、情感等元素重新连接居民社会网络，凝聚社会资本，将安置农民重新组织起来。

概而言之，有效回应农民社会需求关键在于基层治理结构的调适，"目光向下"，关注农民的日常社会需求与切身权益，促进基层治理结构下沉，将政府部门、社区、社会服务组织、社区小型自组织、农民个体或群体等多元主体组织协调起来，通过组织创新、机制创新、服务创新、平台创新等有效调动社区居民的积极性，提高居民的公共服务获得感与公共事务治理参与感。

第六节　主要结论与政策意涵

社会公共需求是指满足社会公共利益的，基于社会共同利益的需求，需要通过公共政策回应。没有准确识别社会需求，就无法做好公共政策决策并有效执行以获得社会认可。可以明确，"以人为核心"的城乡融合发展战略的公共利益主要是基于农民共同社会需求的公共利益。推进"以人民为中心"的城乡融合发展，核心任务就是要发现农民社会需求，并据此制定并执行公共政策。

新时代新主要矛盾背景下，城乡融合发展包括乡村振兴战略、新型城镇化战略的价值内核是坚持"以农民为本"，应当将这些战略视为一系列回应农民社会需求的制度安排与公共政策创新的集合。关键问题是明确农民社会需求是什么，有什么样的特点，如何通过制度安排与公共政策创新回应农民社会需求，这是保障城乡融合发展充分回应农民社会需求的逻辑起点。

通过问卷统计与深度访谈资料的补充分析，发现农民群体的社会需求基本集中在公共服务需求、经济收入需求、土地权益需求与治理参与需求，这四大社会需求的需求优先度是"公共服务需求＞经济收入需求＞土地权益需求＞治理参与需求"，这说明农民的公共服务需求迫切。"以人民为中心"的城乡融合发展的制度安排与公共政策创新应当优先回应农民公共服务需求，也说明农民群体对于治理参与的重要性认识不足。

通过政府文本的网络分析发现，促进城乡融合发展诉求下的地方治理结构的职能重心依然是"经济建设类"事务,基层治理网络具有显著的"部门化"的结构性特征,少数行政部门依然处于网络结构的中心位置,控制公共产权与资源要素,主导地方城乡融合发展,制度环境与制度安排赋予这几个部门在治理网络结构中的核心位置,形成了专注经济性事务的、联系非常紧密的"政策社群";而负责公共服务的职能部门处于网络边缘位置,形成松散的"议题网络";地方事务很少涉及土地制度、户籍制度、基层民主协商制度建设等重要制度改革事项。这意味着,基层治理结构与农民社会需求结构的对应度、匹配度不高,难以有效回应农民的社会需求。

通过案例分析发现,基层政府并不缺乏识别城乡融合发展进程中农民社会需求的能力,基层政府对当地农民社会需求情况是清楚的,也明确应当以公共服务为主要政策回应农民需求并解决农民反映权益诉求问题。地方政府还明确城乡融合发展并不能只靠政府主导,而是需要加强与社会的合作治理才能够顺利实现。然而,在现有制度环境与统合治理逻辑的作用下,各种政策执行过程中公共服务目标被边缘化,功利性的经济指标、显见的政绩目标逐渐占据主导位置。在公共服务目标偏离的情况下,城乡融合发展引致利益格局的急剧变迁,往往带来利益冲突的增多,充斥自利性的经济利益计算,导致基层社会容易出现裂痕,基层政府与农民之间的矛盾加剧,也进而导致无法将积极正向的农民社会网络、社会资本凝聚起来,反而是被侵损恶化。

由此,基层治理结构形成了强势行政组织与分散农民个体的无序对立的格局,这种格局导致农民自我组织回应自身需求、创新基层治理的社会基础、动力机制也被破坏。原本分散化的农民社会网络进一步碎片化,这对农民组织化与基层民主协商的制度化建设提出迫切要求。基层民主协商制度缺失、土地用途变更制度等对农民行动空间的限制,使得农民群体处于治理网络边缘位置,或者无法进入治理网络,对治理网络中心的影响力弱,城乡融合发展过程中形成的治理网络结构回应农民社会需求缺乏制度化的动力机制。行政权能的扩张,挤占了农民的社会、政治权益。从根本上看,既有制度结构限制着城乡融合发展的公平正义,制度结构导致的社会主体行动空间的不均衡,使得基层政府的行为逻辑与农民的行动逻辑形成矛盾的状态是常态性的,而使得两者实现合作治理常常是例外的。因而,出现了农民自治与行政化摇摆不停,以及多元治理主体发展不健全等问题。

当前的基层治理结构是在长期以来的"统合治理"逻辑作用下形成的,这种治理逻辑是制度改革侧重于中央与地方关系(政治集权、经济分权)调适,但偏弱于国家与社会关系的调适而生成的。在"统合治理"逻辑作用下,基层政府倾向于通过统合机制将社会主体、要素和资源卷入城乡融合发展进程,这种统合逻辑侧重于渗透地方治理网络,偏重社会资源的高效汲取,在统合过程中容易突破农民政治社会权利的界限。

总结来看，变革基层治理结构需要从根本上变革关键的制度结构。未来应该更侧重从国家与社会（农民）关系的角度调适基层治理结构（向社会分权），亟须提升政策制定与执行的民主性，尤其需要提高公共资源、要素资源配置的民主性，构建参与式民主治理。推动基层治理的结构性调适，收缩汲取权能、调整行政渗透权能、强化协商治理制度建设。比如，从制度安排来看，应当在土地征用、变更用途中引入市场机制，同时构建一个包含土地制度、户籍制度改革和农民自主自愿基础上的农民、基层政府与企业之间的制度化协商机制，以此形成社会主体平等参与公共资源配置的基层社会治理网络。

在以上关键制度调适的基础上，再进一步从治理网络结构的角度调适基层治理结构以提升回应性。回应性治理是指在民主治理的框架下，通过法定制度程序组建的以为公众服务为宗旨，积极响应并满足公众需求的治理模式。在乡村振兴、新型城镇化等城乡融合发展战略实施中，应确立"以人民为中心"的理念，党组织、基层政府、社区组织、村级组织、自治组织等各主体在政策制定、制度供给与政策执行过程中共同参与到治理网络中，落实"回应性原则"，积极回应农民群体面临的现实问题以及农民对美好生活的向往。回应性治理也是政府与公众之间的双向互动过程，不再依循自上而下的逻辑，而是注重自下而上与自上而下的结合，重视农民参与和自治，重视农民群体的主体性作用，而不是公共政策的被动接受者。如此，才能够在城乡融合发展中更好把握、重视与回应农民的社会需求。

基层治理结构的下沉是一种有效改革路径，因为基层方法不足、农民能动性缺乏也是基层治理回应性不足的重要原因。所以，应当转换新思路，将农民需求实现、需求层次提升的过程视为基层治理创新水平不断提升的过程。基于此，必须重视以社区、村民小组、楼栋、院落等小型组织为单位，对涉及其中成员或特定群体利益的事务进行治理，解决参与成本高、治理成本高、政策贯彻不彻底等问题。关注群众日常最关心的切身事务，将政府部门、社会服务组织、社区自组织等多元组织协调起来，调动组织中每个成员的积极性，提高居民的公共事务参与度。还需注意，基层治理对农民需求的回应不是农民需要什么就提供什么的简单逻辑，这不利于提升农民对治理参与的重视。农民所需要的公共服务也不是统一的，而应因地制宜，发现各地农民的真实迫切需要。因此，应当注意将农民社会需求与基层治理、社区治理、乡村治理创新结合起来，将需求回应过程视为一种有效的激励机制，引导农民组织起来并积极参与基层治理。而且，还应关注农民需求层次的提升，农民需求层次的提升本身就是一种需求，如学习需求、公益需求。通过赋权增能等激励策略，增强农民自治与有序表达诉求的能力，建立有效的农民社会需求表达机制，降低农民权益诉求需求表达成本，通过网络平台等方式多渠道提升农民治理参与度和参与感以及公共服务获得感。

第六章　乡村振兴背景下的宅基地 "三权分置"改革

——以象山县为例

2018年1月颁布的《中共中央国务院关于实施乡村振兴战略的意见》专门就深化农村土地制度改革提出了原则性意见。宅基地"三权分置"作为"十三五"期间土地制度改革领域的重大理论和实践创新,对进一步盘活农村土地资源要素,增加农民财产性收入起到了积极的推动作用,也必将为乡村振兴战略提供制度性供给。因此,"十四五"期间宅基地"三权分置"的实践探索必须置于乡村振兴战略的宏观背景之下进行系统研究。本章运用经济学、法学、社会学、政治学等跨学科的理论,采用实地考察、文献调查、比较分析、制度分析、质性研究等研究方法,选择浙江省"十三五"期间宅基地"三权分置"改革先行先试的典型代表地区象山县作为研究对象,围绕乡村振兴背景下宅基地"三权分置"改革这一主题展开系统研究。首先,从历史的视角解读和诠释我国宅基地制度的历史变迁,并结合党的十九大报告提出的乡村振兴战略这一宏观背景分析我国宅基地制度改革的内在动因及其深远的现实意义。然后,考察和分析象山县推行宅基地"三权分置"改革的成效及其在宅基地制度改革过程中所面临的制约性因素。再次,围绕乡村振兴背景下宅基地"三权分置"改革过程中存在的缺陷、困境及挑战进行系统分析。最后,提出乡村振兴背景下宅基地"三权分置"改革的制度选择及政策建议。研究旨在为乡村振兴背景下推进宅基地"三权分置"改革提供理论支撑与决策参考。同时,浙江样本的总结和归纳也能够为"十四五"期间全国其他地区推进宅基地"三权分置"改革提供参考。

第一节　问题提出

2000—2016年,我国农村常住人口由8.08亿人减少至5.89亿人,减少27.1%,但同期宅基地面积反而由2.47亿亩扩大为2.98亿亩,增加20.6%。宅基地的大量闲置、集体建设用地的粗放利用，与土地资源严重紧缺之间的矛盾凸显，盘活利用闲置土地资源成为乡村振兴的必经之路。2018年中央一号文件提出"完善农民闲置宅基地和闲置农房政策，探索宅基地所有权、资格权、使用权'三权分置'"。自此，宅基地"三权分置"理论与实践探索引起学者的广泛关注。

事实上，"三权分置"并非一个新的概念，这一政策已经在农用地承包领域得到了施行并在提升农用地利用率方面产生了重要的推动作用。董祚继（2016）在比较宅基地和农用地功能、作用和改革障碍基础上提出宅基地可借鉴承包地"三权分置"改革，实行宅基地集体所有权、农户占有权和土地使用权"三权"分置并提出初步改革思路。但需要注意的是，在内涵方面，宅基地"三权分置"与农用地"三权分置"具有明显差异（宋志红，2018）。一方面无论是宅基地"三权分置"还是农用地"三权分置"，都鼓励农民通过租赁、流转等方式来实现宅基地或者农用地的资产资本功能，从而获得财产性收入。在此基础上，宅基地不仅具备居住功能，并且其资产资本功能得到了进一步的认定。另一方面宅基地"三权分置"与农用地"三权分置"之间存在着明显的区别。农用地"三权分置"鼓励流转与适度集中，而宅基地"三权分置"所具有的意义更多在于明确宅基地所有权、资格权、使用权的概念与关系，并不鼓励将宅基地资源集中在少数人手中。

关于宅基地"三权分置"的理论研究，主要集中在权属关系、法理问题及制度建构三个方面。学者们从不同研究视角对这些问题进行了卓有成效的研究，许多观点具有重要的理论价值与现实指导意义。夏沁等（2018）从法律构造上，分析宅基地"三权分置"的立法实现，将身份权属性从宅基地使用权中剥离，使宅基地使用权回归财产权属性（用益物权），重构宅基地使用权制度。徐忠国等（2018）认为宅基地的"三权"反映了财产权与人身权的统一。其中宅基地所有权与宅基地使用权属于财产权，而宅基地资格权则属于人身权，三者虽然相互独立，但是又密切相关。由于宅基地"三权"之间具有密不可分的内在逻辑关系，因此宅基地"三权分置"的制度设计需要置于宏观经济社会背景和法理框架下进行系统思考。李凤奇（2018）认为宅基地所有权、使用权与资格权分属不同的法律属性，建议制定专门《宅基地法》，通过赋权、确权与护权三个方面，全面、系统规范宅基地制度。研究宅基地"三权分置"改革，必须追溯宅基地制度的历史变迁，方可厘清其内在逻辑。对这一问题的研究，比较有代表性的学者有胡新艳、高圣平等。胡新艳等（2019）将宅基地制度的演变分为三个阶段：一是新中国成立初期和农业合作社时期：宅基地私有产权。二是人民公社化时期至2006年：宅基地"所有"与"使用"分离及其改革微调。三是2007年至今：宅基地使用权独立成"权"及其"三权分置"探索。高圣平（2019）从宅基地的身份属性、房地一体之下宅基地权利结构与处分权能、宅基地分配的管制路径等三个方面论述了宅基地制度从管制、赋权到盘活的演变过程，得出了在确保农民"不失地"的前提下探索增加财产性收入,是宅基地制度改革的核心要义。除了对宅基地制度演变过程的描述,学者们也对宅基地制度演进过程中出现的问题进行了阐述和分析。李科(2018)、赵艳霞(2018)、冯应斌(2015)、薛玉飞(2017)等学者通过实地考察发现现行宅基地制度下,宅基地存在着空置率高、利用率低、面积超标、一户多宅、人减地增等一系列问题,而造成这些问题的内在原因主要在于宅基地没有参与市场化运作、使用权无法流转、缺乏退出机制等,因此实施宅基地"三权分置"改革势在必行。

近几年,不少地区开始探索宅基地"三权分置"改革实践,为理论体系建构与政策创新提供了很好的案例。针对各地在改革实践中面临的困惑和挑战,学者对其进行了归纳与总结。比较有代表性的有昌广挥(2018)、卢曦(2018)、沈国明(2018)、宋迎新(2018)等学者。问题主要集中在:一是所有权主体虚化弱化现象普遍,处置权和收益权得不到落实;二是资格权来源界定和确认存有争议;三是使用权流转范围如何确定;四是宅基地融资功能不健全;五是配套措施有待健全,农房(宅基地)使用权流转交易市场尚未建立等问题。

国内学者对宅基地"三权分置"的研究以问题为导向,为探讨制度建设及保障机制提供了很好的文献基础和参考实例。但是宅基地"三权分置"改革的理论研究尚在摸索之中,对其系统性、整体性研究还不够深入,且乡村振兴背景下宅基地"三权分置"的理论体系还在建构之中;宅基地"三权分置"改革的实践研究亦在摸索之中,缺乏可以复制和推广的经验总结和决策参考。

有鉴于此,本研究立足于 2018 年中央一号文件和党的十九大报告的政策精神,选取浙江省象山县这个典型试点地区作为研究对象,围绕乡村振兴背景下宅基地"三权分置"改革这一主题展开系统研究。为乡村振兴背景下推进宅基地"三权分置"改革提供指导意见与决策参考。同时为"十四五"期间全国其他地区推进宅基地"三权分置"改革提供行之有效的示范价值与引领作用。

第二节　宅基地使用制度变迁分析

一、制度变迁理论

制度变迁理论产生于 20 世纪 70 年代,作为制度经济学的一个理论,制度变迁理论最初用于阐释制度因素在经济绩效中发挥的作用。但事实上,这一理论在政治学和社会学的制度变迁研究中也同样具有重要作用。

制度变迁中常常会呈现出路径依赖的现象，即一旦做出某个选择，这一选择会像有"惯性"一样不断自我强化，也很难再脱离这一路径。路径依赖问题的最早关注者是保罗·戴维，他试图在文章《克利俄与键盘的经济学》中讨论这样一个现象：一直被延续使用的计算机键盘上的字母的特殊排列顺序是怎么被固定下来的，由此他提出了技术存在渐进性变迁的现象。布莱尔·阿瑟后又补充提出了技术的四种自我强化机制：巨大的启动成本或固定成本，或者说是规模效益；学习效应，改进产品或降低成本；协调效应；适应性期望。布莱尔·阿瑟认为技术的这些自我强化机制会带来路径依赖。诺斯对布莱尔·阿瑟的技术演进过程论证进行研究，在此基础上将其推广到了制度的变迁过程中，从而建立了制度变迁的路径依赖理论。

诺斯认为阿瑟的四个自我强化机制在制度变迁中也是适用的。首先，一项制度的建立也需要巨大的初始成本。其次，有充分谈判能力的组织会利用政治组织来达成自己的目标，对这些组织来说，学习效益是很明显的。协调效应也能直接从与其他组织的契约中产生。适应性期望的产生则是因为基于特定制度基础上的契约在受到更多的认同后能减少规则持久性方面的不确定性。此外，诺斯在制度的路径依赖问题上提出了"制度矩阵"的概念。他认为制度一旦形成就不可能是孤立的，它会形成所谓的制度场域或制度矩阵，并借助制度矩阵的规范经济、互补性和网络外部性使得制度变迁具有黏性，而且，由现有制度矩阵产生的组织是依靠制度矩阵得以生存和获利的，它会努力阻止给它带来利益损失的变化。结果是制度矩阵会限制矩阵内单个制度的变迁，即便出现改变制度生存环境的情况，也大多只能实现边际变迁。依靠制度得以生存和获利的组织或者简单点说就是既得利益群体也是影响路径依赖的重要因素，如果制度变迁会导致他们的利益受损，那么他们就有足够的动力维持现状。

制度变迁是怎么发生的呢？诺斯认为变化着的相对价格与偏好是制度变迁的根源。"相对价格的改变会改变个人在人类互动中的激励"，这种由相对价格的变化引起的变化也可以理解为是一种获利机会的改变。人们通过感知和计算制度中各要素的价格变化来决定是维护这一制度的稳定还是推动其变迁。但同时诺斯也提到，这种感知的深浅，强烈地依赖于潜在的制度推进者们所获取的信息的多寡，以及他们是如何处理这些信息的。当人们认为在原有制度安排下，他们没有办法拥有足够的获利机会时，他们会倾向于创造新的对自己更有利的制度安排。这种人们为了得到更多的收益而自发地对原有不均衡的制度安排做出的改变和突破是引起制度变迁的一种最常见的形式，即诱致性变迁。如果变迁是由政府主导推动的，则称为强制性变迁，强制性变迁也是基于理性政府对成本和收益进行计算的前提下发生的。除了这种由对收益和费用的计算引起的制度变迁外，人们的偏好的改变也是影响制度变迁的重要因素。以我国收容遣送制度为例，正是由于孙志刚事件的发生引起了社会强烈地批评和质疑，人们对这一制度深恶痛绝，在这一背景下，国务院出台了新的救助办法，施行了 20 年的收容遣送制度被废止。当偏好改变与制度变迁的方向一致时，会对制度变迁起推动作用，反之则会阻碍制度的变迁。

二、改革开放至今宅基地使用制度的变迁

从新中国成立到 1975 年宪法的实施基本上是一个宅基地制度初步确立到宅基地制度安排基本形成的阶段。自 1978 年改革开放至今的 40 余年时间里，宅基地产权制度基本上没有发生什么变化，但使用制度在不同的时间阶段里有不同的调整安排，按照时间的推移，大致可分为五个阶段。

(一)私有阶段

新中国成立初期，为促进生产力发展，实行农民土地所有制，宅基地归农民私人所有。该阶段农村宅基地的管理特征包括：宅基地的所有权归农民所有，农户拥有土地房产所有权证书，以此标志农民对于土地、房屋的所有权；遵循"无偿获得、平均分配"的原则，农民依法获得宅基地相关权益；依据相关法律规定，农户可以通过继承、出租或买卖等方式进行宅基地流转(王玉庭等，2019)。

(二)公有阶段

1956—1978 年，为克服小农经济弊端，大力推动农业发展，宅基地所有权收归集体所有，宅基地不准出租和买卖。1962 年党的八届十中全会通过《人民公社六十条》，这一草案确定了人民公社时期，生产队范围内的所有土地包括农村宅基地都归生产队所有，不得出租和买卖。但同时这一文件也明确肯定农民对于房屋的所有权，"社员的房屋，永远归社员所有"，而且社员有租赁买卖房屋的权利。自此以后农民对宅基地丧失所有权，宅基地收归集体所有，农民有使用宅基地的权利，但不拥有宅基地。直到改革开放初期，这一规定并没有发生明显的变化，这一阶段国家对于宅基地使用权的规定实际上仍然是对人民公社时期的宅基地制度的延续。该阶段农村宅基地的管理特征包括：生产队享有农村宅基地的所有权，农民凭借生产队队员的身份享有宅基地的使用权；由于宅基地的使用权与所有权处于分离状态，因此如果社员出售了自己的房屋，那么意味着他也同时失去了宅基地使用权，这是当时的宅基地流转情形(王玉庭等，2019)。

(三)延续公社时期阶段

1978—1981 年宅基地使用制度延续公社时期阶段。1978 年党的十一届三中

全会通过《农村人民公社工作条例（试行草案）》，条例第七条规定要保护人民公社各级的所有权，宅基地作为农村土地的一部分也是属于公社所有的，任何单位和个人一律不允许出租和买卖。但是该例也承认了社员对于其合法拥有的房屋的所有权。三年后国务院再次针对农村建房侵占耕地的现象发布紧急通知，规定宅基地集体所有，社员对于所分配的土地只有使用权，没有所有权，农村宅基地不准以任何方式自己转让出租买卖。由此可见，在改革开放初期，农民对宅基地仅拥有使用权，宅基地不得出租买卖，但房屋作为社员生活资料的一部分，是归私人所有的。

（四）强化阶段

1982—2003 年宅基地使用制度的强化阶段。随着市场经济的发展，人民的生活条件在改善，建造和修缮房屋的经济能力也在不断提高；与此同时，人口的增加必然要导致居住需求增加。宅基地集体所有的性质使得集体成员在成家后都有机会从集体分得一块宅基地。"集体成员谁成家就分宅基地的新规则，刺激人们早成家、早分宅基地"，"宅基地不标价，但使用价值还是有的，多占多得，更何况别人多占自己少占，有损自家在集体中的地位"。村集体的土地是有限的，分配给集体成员作为宅基地的土地面积多了，就意味着用于粮食作物生产的耕地面积会减少。但是即使成员知道这一点，也仍然逃不开集体行动的逻辑，很多农民多占宅基地但是又不能出租和变卖，这导致很多的宅基地被闲置或者建设不得当。

1981 年后，中共中央、国务院、全国人大为了加强农村宅基地管理，多次发布各类文件。1982 年，国务院颁布《村镇建房用地管理条例》督促各级人民政府建立村镇建房审批制度，遏制农村建房滥用耕地的不良风气。在条例中，国务院再一次强调农村社员对宅基地及其使用的山、地，都必须在规定用途下使用，且不享有其所有权。1982 年，对宅基地的流转限制仍然很严格，农村建房用地的出租、转让和买卖都是明令禁止的行为。此外，为了管理滥用耕地的行为，国务院首次规定了要制定宅基地用地面积标准，加强用地规划审查，未经批准建设的要在规定期限内及时退回，批准后没有按规使用或干脆不使用的也要及时退回。这一时期农民随意占用耕地建设宅基地导致集体耕地面积减少，宅基地私下流转等现象已经引起国家的重视，加强土地管理工作显得必要而迫切。

1986 年，《中华人民共和国土地管理法》正式出台，取代了原先的《村镇建房用地管理条例》。与此同时国家土地管理局（简称"国土局"）成立，并由其着手处理与全国城乡土地相关的工作。1989 年 7 月 5 日，为了解决宅基地改建、超占等历史遗留问题，国家土地管理局对农村居民以及拥有农村宅基地的非农业户口的宅基地使用权和使用面积进行了明确。1990 年，国务院又批准了国土局关于加强农村宅基地管理的工作请示，除了重申提高宅基地利用率，严格控制占用耕地，鼓励分散的住户、村庄迁并，原址复耕等规定外，还提出对出卖、出租或将已经建造好的房屋改为经营场所的将要按照实际占用面积,从经营之日起,收取土地使用费。在这一文件中第一次提出了将农村宅基地有偿使用作为一种解决宅基地流转和粗放使用问题的手段,通过收取一定的使用费来加强经济约束,更直接地削弱农民超占、多占宅基地的意愿。1995 年,《担保法》通过时,虽然随着市场的不断建立和完善,民间已经出现了宅基地抵押的需要,但国家仍然在法律上将宅基地的功能限制在了居住范围内,明确禁止了对宅基地进行抵押的行为。1997 年,中共中央、国务院再次联合发布文件,强调要加强农村集体土地的管理,保护农村耕地。农村居民要按照"一户一宅"的标准使用宅基地,额外的宅基地要收归集体所有。从 1998 年开始,城镇居民在农村建房买房的权利被收回,当年的《土地管理法》被再次修订,从此城镇居民任何情况下都不再被允许申请农村集体土地建设住宅。次年国务院办公厅出台《关于加强土地转让管理严禁炒卖土地的通知》,制止城市居民购买农村住宅,或利用其他农村集体土地来建房的行为,通知规定任何违法建设和购买的房屋,相关部门无权为其发放房产证和土地使用证。

在这一阶段,宅基地仍然是严格限制流转的。同时,为了解决农村超占宅基地,占用耕地建房等乱象,加强宅基地使用规划,国家在宅基地取得方面,增加了"申请—审查—批准"的流程。此外,对农村房屋买卖、流转的限制也进一步加强。

(五)深化改革阶段

2004 年以来,宅基地使用制度处于深化改革阶段。1984 年,户籍严控制度开始松动以后,农民不再被禁锢在村庄里,一部分人走上了外出务工经商的道路。当这些外出务工者进入一个陌生的城市,他们首先要解决的就是居住问题,这时候城郊接合部那些廉价出租的农宅就成了他们最好的选择。此时大量的县、镇也在如火如荼的建设当中,到 90 年代末,城镇化加速,特别是经济发展较快的村镇,也会吸引一些城市居民或投资者前来购房或购地建房。虽然党中央、国务院多次发文,严格限制宅基地使用权的流转,城市居民在农村买房建房的合法渠道也被关闭,但农房私底下租赁买卖现象却屡禁不止,"小产权房"成为一个对地方政府来说极为棘手的问题。原有的宅基地使用制度在新的时代背景下表现出了越来越多的不适应,为了应对在新的社会环境下更有效管理宅基地的新需求,国家从 2004 年开始提出要对宅基地使用制度进行改革。

2004 年,国务院做出了关于深化改革严格土地管理的决定,提出要改革和完善宅基地审查批准制度,包括严禁地方政府以"村改居"的途径把集体所有的土地转化为国有并再一次规定城镇居民不再被允许购买宅基地。也是从这一年开始,这一决定中有关城乡建设用地增减挂钩的思路给了地方政府进行宅基地整理的新动力。同年,国土资源部发布《关于加强农村宅基地管理的意见》提出要加强宅基地审批工作和确权登记工作的要求。

2008 年，在改革开放 30 周年之际，《城乡规划法》开始施行，标志着我国城乡规划开始打破城乡分化走向一体化规划。同年《中共中央关于全面深化改革若干重大问题的决定》审议通过，指出要加强农村制度建设，对宅基地制度进行改革和完善。在具体的改革方向上选择在一些试点地区，放宽农民住房抵押、转让等取得财产性收入的渠道。2010 年，中共中央在关于推进农村改革发展的决定中再一次提及要完善农村宅基地使用制度的工作，保障农民宅基地用益物权。虽然到 2010 年已经有好几个官方文件提到要进行宅基地改革，但事实上这些政策对于改革的内容都不明确，虽然在民间已经有自发的宅基地流转，但是地方政府并没有开始真正着手进行宅基地改革。直到 2015 年 2 月 25 日，国务院提请全国人大《关于授权国务院在北京市大兴区等 33 个试点县（市、区）行政区域暂时调整实施有关法律规定的决定（草案）》的议案审议通过，决定要议案中提到的 33 个试点县级行政区域，暂时调整有关集体经营性建设用地的有关法律规定和宅基地管理制度。前者开始被允许入市，对后者则开始实行自愿有偿的退出和转让机制。2017 年末，中共中央在北京召开农村工作会议，会上提出了要破除对农民的不合理限制和任何农民面对的不平等束缚，要进一步完善农民闲置宅基地政策。2018 年中央一号文件为农村宅基地使用制度的完善指明了方向，首先要加快步伐完成房地一体的宅基地确权登记颁证工作。其次中央提出要探索宅基地所有权、资格权、使用权"三权分置"，这是我国在土地管理方面又一次灵活的理论创新，这使得宅基地使用权流转有了可以不因所有权归集体所有而深受限制的可能性。最后，为了避免"放活宅基地和房屋使用权"这一条文被滥用，文件中还特别指出不得违规违法买卖宅基地，对土地的用途要严格进行管制。为了促进返乡人员创新创业，2018 年年初召开的国务院常务会议上还批准了返乡创业者以宅基地造生产用房来开展小规模加工项目的行为。

总的来说，在宅基地使用制度改革的新阶段，宅基地所有权归集体所有的底线仍然是保持不变的，但在使用权方面，国家和地方政府开始探索宅基地"三权分置"，使用权流转成为可能。

三、宅基地使用制度变迁动因分析

分析我国改革开放以来宅基地使用制度的发展变迁历程，可以看到，我国宅基地使用制度存在明显的路径依赖特征。不过虽然改革开放后的几十年时间里形成于集体化时期的宅基地使用制度并没有大的突破和改变，但改革的动因已然在孕育当中了。从 2004 年国务院第一次提到要进行土地管理改革，到 2018 年中共中央提出要探索宅基地"三权分置"，宅基地使用制度的变迁不是偶然的，而是受到了多重因素的影响。

(一)偏好和观念的改变

改革开放初期,虽然农村经济也在不断恢复和发展,但是以户籍制度为基础的城乡壁垒造成了城乡居民在事实上存在不同的社会身份。城市居民独享的福利分房、商品粮、公费医疗等社保政策,以及相对农村更丰富的教育、就业、文体娱、医疗资源都在不断地巩固城乡二元体制。即使 1982 年后的一段时间里,从政策上来说非农用户也可以取得农村宅基地使用权,但实际上对绝大多数城镇居民来说,农村宅基地和住房并没有强烈的吸引力。而从农民的角度来讲,当时市场经济刚刚开始发展,他们的市场观念不成熟,对市场的利用也尚不熟悉,而且由于城乡壁垒,农村宅基地和农户房屋的交易量极为有限,这导致宅基地使用权财产性和商品性都没有充分地表现出来,农民缺乏突破现有制度进行宅基地使用权流转从而获得制度外收益的经济冲动。中国传统根深蒂固的乡土情结也使得农民不愿意轻易地出租出卖祖上留下来的土地和房屋。

但是随着市场经济的持续发展,人们固有的思想观念在这股开放的潮流中有了极大的变化。随着计划经济的结束,人们的观念也更加的开放和包容,对于市场和交易也不再片面地认为是腐朽的资本主义。人们更加务实,趋利避害的本能在市场经济中表现得淋漓尽致。1984 年户籍严控制度松动后,城乡之间的来往和交流开始加强,农民看到了房屋出租转让的潜在收益,也有了这样的动机。

从社会领域来讲,经济的快速发展带来了人们民主自由意识的觉醒。政府的职能也在不断发生转变,从偏重管理到偏重服务,从因循守旧到改革创新。偏好和观念的转变降低了制度变迁的难度,从制度经济学的角度来讲即降低了形成新的制度安排的交易费用,因此是引起我国宅基地使用制度变迁的动因之一。

(二)相对价格的变化

引起宅基地使用制度变迁的另一大动因是相对价格的变化(相对价格的变化也会对人们偏好的改变起一定的作用)。当相对价格发生变化导致对新制度安排的选择效益高于所需要的费用时,就产生了制度变迁的根本动力。

林毅夫在提到意识形态刚性的时候说,国家为使治理国家的交易费用下降,会在建立制度的同时发展并普及一套服务于它的意识形态。当制度不均衡出现时,为恢复均衡强制推行新的制度安排可能会严重削弱政府权威和执政合法性,当权者有足够的动力来维持旧制度的延续。在我国的社会主义公有制和计划经济体制曾经长期存在的背景下,集体所有制下的宅基地制度具有巨大的惯性。既得利益者对既得利益的维护和对新的利益格局的排斥,也使得政府决策者偏向于保持现状,避免风险。另一方面,由于目前宅基地使用制度在我们国家还承担着福利性和重要的社会保障功能,因此在没有建立完善的制度体系保障农民的基本居住权利前,原有的宅基地使用制度仍要发挥社会保障和维护社会稳定的作用,不能轻易流转。

出于加快工业化和城镇化的需要,1984年以后国家逐步放开农民流向城市的控制,自20世纪90年代至今大量的农民工流入城市。在城市住房商品化和城市建设如火如荼的背景下,城市国有建设用地的需求越来越大,地价不断上涨,城乡地价存在巨大价差。按照现有宅基地制度,地方政府为了解决财源不足的问题可以用低微的征地价格征收集体土地,再将其转为国家所有,再高价让渡使用权,地方政府成为这个巨大的剪刀差的直接获益者。因此从"经济人"角度来看,对于地方政府来说,维持限制宅基地流转的现状仍然是最优选择。

到21世纪初,虽然仍然是严禁城镇居民在农村购房,严禁宅基地的抵押出租,但是这个时候的农村集体经济组织和农民已经有足够的经济激励去流转宅基地和房屋了。大量农民进城务工导致农村数量众多的宅基地和房屋闲置问题,与此同时,在一些经济发达、外来务工人员众多的城市周边地区,城郊相对廉价的宅基地拥有了巨大的隐形市场。甚至在快速上升的高房价压力下,不少城市居民也有足够的意愿购置农村房屋。对农村闲置宅基地供求关系的形成也就意味着事实上宅基地流转的外部环境已经形成。当小产权房如雨后春笋般冒出来,甚至泛滥起来时,根本原因正是因为相对价格的变化导致制度外收益的出现,农民觉得突破现有制度,出租转让房屋和宅基地的收益要高于交易成本时,自发的制度变迁就出现了。

(三)相关利益集团分析

相对价格的变化是制度变迁最重要的来源,制度作为一种公共产品,它意味着群体内部共同一致的收益变化。但是真正推动制度变迁的倾向转变为一种行动的是利益集团的博弈。利益集团会根据成本和收益的计算选择是否推动制度变迁,但不同利益集团之间的力量不平衡和利益冲突会影响最终制度变迁的方向和程度。我国宅基地使用制度的变迁也是多重利益集团不断进行利益的计算和博弈而产生的结果。

1.中央政府

中央政府作为我国最高国家行政机关,统一领导全国土地管理工作。在宅基地使用制度改革过程中,中央政府要追求的是更长远、更广义上的利益,即国家的稳定和社会总体利益的增长。首先,国家要维护公有制意识形态,因此宅基地集体所有是不能变的。其次,我国有庞大的农村人口,保障农村稳定促进农村发展是中央政府最重要的工作之一,因此一直以来国家实行严格的土地管理制度。中央政府借助其特殊地位可以通过出台各项政策文件,推动制度强制性变迁。近年来中央政府开始探索权力下放,激发地方政府活力,但中央政府对于地方政府新的制度安排拥有最后拍板的权力。

2.地方政府

地方政府在我国一方面要维护遵循中央的决定和政策,另一方面,地方政府也有自利的一面,地方政府作为一个利益集团也要谋求自身利益的最大化。不管是从中央维护社会稳定,保障国家粮食安全的角度出发,还是地方政府从限制宅基地流转中获得巨大的差额低价收益的角度出发,地方政府作为现有的获利利益集团都有动力不断巩固和维护现有制度。

3.农民

农民作为直接在宅基地上生产生活的主体,对宅基地有明确和一致的利益需求,也直接通过自己的行动表达着对现有宅基地使用制度的态度。农民是推动宅基地使用制度诱致性变迁的主要支持者,因为他们期望能够通过改变现有制度取得更大的收益。农民自发地买卖租赁农房,甚至有些地方悄悄存在农房抵押的越轨行为。但是即使对于农民来说,突破现有制度存在巨大的潜在收益,由于农民群体弱势而松散的特质,他们仍然无法形成一个有明确的诉求和政治影响力的集体组织从而推动制度有效地变迁。

(四)总结

经济学家舒尔茨说:"显然,特定的制度确实至关重要,它们动不动就变化,而且事实上也正在变化着,人们为了提高经济效益和社会福利正试图对不同的制度变迁作出社会选择。"从我国宅基地使用制度已有的变迁历程中总结经验,是完善宅基地使用制度,提高宅基地利用效率,保障农民居住权和财产权的重要途径。我国宅基地使用制度的变迁受三项因素的影响:不同利益群体的偏好和观念、相对价格的变化以及利益集团的利益博弈。这些因素也对制度未来的走向产生深刻影响。

首先,人们对于某种观念或意识形态的偏好,是制度变迁的来源之一,也会影响人们对制度的需求。在宅基地使用制度变迁的过程中,政策制定者要认识到市场经济下,人们的思想观念是被重新形塑的。农民开始接纳市场,融入市场,开始渴求经济利益,对政府的善治也提出了更多的要求。

其次,不管是从经济学的角度,还是作为一种公共产品来讲,制度安排的选择来自对费用和效益的计算,相对价格的变化会影响人们的行为选择。对于农民来说,随着外在环境的改变,既然流转宅基地和房屋的效益远大于费用,那么他们就有动力突破现有制度的约束。"小产权房"的泛滥证明了在现有制度安排下,农民无法以合法方式通过宅基地使用权流转得到获利机会,因此他们自发地通过这种不合法行为推动了现有制度的变迁。而在市场经济深入发展,"小产权房"泛滥造成社会不良影响的背景下,中央政府为了加快城镇化进程,维护社会稳定,这种民间对宅基地使用制度自发的、自下而上的诱致性变迁也越来越受到重视。

最后,由于存在利益集团的博弈,农民虽然有制度外收益的诱惑,但地方政府作为现有制度下的既得利益者缺乏突破现有制度的动力。因此在我国,要推动宅基地使用制度的改革,必须要由中央政府作为推动制度变迁的第一主体,通过命令、法规推动制度的强制性变迁。

第三节　宅基地"三权分置"的内涵及内在逻辑

一、宅基地及"三权分置"的内涵

(一)宅基地的内涵

宅基地指的是农村村民为建造住宅及其附属设施,依据法律法规占有、使用的集体所有的土地,其中则包括建过房屋但无法居住,已经废弃的土地;已经建设的可居住的土地;正在规划用于将来建造房屋的土地这三种形态。

(二)宅基地"三权分置"的内涵

1.宅基地的所有权

所有权指的是所有人在法律法规的规定下,依法对自身财产所具有的占有、使用、处置等权利,具有永久性、绝对性和排他性的特征。所有权作为财产权的一种,又被称为财产所有权,这是财产权中最完全的、最重要的权利。而宅基地在某种意义上,并不是真正的财产,实际上只是一种使用权,所有权则属于农村集体,宅基地仅在村内可进行流转。

《宪法》赋予了农民集体的宅基地所有权。农村集体可对土地行使所有权,农民可对宅基地行使使用权,而这种使用权是无须花费任何费用的,是福利性质的。在此法律框架下,宅基地"三权分置"改革的重点是有序地将所有权"分置"于管理与经济两个层面,并保持各层面的权能不会冲击《宪法》规定(林依标,2011)。宅基地集体所有权属于自物权范畴,它是宅基地相关产权的"母权",比如使用权、资格权等。集体所有权应包含占有、使用、收益和处置等完整的权能(韩立达等,2018)。因此"三权分置"的前提必须确保宅基地的所有权是归农村集体所有的。

2.宅基地的资格权

所谓宅基地的资格权,指的是农村农民为获得房屋的使用权而向组织集体申请的权利,也就是说只有获得资格权的农民才可以在农村获得宅基地,才可以在相应的土地上修建住宅。资格权来源于身份,集体成员凭借自身身份而天然享有资格权,而非集体成员的主体并不享有资格权。从这个角度来说,宅基地资格权可视为"身份福利"或者"制度福利",它是建立在身份条件之上的(林依标,2011)。农户之所以享有宅基地资格权,是因为他具有农民集体成员、集体经济组织成员和普通村民等多重身份。农户资格权并不局限于宅基地资格权一种权能,还包括集体组织收益的分配权、村民自治权等(吕成,2018)。可见,资格权是使用权的前提,是充分条件,一旦没有资格权,农民则无法享有对房屋的使用权。

但实际上宅基地的资格权并不仅仅只是一种财产权或者物权,它更多的则是一种身份象征,不仅象征着对财产或者物质的占有权、处置权等,还象征着身份权。因此,了解"三权分置"需要了解资格权的基本条件,资格权更是所有权和使用权的桥梁和纽带。

那么如何获得资格权呢?或者获得资格权需要哪些条件呢?在《土地管理法》中,充分地指出只有农村户籍的人员方可获得资格权,这就表明如果农民放弃了农村户籍,放弃了农村集体的组织成员资格,则无法获得宅基地的资格权。因此我们可以得出具备农村户籍的人员是获得宅基地资格权的前提。农村集体的人员获得宅基地的资格权后,农民可以使用宅基地,可以修建住宅,可以租赁,甚至可以进行抵押贷款等。

3.宅基地的使用权

"三权分置"中除了所有权和资格权以外,还有使用权。资格权是对宅基地的初次分配,使用权则是对宅基地的再次分配,归纳来讲,所有权派生资格权,资格权派生使用权。宅基地的使用权丰富了宅基地的财产权,赋予了宅基地以使用权能、占有权能等,这为宅基地流转奠定了基础。此外,使用权还能够衍生出"经营权",农户可以凭借对宅基地的财产权而组织合法的经营活动,并由此收获经济回报(林依标,2011)。

宅基地使用权属于财产权的范畴,并不包含福利属性,对于主体身份的依赖性较小。所谓的使用权指的是,农村个人在获得资格权后在宅基地上依法建造房屋,并居住的权利。使用权更多的是一种物权,与所有权和资格权不同,是所有权和资格权落实至农民个人的最终权利。但是宅基地的使用权是有一定限制的:第一,宅基地使用权的使用人只能是农村集体组织人员;第二,宅基地只能用于个人住宅;第三,宅基地使用权严格按照"一户一宅"的原则,不得随意改变。

在宅基地"三权分置"背景下的使用权包含了使用、占有、处置、收益等多项权能,有条件对抗但禁止刻意损害农户资格权和集体所有权,而且遵照流转合同的规定,使用权主体必须定期给付"资格权"主体以对价产出物(韩立达等,2018)。但是若宅基地因为自然灾害或其他原因而遭到灭失,那么宅基地的使用权则消灭,而农村集体则需要重新分配新的宅基地给村民。

二、三权的内在逻辑关系

实现宅基地"三权分置"，不仅要清楚所有权、资格权和使用权的具体内涵和权能属性，还要厘清三种权利之间的关系。

首先，所有权是资格权和使用权的前提。所有权是基础权利，只有确立了所有权才可以衍生出资格权和使用权。但是所有权并不是一个实际的权利，所有权的主体无法真正意义地对实物进行支配，必须通过资格权和使用权，方可支配事物。因此，农村集体的代理人在拥有所有权时，根据国家的法律法规，赋予农民集体组织成员一定的资格权，同时所有权的主体仍需对资格权和使用权进行监督和管理。在宅基地"三权分置"中，所有权对其他权利具有统辖作用。

其次，资格权是使用权的必要条件，也是所有权和使用权的纽带。当所有权主体赋予了资格权后，农村集体组织成员方可获得使用权，而从所有权落实到使用权的过程中，则需要资格权作为桥梁将两者作为联系。

最后，使用权则是所有权和资格权的最终结果的权利。某种意义上，所有权和资格权都是虚设的权利，落实不到实处的，而只有使用权才可以落实到事物的根本上。在这个过程中，使用者需要提交申请，按照法律法规对所有权主体申请，从而获得资格权方可进行使用权。

不得不说，所有权、资格权和使用权是相互依存的，也是相互抗衡、相互制约的。所有权属于基础权利，而资格权和使用权属于所有权的派生权利。所有权约束着资格权和使用权，资格权和使用权对所有权具有对抗作用，资格权和使用权之间也具有对抗作用。在"三权分置"中，我们不仅仅需要了解它们的关系，更是要立足于三权所面临的问题，进而实现真正的"三权分置"。因此，要"三权分置"就需要明确定义各项权利，要知道各项权利的限制，以及各项权利之间的关系。

宅基地所有权归村集体所有，实际中往往是村委会行使这项权利，但是由于所有权人是虚置的，所有权人缺乏处分权，所以所有权对资格权和使用权的统辖作用变弱，且资格权的获得并非所有权主动赋予它，所以所有权主体对资格权主体的统辖作用大大弱化。导致宅基地使用者即使不遵循所有权人的规划要求和用途管制，所有权主体对资格权主体也缺乏有效的约束。在宅基地"三权分置"中放活使用权，也会对资格权产生影响。例如使用权流转后的使用人违规使用宅基地，那么资格权人需要对使用权主体进行干涉，倘若他们为了共同利益，同谋改变宅基地使用用途，那么将由所有权人发挥监管作用(张慧，2019)。

综上所述，一是要清晰定位所有权主体，不得模糊所有权主体定义，同时还需要确定所有权主体的有且仅有性。二是要明白资格权的获取方式,要界定资格权归属和资格权界限范围;要将资格权落实到实处。三是要明确使用权的界定范围,要禁止宅基地在外部流转、交易;要在农村居民的意愿下探索退出机制;要积极放活使用权。

三、宅基地"三权分置"的必要性

(一)兴农、惠农的需要

农村宅基地及其房屋是农民所拥有的重要财产,但是由于宅基地所有权属村集体,因此宅基地仅允许在村集体成员之间转让,同时享受不到抵押融资的权益。在快速城镇化的背景下,农村的年轻劳动力更加热衷于进城务工,这使得乡村地区出现了大量闲置宅基地、闲置房屋,这些资产长期处于有权无利的状态。宅基地"三权分置"是坚持集体所有制,保障农民基本居住权的前提下,适度放活使用权,通过扩大流转范围等方式盘活宅基地的财产收益权。村民可以通过住房财产权的买卖和宅基地使用权的流转等方式,达到利用固定财产实现增收的目的。

(二)促进城乡要素交换流转的有效手段

受到制度与硬件基础的限制,城乡之间的资源互换存在较大阻碍,这不利于城乡协调发展。宅基地"三权分置",可以使城市居民获得宅基地使用权,吸引更多的城市居民下乡投资、消费,从而为农村引入更多的城市资源,这有利于农村经济社会的健康发展,并且促进了城乡融合状态,也能一定程度上缓解城市化问题。另一方面,宅基地转让为农民带来了更多的资本,并且也在一定程度上释放了农民束缚,农民有条件进入城市谋求更好发展,同时发掘了乡村土地的市场价值。

(三)农村新产业新业态发展用地需要

就目前来看,农村的市场地位不断提高,对于资本、人才、技术等市场要素的吸引力不断加大,近年来农村地区的新产业新业态发展、传统产业链延伸、乡村创业活动等变得旺盛,这就对了农村建设用地资源产生了强烈需求。一些专家提出了多样化的农村闲置农宅的利用模式,比如"共建共享+产业融合""租赁+艺术下乡""抵押+创业创新""入股+田园综合体"等,不仅提升了农村经济的自身价值,并且为新产业新业态在农村地区的发展创造了条件。通过宅基地"三权分置"改革适度放活宅基地使用权,能够增强农村市场的吸引力,并为外来经济主体的进入创造条件,整体上推进农村三产融合,并且惠及城乡统筹、乡村振兴等重大事业(毛志红等,2018)。

<h1 style="text-align:center">第四节　宅基地"三权分置"实践探索
——以象山县为例</h1>

2018年年初，中共中央、国务院发布《关于实施乡村振兴战略的意见》，提出"探索宅基地所有权、资格权、使用权'三权分置'"。浙江省象山县在前期完成"一户多宅"梳理式改造整治的基础上，围绕闲置宅基地的开发利用，于2018年4月开展了宅基地"三权分置"改革。改革进一步明确了各方的土地权益，为指导宅基地使用权的有序转移、促进农村居民的创业创新奠定了制度基础。

一、象山县宅基地基本情况分析

浙江省象山县土地批后未供约730公顷，其中村集体约200公顷。围绕"探索""适度放活""保障"等关键词，由象山县国土资源局牵头，在2010年率先实施以"一户多宅"整治为主的村庄梳理式改造，出台"一户多宅"集中清理实施意见及系列配套政策，实现拆后土地利用效益最大化，全县累计拆除各类违章建筑和破旧房屋6.4万余间，清理出宅基地5410亩，成功创建浙江省首批"无违建县"。2015年起，县连续出台系列政策，实行乡村建房差别化供地、农村建房乡镇审批、农房风貌引导等各类新规，实现宅基地精细化管理，为推进农村宅基地"三权分置"改革奠定基础。

2018年4月24日，浙江首本农村宅基地"三权分置"不动产权登记证在象山县颁发；4月28日，召开实施"三抢联动、双向流动"工程动员会，部署推动农村宅基地"三权分置"改革，加快激活利用农村闲置宅基地和农房，统筹盘活农村闲置资源，激发农村活力，驱动农村经济发展。首批试点涉及宅基地及闲置农民房屋20余处，已流转利用并引进乡村度假、高端民宿等项目12个，总投资超2亿元，初步形成具有象山特色的宅基地和闲置农民房屋开发利用的路子。

从2018年起，象山县加快了农村宅基地改革进程，并制定了配套政策、规定，在此基础上兴建了42个高端民宿、乡村度假项目，建成客栈、床位1.8万张，占宁波市总量60%以上，吸引了超过6.2亿元的社会资本，累计发放"三权分置"不动产证105本，盘活和利用宅基地12117.59m²、闲置农房12198m²，引进新乡贤、新农人、农创客约500余人，激活了乡村发展的内生动能，初步形成具有象山特色的宅基地和闲置农民房屋开发利用的路子，相关做法先后被央视经济信息联播、新华网和人民网报道。2018年，成功入选中国改革开放40年地方改革创新40案例，成为宁波市农村宅基地"三权分置"改革试点；2019 年，农村宅基地"三权分置"改革"象山样本"获浙江省改革创新最佳实践案例（象山县宅基地管理情况如图 6-1 所示）。

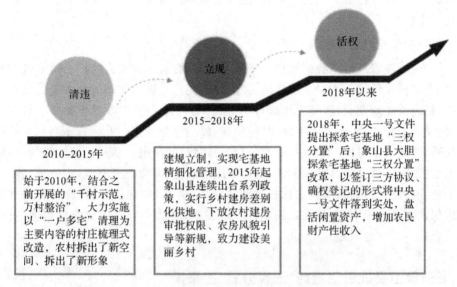

图 6-1　象山县农村宅基地管理情况

二、象山县宅基地"三权分置"的客观条件

（一）旅游业发展迅速

象山县位居长三角地区南缘、浙江省中部沿海地区，三面环海，两港相拥。近年来，象山县深入实施"工业旅游双突破，创业创新双驱动"战略，整体上收获了理想效果，尤其旅游产业的规模不断扩大，每年为象山县带来丰厚的经济收益。及至现在，象山县大力发展民宿旅游产业，县域内可提供 1.8 万张民宿床位，为了最大程度利用好规模化优势，在县政府的统一协调下，早期的散户自主经营模式逐渐退化，转而派生出了集群专业管理模式，这极大增强了象山县民宿产业的吸引力，许多省市级精品民宿相继入驻象山。以民宿旅游为代表的旅游产业是建立在使用乡村建设用地基础之上的，在严守耕地红线的基础上，盘活利用农村地区的闲置宅基地和闲置农房是唯一可行之办法，这成为象山县发展旅游产业所需解决的重大课题。

（二）闲置宅基地较多

象山县宅基地闲置的成因较为复杂，一些农民继承了父辈的宅基地但并不居住，一些农户侵占了集体的闲置土地，还有一些农户多次申请并占有宅基地，由此造成了大量宅基地闲置。为了改善这一情况，象山县于 2010 年发起了"一户多宅"清理工作，按照"宜建则建、宜耕则耕、宜绿则绿"原则，收回了大量闲置宅基地和房屋，改善了以往农村脏、乱、差的面貌，使得象山县村集体为新产业新业态进入农村奠定了土地基础。

（三）村民契约意识较弱

一方面，随着近年来我国农村经济社会的发展，大批有实力的社会资本进入乡村，但很多村民仍然处于对新事物接受能力低、契约意识弱和缺乏基本金融知识的现状，较为关注短期利益，缺乏市场经营经验，易与外来投资方发生冲突。另一方面，村民普遍存在"租出去收不回来"的担忧，加之部分外来企业经营不当造成的不信任感，又导致了村民"不敢租，不敢长租，易违约"的情况。而从经营方来看，相较于城市投资，乡村投资具有成本高、难以形成规模化、风险大等特点，由此进一步限制了企业投资乡村的意愿。在这样的背景之下，宅基地"三权分置"改革可以有效利用闲置宅基地和农房，以满足民宿产业的发展，并且可以同时保障村集体、农户和社会资本三方的利益。

三、象山县推进宅基地"三权分置"的举措

（一）构建宅基地"三权分置"的制度体系

2018 年 1 月 2 日，中央一号文件《关于实施乡村振兴战略的意见》，首次提出"三权分置"。随后，象山县国土资源局牵头先后出台了《关于推动农村宅基地"三权分置"的实施意见（试行）》《象山县宅基地"三权分置"登记暂行规定》《农村宅基地使用经营权流转三方合同（样本）》《象山县农村宅基地建房管理办法》《象山县农村宅基地资格权管理暂行办法》《象山县农村房屋交易细则（征求意见稿）》《关于推进农村宅基地"三权分置"改革抵押融资工作的指导意见》《象山农信联社农村宅基地使用权证抵押贷款管理办法（试行）》等相关配套政策，共同推进了宅基地"三权分置"的制度建设。其中，《象山县关于推动农村宅基地"三权分置"的实施意见（试行）》再一次申明了宅基地的所有权归农村集体经济组织唯一所有，并且村集体有权收回、调整、纠正存在违法违规情况的宅基地，同时维护村集体成员对于宅基地的资格权，农户有权要求村集体为其分配宅基地并许可建设房屋，农户有权进行宅基地使用权的流转，社会资本投资者可通过使用权流转来获得宅基地的使用权。《象山县宅基地"三权分置"登记暂行规定》为农村房地一体确权登记工作制定了规范，其中区分了宅基地资格权人与使用人，确定了"一户一宅"的宅基地权利归属标准，规定权属违法、产权不清的宅基地不在确权登记范围之内。《象山农村宅基地使用权流转三方合同》明确了签约流程，签约过程受到乡镇政府、国土部门的监督

指导,合同规定了产权归属以及各方权责,列述了农村集体经济组织、闲置宅基地使用权人和闲置宅基地使用经营权人的合法权益,规定了闲置宅基地的权利处分、使用期限、设备归属、用途范围等内容。《象山县农村宅基地建房管理办法》整合了宅基地管理办法和建房审批办法,明确了审批管理、审批条件、技术要求、审批程序等规范,提出农村宅基地实行所有权、资格权、使用权管理。《象山县农村宅基地资格权管理暂行办法》明确了宅基地资格权人的认定、宅基地资格权人居住权的实现、宅基地使用权有偿退出、宅基地资格权审查备案登记等各项标准。《象山县农村房屋交易细则(征求意见稿)》规定了农村房屋的交易条件和交易程序。《关于推进农村宅基地"三权分置"改革抵押融资工作的指导意见》是中国人民银行象山县支行和县国土局共同制定的指导性文件,旨在指导各金融机构积极创新宅基地"三权分置"改革抵押融资工作,助力乡村振兴和农村经济发展。《象山农信联社农村宅基地使用权证抵押贷款管理办法(试行)》允许宅基地使用权人凭借使用权证到银行进行抵押贷款,授信有效期为 3 年,贷款金额最高等于宅基地使用权抵押评估价值的 40%。

(二)明晰权利人和权利内容,尝试理顺"三权"关系

具体操作程序是:(1)保护宅基地集体所有权。集体经济组织是宅基地所有权人,享有资格审查、纠正调整、集中统一经营、监督、收回等权能。(2)明确宅基地农户资格权。集体经济组织成员是宅基地资格权人,享有占有(取得)、使用、收益、处分等权能,其中处分权主要体现在"可以申请与返乡下乡创业人员合作建房,可以在县域范围内申请跨乡镇建房、农民房屋置换和参与农民房屋拍卖,符合宅基地和农民房屋退出条件的可以申请有偿退出"方面。通过出台《象山县农村宅基地资格权管理暂行办法》明确宅基地农户资格权认定标准,规定了四种情形的人员可以享有宅基地资格权,五种情形下资格权的消亡,解决了资格权认定标准不明确的问题。农民凭借村集体成员身份而天然享有宅基地的资格权,并且分化出处分、使用、占有、收益等权能。(3)适度放活宅基地使用权。农户、社会资本投资者均可成为宅基地使用权人。前者的取得方式包括"申请建房、农民房屋置换、跨乡镇建房、参与农民房屋司法拍卖"等,后者的取得方式主要是通过签订流转协议进行约定且期限不得超过 20 年,并且在使用期限内可以再流转或按规定设定抵押权。此外,非集体经济组织成员可以通过世居、析产、继承等方式取得宅基地使用权。

(三)结合确权登记,推动资格权、使用权和使用权抵押登记发证

通过出台《关于象山县宅基地"三权分置"的实施意见(试行)》等地方条例的方式明确宅基地"三权分置"登记流程,明确宅基地资格权人和使用人在不动产登记时予以严格区分,并将此差别体现在权属证书上。宅基地资格权人在登记簿和权属证书中登记为宅基地资格权和房屋所有权;宅基地使用权人在权属证书中登记

为宅基地和房屋使用权，同时注明取得方式、宅基地资格权人和房屋所有权人姓名，并且宅基地使用经营权登记之前需要乡镇政府鉴证备案。宅基地使用权在使用期限内按规定设定抵押权的，应当到象山县国土资源局办理抵押登记，抵押权自登记之日起生效。

（四）加强配套制度建设，确保"三权分置"稳步实施

加强确权登记、流转管理、产业发展、用途管制等配套制度建设，具体措施主要包括：妥善处理农村房地一体确权登记中的历史遗留问题，加快农民房屋不动产确权登记；建立闲置宅基地、闲置农民房屋使用经营权流转台账制度，搭建交易平台，实现流转有登记、交易有规范、过程有管理，规范优化闲置宅基地流转管理；发挥集体经济组织和引导作用，鼓励城镇居民返乡下乡创业，积极发展旅游、养老、休闲农业、文体、田园综合体等新产业新业态，积极推动闲置宅基地盘活利用；确定规划底线、保护绿线、开发红线等边界，严格落实农村土地和宅基地用途管制（吴春岐等，2018）。

四、象山县宅基地"三权分置"的典型案例

（一）鹤浦镇小百丈村

鹤浦镇小百丈村是象山县偏远海岛村，部分房屋破旧，村庄逐步空心，农民人均可支配收入不到 2 万元。2018 年 4 月 24 日，象山县鹤浦镇小百丈村颁发了全省首本农村宅基地"三权分置"不动产权登记证，村民持宅基地资格权，村集体享有宅基地所有权，宁波安可旅游开发有限公司通过租赁方式取得宅基地使用权，合同约定用于民宿和旅游开发使用。安可公司租用了小百丈村 33 户村民的 15 处农房，年租金为 50 元/m²，还租用了 6300m² 的土地，年租金为 6 元/m²，约定的租期是 20 年。后续将投资约 7000 万元打造精品民宿和一个以环保为主题的自然营地，引入国际环保组织，保护当地水资源，并与当地特色农产品经济合作社联手带动农户增收。2018 年 8 月，安可公司以小百丈村宅基地使用权向县信用联社进行抵押贷款，成为全省首笔以"三权分置"农村宅基地使用权证发放的 20 万元贷款。

（二）贤庠镇青莱村

贤庠镇青莱村位于象山港口内百丈海域的炮台山南首，背山面海，有着田舍掩映、阡陌纵横的生态田园风光。随着农村人口不断向城市转移，青莱村闲置农房逐渐增多，村庄日渐萧条。尽管村里有集体山林、土地、滩涂及闲置农房等资源，但由于开发不够，大部分处于沉睡状态。2018 年，青莱村巧借改革东风，探索推行农村

宅基地"三权分置"改革。村里成立工作组,先后召开10余次村民说事会、村民代表大会、进度汇报会等,在全村上下凝聚共识。登记村集体大楼、仓库、林地、养殖水面、浅海滩涂等闲置资产,开展统筹盘活农村闲置资产的各项工作。同时,排摸村民闲置宅基地及农房,对符合条件的、有出租意愿的进行登记,建立健全资源数据库。针对个别不明政策、意识淡薄的村民,工作组成员挨家挨户走访,宣传政策,倾听心声,解决难题。在贤庠镇政府和相关部门的支持指导下,青莱村组织招商小分队赴杭州、湖州等地开展上门招商,最后成功与德清县西坡酒店管理有限公司签订协议,计划投资2500万元建设精品民宿。2018年8月,青莱村与德清县西坡酒店管理有限公司先后签订土地流转三方协议,成功获颁全省农村宅基地"三权分置"不动产权登记"2号证"和农村集体建设用地"三权分置"两权不动产权"1号证",明确使用期限、用途范围、权益划分等基本要素,全力保障开发投资者、村集体和农民三方利益。

(三)西周镇儒雅洋村

儒雅洋村坐落于蒙顶山脚下,是省级历史文化名村,保留了一批明清时期的传统建筑和历史街区。村内共有古建筑29处、约65000m²,还有驿站古道、欧阳桥、应家井、象山首座女校、碉楼团房等历史古迹。通过"三权分置＋金融创新",统一流转105亩涉及65户74处明清古建筑,共发放"三权分置"权证23本,由政府、国企、资本三方共建,共计投入超过1.2亿元,诚邀乡伴文旅专业团队和浙旅集团古村落保护基金等第三方机构,共同为建设新乡村生活综合体而努力。

(四)石浦镇沙塘湾村

沙塘湾村位于象山县石浦镇东北方,是一个有近400年历史的渔村,村东南为海湾,有长约500米、宽约200米的沙滩,内低外高,形成一条沙栋如塘坝,故名"沙塘湾"。全村现有村民282户,1025人,分散居住在石浦塘头港片区及石浦城区,村内居住的仅百来人。据统计,全村共有房屋111栋,闲置80余栋。近年来,沙塘湾村提出了"统一流转、招商引资"的发展策略,把闲置房屋的使用权以租赁的形式流转到村集体,村集体建设旅游管理公司,由旅游管理公司负责统一对外招商。2017年1月,村里将12栋闲置渔民住宅打包出租给宁波目的地旅行社,用于开发精品民宿。2月17日,石浦镇沙塘湾村首个民宿集聚群项目涉及的14户签约村民共领取了100余万元的首期房屋租金。据了解,沙塘湾村111栋房屋282户,其中83户已经流转到村集体。眼下,共吸引宁波目的地旅行社、缘海公司、久悦公司等6家企业对25栋老屋开展投资建设,建筑面积达2500m²,投资额达3000余万元。

五、象山县宅基地"三权分置"改革成效

(一)盘活大量宅基地闲置资源

象山县于 2010 年发起了村庄梳理运动,大幅改善了乡村生活环境,可是却无力解决闲置资源浪费、人口外流等问题。对此,象山县加快了宅基地"三权分置"改革进程,以签订三方协议、确权登记的形式将该项改革落到实处,让闲置资源有了新用途,农民增收有了新渠道,产业发展有了新空间。改革中,以确权为基础,理顺三权确保各方利益;以放权为核心,创新机制有效激活农村闲置资产;以保权为底线,关口前移有效把控改革风险。据象山县国土资源局统计数据,截至目前,共发放"三权分置"不动产证 105 本,借此引进建设项目 42 个,投入资金超 6.2 亿元,连同激活周边闲置农房 188 栋,土地 28 亩,约占闲置土地的 4.3%,浙旅投、西坡、乡伴文旅、安可、途家等国内知名高端民宿落户象山。宅基地制度改革盘活了农村宅基地和闲置房屋,为社会资本投资乡村开辟了通路。象山县随即发起了"抢资金、抢项目、抢人才"的号召,鼓励辖区各乡镇大力"招商引资、招才引智",为农村经济的创新发展营造适宜环境,极大地刺激了"三农"发展活力。

(二)大力推动发展农村新产业新业态

象山优质的山海资源、生态环境成为吸引项目投资的重要优势,一大批新业态、新项目落地,破旧衰败的村落焕发了新生机。通过宅基地"三权分置"的推进,象山县"美丽乡村"有条件促成"美丽经济",并且在发展中创造了"集体资产＋招商引资""闲置宅基地＋农旅融合""闲置农房＋民宿经济"等多种经营模式。通过改革释放红利、招引项目,以项目集聚人才、资金。

象山县发起了"农村归雁计划",而且社会上出现了新回乡运动风潮,凭借近年来的丰硕成果,成功吸引了一大批优秀人才返乡创业,为家乡的发展贡献力量。随着宅基地"三权分置"的推进,宅基地的市场价值被盘活,这为现代农业、乡村旅游等产业的发展创造了条件。在完成制度改革以后,农民不仅拥有了更加丰厚的资本,而且有机会接触和参与新项目,成为立足于乡村经济的"股东""房东",这为农民群体带来了更多收益,也为乡村经济社会的发展提供了驱动力。

(三)推进乡村治理体系建设

治理有效是乡村振兴的基础。当前许多农村,集体土地所有权基本被虚置,村集体的经济收入低,有些甚至没有收入来源。没有经济基础,就失去了凝聚村民的手段。从象山县的实践成果来看,大力推行宅基地制度改革能够挖掘农村闲置资源的利用价值,增强集体经济组织的权威和实力,村集体拥有更多条件进行乡村治

理,这使得乡村治理水平得以逐步提高。同时,宅基地直接关乎民生,在长期发展进程中经历了多次变革,由此出现了许多历史遗留问题,比如宅基地取得资格问题、确权登记问题等,这些问题不仅会影响当今农村社会的发展,还会对未来社会的发展空间造成影响,在进一步推进建设乡村治理体系的过程中,应当正视历史遗留问题并切实攻克这些问题,如此才能提高乡村治理水平。

六、象山县宅基地"三权分置"的经验

(一)建立"三方合同",增强村民改革信心

作为浙江省第一批开启宅基地"三权分置"实践地区,象山县明确由乡镇政府和国土部门联合监督指导,在农民依法自愿参与宅基地"三权分置"基础上,由宅基地所有权人(所在村集体)、资格权人(村民)和使用权人(即承租企业)三方明确出租宅基地的坐落地址和面积、用途范围、租赁期限、流转方式(租赁、合营或合作建房)、支付方式以及到期农房及配套设施的归属、经营企业的权益、各方权利义务等问题,共同签订《农村宅基地使用权流转三方合同》。在合同签订过程中加入鉴证程序,由宅基地所在乡镇政府担任鉴证者,这也是象山县宅基地"三权分置"改革的亮点之一。通过规范的签约流程,实现三方约定,多方共赢。乡镇政府的"合同鉴证"以及国土部门的确权登记颁证,使村民与经营企业之间单纯的债权合同关系上升为一种有政府为其保障、有权利证明的法律关系,极大增强了村民对外来经营企业的信任感。象山县还对使用者和经营者的使用期限做出了不得超过20年的具体规定,一旦期满,允许双方依照合同规定续约。在"三方合同"新模式的基础上,象山县鹤浦镇小百丈村作为宅基地"三权分置"改革的试点,成功与宁波市一家旅游公司签订了租房合同,宅基地出租方获得了浙江省第一个宅基地资格权的不动产权证。

(二)提出"四个允许",拓宽宅基地使用范围

为了稳步释放宅基地使用权,象山县提出了"四个允许",即允许宅基地资格权人与返乡创业人员合作建房;允许宅基地资格权人在原有住房拆除并无偿交还集体经济组织的前提下,申请跨村、跨乡镇建房;允许经村集体组织同意的非村集体经济组织成员通过世代居住、财产分割、财产继承取得的合法房屋进行改造或拆后重建;允许转让使用权和经营权,以便在合同有效期间发展农村工业。其中"合作建房"的双方应当是宅基地资格权人和使用人,由他们达成协议共同申请,以农村个人建房的标准确定可申请的占地面积和建筑面积。宅基地资格权人申请拆迁安置以及农房司法拍卖的时候可以"跨乡镇建房"。对待"非农建房"则首先规定其使用权只能在乡村产业领域发展,其次在村集体审核通过后要经过乡镇政府批准。

（三）创新退出、交易和流转机制，与"四个允许"有效对接

为了和"四个允许"充分对接，象山县在宅基地退出方面实行依法退出和有偿退出两种办法。比如小百丈村针对"一户多宅"的农户明确提出"依法退出"的要求；针对在城落户的农民，则主要通过协商的方式确定补偿，由其主动退出宅基地，并将退出宅基地登记确权到村集体。由于"非农建房"的流转性较强，象山县提出了宅基地流转机制的新思路，在合理有效利用资源的基础上，村民和社会资本投资者均可成为宅基地使用权人，有效激发社会资本参与宅基地使用权流转。石浦镇沙塘湾村通过村集体招商引资、统一流转的方式流转宅基地使用权，引进民宿项目，实现总投资 3000 万元，为村民每户实际增收约 2 万元/年。

第五节　宅基地"三权分置"面临的困境

一、所有权虚化弱化，权利内涵不完整

农民集体所有制作为当下中国农村的根本土地制度，极大地提高了农村生产力和各主体之间的合作水平。然而随着社会经济的不断发展和体制改革的深化，农村土地集体所有权不断弱化。城市化的发展和农村耕地的减少，使得农村土地所有权边缘化。目前农村土地包含的种类较多，比如常见的自有房住宅基地、自有承包用地和集体经营性用地等。最基础的宅基地是典型的被弱化主体，其所有权随着城市化和工业化水平的提高，农村自有住宅空置率也随之升高，所有权虚化问题逐步严重。

（一）宅基地所有权主体虚化弱化，权利内涵不清

宅基地"三权分置"中的所有权主体是农村集体经济组织，其有权依法依规履行职责，在必要的时候管理、安排和处置与宅基地联系紧密的事务，但实际上所有权主体却存在虚化弱化的问题。所有权的权利主体长期缺位，不仅使本就未经规划的聚居区增添了安全隐患、激化了邻里矛盾，也直接导致宅基地两极分化：一方面，宅基地空置、废弃现象频繁，土地资源低效利用严重；另一方面，侵占基本农田和公共设施用地现象屡禁不止。

1.农民作为宅基地所有权的主体，其地位不断被虚化模糊，法律所保障的集体权益也不断被弱化

据现有相关法律的规定，拥有特定权限和资格的农民共同组成一个主体，拥有

宅基地的所有权,这个主体既不是单一个人,也不是任一民众。由于这部分人组成的集体并没有法律上的主体地位,所以在实际生活中,大多以乡镇政府或农村组织构成农村宅基地所有人的主体。所以我们常常在实践中发现,这部分农村干部或者组织负责人往往变相成为手握宅基地所有权的控制人,迫使农民群众不得不历经千辛万苦才能获得自己的应得权益,并且容易产生腐败问题且不好解决,所以农村宅基地所有权主体必须要清晰地进行定位。

2.宅基地所有权主体的"虚化"表现为所有权主体的多元化

农村宅基地所有权的主体一般为农民集体,在法律法规上的定义为乡镇政府、村民集体和村民小组,由此可以看出在法律上所有权的主体含有同等并列的多元化身份,并且其权利控制权就像一块"香饽饽",容易带来一定的利益纠纷。所以对于农村所有权的主体问题上,多元化的主体虽然拥有"三权分立"的制衡效果,但是也给实际管理带来了很大问题,尤其是在所有权控制出现利益问题,比如增值转让或政府征收时,不同的并列管理者就会同时关注,产生一定的纠纷。

3.宅基地所有权主体的"虚化"表现为所有权主体的弱化

在上述农村宅基地所有权定位模糊和主体多元化的影响下,其所有权主体位置必然会出现弱化。乡镇政府并不是宅基地所有权的实际拥有者,但是他们作为权利控制者,在面对宅基地增值或经济效益提高的情况下,容易出现侵占集体土地权益的问题。在目前中国的农村集体所有权权利分割中,土地控制权虽然被"三权分立",管理权限被分为国家政府、农民组织和农民三个部分,但是其实际管理中,由于农民群众数量过于庞大,往往由具有代表性的农村组织代理权限并进行管理,所以其所有权自然不断被弱化,而代理控制权则不断被强化。

(二)宅基地所有权权利束中缺乏完整处分权

宅基地作为国家给予农村村民的福利,农村集体组织成员可向集体组织提出申请,经同意,可无偿得到相应的宅基地,并永久使用。宅基地分配给农民使用,但是仍然受集体组织的控制,在所有权上,宅基地是归农村集体组织所有的,但是农村宅基地的审批权在县级人民政府,由此可见,宅基地的部分控制权在乡镇行政组织,但实际上最终的控制权在国家。因此这样一级扣一级,形成了控制权结构。这就导致农村土地所有权主体的约束权和控制权权能被弱化,使得问题处理不及时。

此外,农村宅基地所有权主体的权能范围仅仅界定在农村内部,这就意味着,一旦农村宅基地入市或者被国家征用时,土地性质由"农民集体"变为国有性质后,农村宅基地的所有权主体则不能再对此行使任何权利。

以上两个方面对所有权主体的权能约束或者消除会让所有权主体丧失了对宅基地的处分权和约束权,无法从中获得收益权。所有权是产权的核心关键,而收益权和处分权最能体现所有权的价值,一旦收益权和处分权消灭,则会直接导致所有权毫无价值。

二、资格权认定标准不明确，权能关系不顺

宅基地资格权是指农户从农村集体组织申请宅基地的权利，农户一旦拥有资格权便可以分配、占有宅基地。宅基地目前的权限范围是按照相关管理办法进行界定的，具有资格权的农户可向乡镇政府或农民集体组织提出申请，审批通过后可取得相应面积的宅基地用于建设农村自住房，其中的住宅面积和"一户一宅"原则必须严格遵守宅基地相关管理办法规定，严禁超标申请。早期社会经济水平较不发达的时候，宅基地的资格权并没有受到重视，因为农民基本都稳定在农村，流动性低，外出就业的人也相对较少，所以宅基地的使用权基本掌握在农民集体内部。

随着城市化和工业化水平的不断提高，农民外出就业率也大大升高，农村人口不仅在婚嫁的时候进行流动，农村大量劳动力向城市移动就业甚至定居，而城市化随之带来的是宅基地拆迁力度的加大，这使得大量农村居民意识到宅基地资格权的重要性，及其带来的巨大增值空间。城市人口的增加和农村人口的流失也导致了另一个问题，那就是大量在城市买房定居的农村人口，其原本拥有的农村宅基地资格权归属何方？是严格按照户口所在地人口进行划分还是参考居住刚需进行划分，这也成为目前宅基地"三权分置"改革过程中的一个难点，即明确宅基地资格权限。

按照目前宅基地相关管理办法的规定，农村宅基地只能通过资格申请获得，不得通过买卖或赠与等方式进行转让。但是在法律上没有明文规定资格权属于成员权、取得权还是类似于使用权的物权。再者，户籍制度改革取消了农业户口、非农业户口的区分，而百姓生活中的成员变动如婚嫁、升学、入伍等，都给宅基地资格权的确认带来很大困难。因此，尽管新迁入的外来户口以及迁出的农村集体成员都渴望获取宅基地的资格权，但是由于成员资格如何认定没有明确法律规范，而农村集体经济组织法律地位又具有模糊性，导致宅基地资格权的取得条件难以明确。

象山县宅基地"三权分置"突破了《物权法》《担保法》和《土地管理法》中的相关规定，在改革实践中存在法律障碍。例如，《物权法》中规定将宅基地的资格权视为一种附属权，并且仍然严格限制宅基地使用权的流转；申请宅基地必须具备本集体经济组织的成员资格或者分户户主资格之一。但是，国务院和省人民政府层面尚未发布有关确定是否具有本集体经济组织成员资格的相关指导文件。地方政府在实践中出台的政策也各有不同，有的地方以户籍作为标准，有的地方以使用权的落实为决定性要件，有的以户籍兼采其他要件。不同标准的改革实践容易对利益抗衡激烈的地区造成负面影响，同时加大人民法院裁决工作的难度。另外，关于集体

成员是否具备分户户主资格,国务院和省级人民政府也只是在试点地区进行尝试。地方政府累积的经验尚不充分,提出指导性政策以规范基层工作人员的实际工作有相当大的难度。

三、使用权面临的问题

首先,随着农村人口受教育程度提高,现如今大部分的农民子女选择在城市就业生活,农民也陆续进入城市生活,从而导致农村人口愈发减少,随之宅基地就产生了闲置的问题,造成了农村资源的浪费。因此如何利用宅基地,提高土地资源的利用率,从而增加收益成为农村宅基地使用权面临的最大的难题。

其次,宅基地的使用权流转也是面临的问题之一。国家相关的法律法规对此进行了限制,例如规定农民一旦出售或者出租房屋以后,则不允许再次申请宅基地;宅基地的使用权不能进行抵押贷款;不允许城市居民在农村购买宅基地使用权。因此如何在限制流转的前提下,提高利用率也是当前的大问题。

最后,宅基地使用权流转开始了试点,使用权可以在几个试点地区进行封闭式流转,但是仅仅只是针对已经闲置的宅基地,这也体现了对于宅基地流转的谨慎态度。事实上,在过去宅基地流转的唯一方式,则是被国家征收或者征用,但是这无法从根本上解决闲置率问题,反而会导致宅基地使用权的消除。因此,从目前来看,宅基地的使用权如何流转,成为当务之急。

四、流转过程监管缺位

(一)宅基地流转不规范

象山县《关于推动农村宅基地"三权分置"的实施意见(试行)》中明确规定,各乡镇政府和街道办事处加强"三权分置"合同鉴证备案和事后跟踪监管,负责农民闲置宅基地和房屋的合法性审核。但是在实际过程中,村与镇乡街道联系不紧密,乡镇政府负责申报办证,对土地合法性的审查存在监管缺位。随着宅基地"三权分置"的有序推进,部分村为了引进新产业新业态,带动村庄经济发展,急于求成,在没有将违章建筑处置到位的情况下,就与投资商签订租赁合同,形成较大的风险和安全隐患。例如象山县,有许多造型独特的老房子,大部分处于闲置状态,村集体经济也较为薄弱。2018年,有创业团队看中该村特有的建筑风格和整体环境,决定租用成片闲置宅基地和农房,用作经营民宿。该投资方团队通过与村集体、农户签订三方合同,租用了共涉及30余户村民的15处农房。为了加快施工进度,在与该村签订合同后就开始动工建设,村集体同步进行政策处理,边动工边办理流程,在办理民宿证过程中,才发现租用的 15 处农房中有 3 户违章建筑无法提供产权证,其中 1 户为一户多宅,2 户为超面积房屋,导致投资方无法办理民宿证,甚至无法开业经营。

(二)村集体存在剥夺农户权益问题

大多数农户对宅基地"三权分置"的政策知之甚少,特别是对该项政策的作用、意图和流程不了解,甚至不知道自己的农房可以通过使用权的流转获取收益。宅基地"三权分置"改革旨在让农民的房屋可以发挥其财产价值,但是在实际应用过程中,乡镇政府、村集体和投资方为了使合作更简单方便,往往会采取以宅基地置换或者退出等方式收回宅基地,而后再由村集体统一租赁给投资者,在一定程度上违背了"三权分置"让农户房屋获得财产权的意图,而村民因为不懂政策,盲目遵从村庄的安排。例如象山县 M 村引进了实力雄厚的投资方,明确了合作意向后,该村开始对村内 8 幢建筑和房屋进行政策处理,其中有 2 户是荒废多年的闲置房,经过洽谈,同意以货币安置形式退出原有宅基地,其余 6 户均以置换宅基地的方式进行流转。最终由村集体与投资方签订为期 20 年的租赁合同,村集体每年可以增收 20 万元。但是对于村民而言,并未享受到"三权分置"模式下所带来的制度红利。

五、配套机制不完善

由于宅基地"三权分置"在象山县的实践时间仅 1 年有余,许多的配套机制尚未健全,由此产生了一些普遍问题。

(一)宅基地使用权流转交易市场还未建立

目前象山县尚未建立完善的流转市场,一方面,宅基地使用权流转信息渠道不通畅,信息发布机制不完善,部分农户、投资者都想寻找合作者,却找不到对方,双方需求都无法满足。另一方面,价格形成机制也不健全,定价往往是三方当事人的协商结果,看似公允,其实是不合理的。这是因为作为卖方的农民在信息等方面处于劣势,村集体方面为了招商引资,更愿意迁就投资者,容易导致宅基地使用权流转价格偏低,影响农户的权益,最终定价也无法反映宅基地使用权的真实价值。目前各村宅基地价格普遍参考县三改一拆经费补助价格,为每年每平方米 5 元,房屋价格一般为每年每平方米 50 元左右,按照《象山县农村宅基地建房管理办法》中建房要求,使用耕地的不超过 125m²,使用耕地建房的,建筑面积不超过 250m²,可计算出农户流转宅基地及其附属建筑一年收入约 13125 元。目前,通过宅基地"三权分置"落户村内的民宿企业与农户均签订了为期 20 年的合同,可以说这个价格是比较低廉的。

(二)缺乏可复制应用的工作机制

在象山县,率先实施宅基地"三权分置"改革的案例基本都是以连片宅基地流转用作民宿经营为主,在同一个村庄内,部分农户愿意流转宅基地使用权,但是部分农户不愿意流转,会造成项目无法落地。同时,村集体承担着协调统筹的功能,在统一流转过程中村集体作用发挥不够,农户积极性、主动性不足,都会影响闲置宅基地的流转。象山县推进宅基地"三权分置"改革的案例,几乎都是村党支部基础夯实、村班子团结奋进的村庄。那些对村庄缺乏合理长远规划、村班子成员不团结的村庄很难引进第三方资本来村投资。目前宅基地"三权分置"主要由村集体和村民的主观意愿决定,还未形成一套可复制可操作的工作机制。

(三)缺乏鼓励引导机制

根据象山县的宅基地"三权分置"实践情况来看,目前各村开展这项工作的情况都是通过统一流转宅基地、由社会资本投资兴办民宿的形式,利用"三权分置"盘活村庄闲置用地用房的业态较为单一。主要原因在于农房单独出租等小规模租赁方式早就普遍存在,往往是农户与租赁者之间的口头协议为主,书面合同较少且不规范,因此较少应用到"三权分置"的权证办理,需要办理权证的大多为大规模流转用作经营的情况。目前登记颁证的流转行为全部以发展旅游业民宿产业为主,政府部门缺乏鼓励、引导等文件政策,缺乏鼓励社会资本通过宅基地"三权分置"大力发展旅游、养老、休闲农业、文体、田园综合体等新业态新产业的优惠政策。

第六节 推进宅基地"三权分置"的对策建议

2017年底的中央农村工作会议中提到要"破除一切束缚农民手脚的不合理限制和歧视"。现有的宅基地使用制度由于与农民的客观需要产生冲突,造成农民受到额外的制度外收益的诱惑,而且现有制度阻碍了城镇化和现代化,使农民和土地都无法创造更大的价值,造成了资源的严重浪费。宅基地使用制度变迁的收益在不断变大,而随着农村社会保障制度的完善,制度变迁的成本在慢慢缩小。在这个趋势下,当收益大于成本的时候,中央政府就会开始推动制度的强制性变迁。此外,在进行宅基地使用制度改革过程中,政府也应当尽量兼顾各方利益,实现社会总体利益的最大化。"三权分置"的实现必须建立在所有权、资格权和使用权权属清晰的基础上,必须一一解决现存问题,不得"绕路而行"。在现行的法律法规的基础上,以此为前提处理好所有权主体,资格权权利人和使用权主体之间的关系,做到利益平衡。

一、落实宅基地集体所有权

"三权分置"改革中,落实农村宅基地集体所有权是首要任务。农村宅基地所有权属于农村集体经济组织。要巩固农村集体经济组织的所有者地位,强化其处分权和收益权,并赋予集体土地以国有土地的同等权利,真正实现"同地、同权、同价"。

(一)将宅基地所有权主体进一步法律化

确认宅基地所有权主体后,接下来应当将所有权主体的相关管理进一步法律化,例如关于所有权主体的确认、所有权主体的职能确认、所有权实施的权利和义务等。用法律的形式将所有权主体的权利和义务做进一步的细化,使得实践有法可依,有据可依,避免了不必要的问题产生以及产生后因为缺乏细致的相关规定无法及时处理。所有权主体相关的法律不仅可以规范所有权主体的相关活动内容,更可以用法律的形式约束所有权主体的行为。

(二)强化宅基地的处分权

对于符合宅基地使用条件的资格权人,村集体经济组织应当通过多种办法、多种途径满足村民的建房需求,保障村民的居住权。村集体经济组织要严格控制建设用地数量,对新建、扩建和原址重建房屋的在宅基地供应方面应实行差别化管理,减少占用耕地建房,切实控制农村宅基地总量和规模。提高农村宅基地的利用效率,引导宅基地和农房的合法流转、合规使用,并进行流转后的有效监督。目前法律已经明确赋予村集体经济组织收回宅基地的权利,只是由于过去对集体建设用地使用的诸多限制以及相关制度的缺失,农村集体经济组织缺乏宅基地收回的动力,而村民也缺少主动退出宅基地的激励。建议在当前法律框架内,根据地方实际,制定具有可操作性和可行性的宅基地收回办法,对闲置或废弃宅基地采取无偿或有偿方式收回。农村目前普遍存在"一户多宅"、长期闲置、农房废弃倒塌的情况,为了给村庄规划和建设腾出更多的土地资源,农村集体经济组织对此应当采取行动,将这些闲置宅基地收回集体所有,并加以利用经营。村集体经济组织要把村庄改造、土地整治和美丽乡村建设有机结合起来,统筹安排生产、生活、生态空间,科学规划,合理布局,促进村内用地结构的优化。例如在象山县 X 村,社会资本租赁一整片宅基地及其附属农房用作民宿经营,而其中有部分违章建筑,村集体对这些建筑处置到位,对一户多宅进行收回,对超面积房屋实行有偿使用,待合法合规后再统一进行租赁,这样不仅能够做到公平公正,充分利用资源,还能够更好地满足村庄发展的需要。

(三)强化宅基地管理权

农村宅基地管理权是农村集体经济组织所有权的基本权能,其管理重点在于调控宅基地的规模及体量,重点管理闲置宅基地的流转,通过监管手段对农民流转、使用宅基地进行合规引导,利用监管方式对宅基地使用经营权人的使用行为进行合法约束。在宅基地"三权分置"改革中,村集体在积极引进社会资本的同时,应该充分配合乡镇政府监督管理好宅基地使用权流转全过程,必须要确保手续齐全、合法合规进行流转,以防出现经济纠纷和安全隐患。例如有些农房存在着消防安全、老旧倒坍等隐患,使用权流转后可能出现安全问题,村集体必须要发挥监管、提醒作用。

(四)明确宅基地的收益权

允许村集体经济组织将收回的宅基地与村内经营性建设用地进行统一的收储和审批,通过招商引资或联合经营等方式进行开发利用,增加村集体经济组织的经济收入。允许村民个人利用自有宅基地和多余农房经营民宿或农家乐,增加农民财产性收入。允许农民在自愿的前提下,将其空闲宅基地以入股或出租等方式委托村集体经济组织统一经营,或由村集体经济组织引入社会资本进行合作经营,提高闲置宅基地的利用效率,促进集体土地资源资产化,壮大集体经济。

(五)落实村庄整体发展规划

农村集体经济组织应广泛征求民意,对村庄进行现状分析,结合自然资源、历史文化、产业特色等优势,对村庄进行规划定位,编制村庄发展规划。将规划建设范围内的闲置宅基地盘活利用,用作村庄建设。例如象山县青莱村,对村内个人闲置宅基地及农房、集体闲置土地、大楼仓库、林地水面、浅海滩涂等资源进行全面摸排及梳理,厘清权属并分类归档。共排摸青莱村闲置农房 46 户 4732m^2、闲置宅基地 7234m^2。在此基础上,围绕海岛渔文化主题,委托编制村庄总体规划,有效盘活整村资源。首先对集中闲置的宅基地和农房通过宅基地置换的方式统一流转至村集体;其次在置换后的宅基地上统一规划、统一打造、统一建设富有特色的民居,建成后,对于那些不常住村内的住户委托村集体管理的住房,进行民宿经营,使村民可以通过"三权分置"获得财产性收入,同时村集体也可以获取收益,带动整村发展。

二、保障宅基地农户资格权

宅基地资格权是集体成员身份的象征,因此保障宅基地的资格权是"三权分置"的关键所在,必须公平合理确认资格权,维护集体及成员的合法权益。

(一)明确资格权具体标准

首先,相关部门应当严格执行"一户一宅"的原则,要禁止面积超标、加盖楼层、多占地等违法行为。只有这样，保障宅基地农户资格权才是有意义的。其次，要明确宅基地资格权的具体条件，科学设置审批流程。可以考虑采取累加的模式来确定集体成员资格，比如"户籍＋承包地＋……"模式。这种累加的模式不仅可以筛选出虚假户口的成员资格，比如"空挂户"和"寄居户"，而且还具备一定开放性，只要占绝对多数的成员同意新成员的加入，那么新成员就可以壮大农民集体。第三，在确定分户、支户的户主资格时，可以将家庭人口结构和年龄结构纳入标准。农村的一个家庭集体的人数通常会持续上升，三代同堂乃至四代同堂都很常见，一旦人数超过一定数额，农村集体应当考虑适当增加宅基地的持有面积以改善家庭的居住质量与居住环境。

(二)要"确权颁证"

农村集体经济组织可以依据法律法规和政策规定，通过为集体经济组织成员发放宅基地农户资格权证书或证明，确认宅基地农户资格权面积，作为农户申请、调剂、使用宅基地的依据。已经取得宅基地并建成农民住房的农村集体经济组织成员，在农村不动产登记时，不动产登记部门可以同时登记宅基地农户资格权、宅基地农户使用权、农民房屋所有权。

(三)加强资格权的监督管理

现如今，城市的生活水平日益提高，但是农村的生活水平仍然远远不如城市。当农民远赴他乡在城市无法获得稳定工作、社会保障时，农村宅基地的资格权便是他们的慰藉与保障。因此，如果过早地将宅基地资格权取消，或者宅基地资格权向外部流转，则会造成农村集体组织成员在生活以及精神上无法得到满足和保障。宅基地是国家无偿赋予农民的权利，是保障他们的基本居住需求的福利，这种福利也只能在农民集体组织内流转。所以，相关部门及法律法规要严格禁止资格权向外的流转。除了所有权主体和使用权主体以外，应当设立监管机关，监管授予资格权的整个过程，避免包庇、不公等现象。严格禁止农民的宅基地资格权向"农民集体"外部的流转、承租和买卖等。

(四)探索宅基地资格权的有偿退出机制

部分宅基地资格权人在城市获得了稳定的工作后，有意愿长期留在城市生活，其农村宅基地存在闲置的情况。那么，政府或者农村集体组织需要根据农民的需求和意愿，建立有偿退出机制。有偿退出机制建立过程中的难点主要有两个，即补偿标准和资金来源。建议按照国家对宅基地的价格评估从而建立标准；而资金来源可以通过经营性的土地收益，建立宅基地退出基金。有偿退出机制的建立不仅可以解决农村村民在城市生活过程中的资金问题，而且还能将闲置的宅基地再分配给其他居民进行居住。但是在这个过程中，建立资格权的退出机制需要完全尊重农民的意愿,不得利用威胁或者诱导农民放弃宅基地的资格权。

三、放活使用权

确认所有权和资格权,完善相关机制和法律法规后,需要放活使用权。但是并不意味着没有节制的随意的放活,需要适度并有所限制。建议从如下三个方面进行放活:第一,宅基地在农村集体内部流转,租赁或者买卖。但是不得在外进行流转、交易。第二,允许在尊重农村居民意愿的基础上,建立有偿资格权退出机制。第三,不限制农村居民使用宅基地的方式,可以利用宅基地发展其他产业,比如民宿、家庭旅馆等。

改革的执行机构应确立明确的制度规范,使其可以合法合规开展活动的同时,灵活转变确权工作的方式,全面掌握本地的现实情况后确定具有针对性、可行性和可操作性的工作方案,避免形式化与生搬硬套,并注意工作细节。另外,基层人民政府可以设立一个转让宅基地使用权的指导机构,该机构的职责不仅可以指导和服务农民宅基地使用权流转工作,也可以建立一个官方渠道供普通民众查阅宅基地使用权流转步骤,增加工作的透明度与可信度。

四、发挥镇级部门监管、服务作用

(一)规范宅基地使用权流转全过程

由于在实际情况中出现了流转不规范导致项目无法落地的情况,因此要加强对宅基地使用权流转的管理与监督,及时协调处理纠纷,规范流转全过程。建议由乡镇设立专门监管组织,跟进宅基地"三权分置"全过程,将不规范行为处置到位,及时调解矛盾纠纷。

(二)加强政策宣传动员、典型案例推广

加大对宅基地"三权分置"改革的宣传力度,通过微信、微博等各类新媒体途径和报纸、新闻等传统媒体对各村实施改革产生的成效进行大范围宣传,转变村民原有的固化意识,让村民意识到手中的宅基地和农房可以通过"三权分置"的方式享受财产权,营造良好的舆论氛围和工作环境,不仅能够提高村民流转使用权的意愿,而且还能积极配合村集体促成多户联转的项目落地,为村庄振兴发展提供动力。

五、完善宅基地"三权分置"配套机制

深入推进宅基地"三权分置"改革必须在土地管理制度方面建立一个属性明

确、权能完整、流转开放、坚守底线的土地管理目标取向,努力将管理权、规划权、分配权条理清晰地列在制度中,尽力保证配套制度的合理性与可行性。同时有必要修改原有的《土地管理法》并及时出台农村宅基地转流的相关制度,保障作为"土地所有者"的农民集体依法依规行使集体所有权,监督占有和使用宅基地的主体,使其充分、合理、规范地利用土地。

(一)健全宅基地流转交易市场体系

以县为单位,根据本地宅基地"三权分置"开展进度,逐步建立宅基地流转交易市场,确保公正公平公开。县级相关部门应及时分析收集当地流转价格,定期公布合理指导价格,完善宅基地中长期流转价格的调整机制,形成由市场主导、保障稳定、利益平衡的流转价格形成机制,保障三方主体的权益。

(二)坚持试点先行控制改革风险

将常规的以整个镇乡街道为改革试点的模式改为多个乡镇点状试点,有关部门强化政策把关、指导服务,密切关注出现的新问题、新情况,有效防止违法违规买卖宅基地和随意变更宅基地用途等行为。经过全面排摸基础,通过乡镇政府申报、职能部门审核、县联席会议确定的方式,挑选一批村班子得力、农民意愿强烈、开发利用价值大、房地产权清晰的闲置宅基地、农房或集体建设用地纳入试点资源库,按照"成熟一个、推行一个"的原则予以试点推进。

(三)允许各类主体进行适度放活

宅基地"三权分置"制度改革的关键在于适度放活宅基地和农民房屋使用权,这是规避农户失房风险,维护农村社会稳定的要求,也是盘活农村闲置宅基地、闲置农房的要求,所以应当妥善限定放活的范围及用途。象山县探索允许宅基地资格权人申请与下乡返乡创业人员进行合作建房,通过签订协议的方式,使用、经营宅基地。允许宅基地资格权人申请跨乡镇建房,通过农房置换(拆迁安置)和参与农房司法拍卖等方式,实现跨镇置地建房。允许非村集体经济组织成员通过农房世居、继承、析产取得的合法房屋发展产业,需经村集体审核、报乡镇政府同意后实施改建或拆后重建。为发展乡村产业,允许社会资本投资者通过签订三方协议后流转取得宅基地使用经营权的,可依法依规新建改建或重建。

综上所述,宅基地"三权分置"改革可以有效盘活村庄闲置土地资源,大幅增加农民财产性收入,助力乡村振兴。但是,宅基地"三权分置"关系到国家、村集体、农民、社会等各方利益,也涉及很多历史遗留问题,当前该项改革也只在部分试点地区实施,各地都处于探索实践中,相关的法律、政策、制度仍在摸索之中。

第七章　城乡融合发展视域下城乡统一建设用地市场构建

土地是最重要的生产要素之一。土地市场通过提高资源配置效率达到合理、高效利用土地资源的目的,依靠的主要杠杆就是地价。正是由于土地价格的存在,使得土地使用者会基于自身资金投入即成本的考虑,自觉地合理规划用地布局,确定最小用地面积达到使用目的。可见,优化土地资源配置、促进土地资源节约集约利用是土地市场基本功能。当前,我国城市化进程速度加快,最直接的表现是城市用地规模扩张迅速。根据《中国城市统计年鉴》有关数据显示,2003—2011年我国城市建设用地面积增长了64.06%,而同期城市人口仅增长8.86%,城市建设用地增长幅度是人口增长幅度的7倍多(黄大全等,2014)。城市建设用地的快速扩张带来了一系列的问题,如:城市面积过大,出行的时间成本和经济成本攀升,政府部门基础设施建设压力增加,部分城市交通拥堵严重;征地权的滥用,侵害了农民的权利;大量农民被进城,部分成为城市中的新贫困;耕地面积的大量减少,严重威胁到我国的粮食安全。以上问题的出现严重制约了我国社会经济的发展。因此,必须大力推进土地市场的建设,提高土地资源的集约利用。

土地市场的正常运行需要一系列条件。明晰的土地产权是土地市场健康运行的最基本条件。良好的市场外部环境是土地市场得以有效运行的保障,因为只有在此条件下,价格机制等市场机制才能有效发挥作用。此外,土地开发投资额度大、建设周期长,还需要有相应的金融市场支持。土地市场是一个不完全市场,土地位置固定,但其与土地相关的权利除所有权以外,均可在不同的使用者之间流转,因此信息的不完全性就要求土地市场中不能缺少优质的中介服务,包括土地价格评估、法律政策咨询、土地交易经纪等,这些具备专业知识的服务人员将有助于土地市场的顺利运行。

中国的土地市场相对于西方发达国家来说,还具有一定的特殊性,表现在:以社会主义公有制为基础;属于政府驱动型市场,政府对进入市场的主体、客体都有严格的限定;中国城镇国有土地使用权市场是垄断竞争市场;中国目前尚未建立起城乡统一的土地市场。而在城镇化和工业化快速发展时期,巨大的建设用地需求和土地价值的显现都使得我国很多地区出现了地方政府违法批地、农村存在隐形土地市场等问题,严重影响到社会主义现代化建设进程。基于此,2013年,党的十八届三中全会通过的《中共中央关于全面深化改革若干重大问题的决定》首次提出了"建立城乡统一的建设用地市场"的要求。并明确"在符合规划和用途管制前提下，允许农村集体经营性建设用地出让、租赁、入股，实行与国有土地同等入市、同权同价"。2015 年 1 月，中共中央办公厅和国务院办公厅联合印发了《关于农村土地征收、集体经营性建设用地入市、宅基地制度改革试点工作的意见》，对深化我国农村土地制度改革提出了基本原则和试点意见，将"构建城乡统一的建设用地市场"作为重要内容之一。2017 年，党的十九大报告明确提出要"建立健全城乡融合发展体制机制和政策体系"。城乡融合发展是实现乡村振兴与推进新型城镇化建设的关键举措，土地市场则是实现城乡要素流通的重要渠道，也是连接城乡发展的关键纽带（陈坤秋等，2019）。

第一节 城乡融合发展与统一建设用地市场构建的内在逻辑关系

一、城乡统一建设用地市场的内涵

（一）城乡统一建设用地市场的概念

现阶段我国土地市场由两部分构成：城市国有建设用地市场和农村集体土地市场（张星等，2014）。农村土地包括农用地、建设用地和未利用地三种类型，因此，农村集体土地市场又根据土地利用方式的不同可分为：农用地市场和集体建设用地市场。农村农用地市场主要是指农村土地承包经营权的流转市场。2014 年，中央印发的《关于引导农村土地经营权有序流转发展农业适度规模经营的意见》中明确提出农用地承包权"三权分置"，即明确所有权、稳定承包权、放活经营权。2018 年 12 月 29 日，十三届全国人大常委会第七次会议表决通过了关于修改农村土地承包法的决定，明确将农村土地实行"三权分置"的制度法治化，以更有效地保障农村集体经济组织和承包农户的合法权益。可见，尽管农村土地市场包括两个部分，但能与城市土地市场协调统一的并不包括农村农用地市场，仅涉及农村建设用地市场。

2008 年 10 月，党的十七届三中全会明确指出要逐步建立城乡统一建设用地市场。到目前为止，关于城乡统一建设用地市场尚未出台官方权威界定。根据现有研究成果的梳理和分析，可以将城乡统一建设用地市场理解为：就是按照"同地、同价、同权"的原则，将城市国有建设用地和农村集体建设用地统一规划，按照相同的标准制定基准地价，由同一部门进行储备和管理，通过发挥市场的能动作用来完善土地资源的配置机制,最终达到实现城乡建设用地市场协调统一发展的目标。其重要使命就是破解城乡土地市场二元化的问题,降低土地制度成本。

(二)城乡统一建设用地市场的特征

城乡统一建设用地市场应当具有以下特征:

1.城市和农村建设用地同价同权

也就是说,集体建设用地和国有建设用地在权益上平等,在市场流通进程和最终成交价格均由市场决定。

2.土地供求关系统一化

城乡统一建设用地市场形成后,土地供求关系由原来的两个市场两个关系统一为一个市场一种关系,其供求关系的平衡在于不仅要确保经济发展过程中不断增长的用地需求得以满足,而且要提高土地的利用效率,并能实现"耕地总量动态平衡"。

3.发挥市场机制的调节作用

打破城乡建设用地市场的藩篱,让市场机制发挥资源配置的基础性作用,将大大提高土地资源的配置效率。既有利于减少土地资源的浪费,又可有效避免建设用地范围的无序扩大。

二、城乡统一建设用地市场的理论依据

城乡统一建设用地市场的建立是充分发挥市场的决定性作用的具体举措,马克思主义地租理论和城乡融合经济学都是城乡统一建设用地市场构建的理论基础,两者产生于不同时期,但对于城乡土地市场建设都具有指导意义。

(一)地租理论

马克思的地租理论是分析土地市场问题的理论基础。马克思在其著作中批判地继承并发展了17世纪古典资产阶级和18世纪英国资产阶级的地租学说。马克思依据地租产生的原因和前提,将其分为绝对地租和级差地租。

绝对地租,是指土地的归属者依赖于土地所有权垄断所取得的地租收入。绝对地租形成的充要条件就是农业资本的有机构成要低于社会平均资本的有机构成。而绝对地租的根本形成原因是土地所有权的垄断。农业工人所产生的剩余劳动价值才是绝对地租的本质与源头。

级差地租,马克思认为它是经营较优土地的农业资本家所获得的,并最终归土地所有者占有的超额利润。级差地租也是从事农业劳动的工人所产生出来的剩余劳动价值,只是从农民资本家手中转移给了土地的归属者。

马克思的地租理论正确地反映了地租及地价的本质及其发展变化的轨迹,其分析主要以农用地的地租为典型,非农业地租只是顺便提及。该理论的产生是在

19世纪下半叶，至今已有100多年的时间。在这100多年中，世界和中国都发生了巨变。随着城市化进程的推进，非农用地的比重大大增加。时至今日，在马克思主义地租理论的指导下，应当紧密结合我国当前社会经济发展的实践进行创造性的运用，处理好土地管理中的一系列问题。

1. 社会主义制度下的地租理论

第一，从理论上承认级差地租，有利于正确认识土地产权关系、实现土地有偿使用（陈燕等，2012）。马克思认为，地租从本质上说，就是土地所有权在经济上的实现形式。可以这样说，土地所有权的存在直接决定了地租的存在。我国实行土地的社会主义公有制，即全民所有制和劳动群众集体所有制，土地所有权仍然存在。在社会主义制度下，形成级差地租的客观条件，即土地自身质量和位置的差异以及连续投资劳动生产率的差异，仍然存在；而且形成级差地租的社会经济关系，即土地的垄断经营也是存在的。因此，土地的使用必须是有偿的，而不能是无偿的。要明确土地产权关系，完善土地有偿使用制度，以便更好地保护土地所有者的合法权益。

第二，当前承认绝对地租的存在有助于完善建设用地制度改革。绝对地租是土地使用者为获得土地使用权向土地所有者支付的经济代价，它是土地所有权在经济上的实现，反映的是土地使用者与土地所有者的经济关系，其存在的前提条件是土地使用权与所有权的分离（毕宝德等，2016）。当前，无论是城市建设用地还是农村集体用地，其具体的使用者均为某一单位或个人。土地所有者和土地使用者均有其相对独立的经济利益。因此，需要建立完善的城乡建设用地市场，发挥市场机制的基础性作用，才能更有效地配置土地资源。

2. 城乡融合经济理论

城乡融合是指城乡之间在社会、经济、文化、科学技术和生态环境等方面的一体化。城乡融合经济强调从经济上实现城乡间的融合发展，即城乡经济在生产关系上的融合，在生产力发展上的融合以及在消灭三大差别上的融合。城乡融合经济理论是一门研究城乡经济从对立到融合的各个发展阶段上的特征及其发展规律的一门新兴经济学科。

马克思恩格斯依据城乡经济的内在联系和商品经济的发展，认为随着生产力的发展，城乡关系由结合到分离、对立，再到更高层次的结合和融合，乃是历史发展的必然趋势（焦晓云等，2014）。在未来社会中，城乡对立的消灭不仅是可能的，而且城乡融合是工农业生产发展、公共卫生事业发展以及生态环境保护需要的结果。

中国经济体制改革以来，城乡关系呈现出复合性、对向性、协同性、交融性、互促性、整体性、直接性和多层次性等特点。城乡融合经济理论主要从城乡融合经济全观体系、城乡融合经济结构体系、城乡融合经济运行机制体系以及城乡融合经济发展体系四个方面展开,为实现城乡一体化提供理论指导。

根据城乡融合经济理论可知,城乡融合经济不是简单的相加关系,而是要使城乡融合为一体,使各种经济结构、生产布局和生态环境都优于现有系统,形成更多、更大的综合功能与和谐关系。城乡融合经济不追求"大而全",而是依托大、中城市,以农业为基础,从双方各自优势出发,因地制宜地建立各有特色的,合理的网络体系。城乡融合经济不是形成新的地区分割,而是按照商品流通的规律,建立条块结合的合理经济关系,统一生产和流通,实现两个市场的结合,以提高综合经济效益。城乡融合经济的根本目的是要以城市的优势带动乡村的发展,使工农业差距日益缩小,真正实现农业现代化、乡村工业化、农村城市化。城乡融合经济发展中,土地作为基本的生产要素,其城乡统一市场的建立成为基本要求。由城乡融合经济发展理论可知,城乡统一建设用地市场的建立有助于推动城乡关系的进一步完善,促进经济效率的提高。

三、城乡融合发展与城乡统一建设用地市场的关系解析

(一)城乡融合发展的内涵

城市是以非农产业与非农人口集聚为主要特征的空间地域系统,乡村则是除城市以外的一切空间地域系统(陈坤秋等,2019),两者差异主要在于功能。在二元经济结构下,城乡地域功能固化,进而导致制度差异、制约因素较多、要素流通不畅,最终导致城乡差异、城乡分割的局面。目前城乡发展不平衡已经成为制约经济均衡、健康发展的重要因素。城乡社会经济发展不平衡造成了城乡差距。中国农业大学公共管理系主任张正河教授认为:城乡差距表现在城乡居民收入差距、城乡教育差距、城乡医疗差距、城乡消费差距、就业差距和政府公共投入差距六个方面(伞楠,2014)。国家统计局2018年7月16日发布的最新数据显示,2018年上半年城镇居民人均可支配收入19770元,农村居民人均可支配收入为7142元,[①]两者的比值为2.8∶1。

城乡发展差距不断拉大的原因主要在于城乡两个市场的行政分割,城市的市场基本上已经实现了全要素的市场化,而农村的生产要素处在半市场化,或者完全没有市场化的状态(郑新立,2018)。在市场机制的作用下,生产要素会向具有更高交换价值的区域流动,这也是为什么农村要素源源不断地流向城市的原因。

要破解城乡发展不平衡的问题必须要走城乡融合发展之路。党的十九大报告提出的融合发展,相较统筹城乡发展和城乡一体化发展更加明确了发展方向和发

---

① 李志.统计局:2018年上半年全国居民人均可支配收入14063元[EB/OL].(2018-07-16)[2019-012-30].财经,https://www.yicai.com/.

展路径，即通过建立城乡融合的市场体系，促进要素的自由流动，使其配置效率更加接近帕累托最优，从而促进农村发展，最终实现融合发展的目标。城乡融合发展不是消除城乡界限，而是通过消除阻碍城乡发展的因素，推动城乡协同发展，形成城乡之间互补融合、共同繁荣的良性互动关系。城乡融合发展就是要把工业与农业、城市与乡村、城镇居民与农村居民作为一个整体统筹谋划，实现城乡经济社会关系的高度协调与融合，促使城乡各具特色和共同繁荣；就是要通过改革与政策调整，打破我国长期以来形成的二元社会结构，实现城乡共同发展（张合林，2019）。

（二）城乡融合发展与城乡统一建设用地市场的关系

土地市场是指土地这种特殊商品交易的场所或接触点，是土地交易过程中发生的经济关系的总和。党的十八届三中全会公报中指出，"经济体制改革是全面深化改革的重点，核心问题是处理好政府和市场的关系，使市场在资源配置中起决定性作用和更好地发挥政府作用"。可见，建立土地市场有利于土地资源的有效配置，有助于深化我国的各项改革的进行。

土地市场既是城乡地域系统的重要组成要素，同时也是连接城乡地域系统的纽带，对城乡发展具有重要影响（陈坤秋等，2019）。土地市场具有优化土地资源配置、促进土地资源节约集约利用的基本功能，这是城乡融合发展重要的要素基础和空间利用前提。此外，土地市场还具有保护土地权利人权益的重要功能，这一功能刚好为城乡土地要素的合理使用与平等交换提供了场所，有力地促进了城乡协同发展和经济融合，提升了整个社会土地资源的配置效率。可见，运用土地市场的杠杆可以撬动城乡融合发展。[①]

首先，完善的土地市场能够有效促进城乡融合发展。土地市场的正常运行需要一系列条件，其中较为重要的有四个方面：一是良好的市场环境；二是明晰的土地产权；三是发达的土地金融市场；四是优质的中介服务。在一定条件下，完善的土地市场能够充分发挥市场机制的基础性和决定性作用，有效配置土地资源，提高其经济价值和空间利用效率，促进土地资源合理价格的形成，为土地课税提供充足的基础和来源。土地交易还给土地所有者带来了充足的财政收入，有效缓解了财政压力，解决了发展资金问题。也可以为集体土地所有者提供乡村发展建设资金，通过一定的分配机制，有效增加农户的收入，一定程度上改善农民的生活条件，促进乡村发展。可见，完善的土地市场有利于城乡建设和收入水平的提高，有利于我国的城镇化建设，有利于推动城乡协同发展，最终有助于实现城乡融合发展的目标。

其次，扭曲的土地市场则会对城乡融合发展起到阻滞作用。土地能否在城乡

---

① 参见 2018 年 4 月 21 日，中共中央政策研究室原副主任郑新立在中国特色小镇发展高峰论坛暨第二届特色小镇产业链资源合作开放大会上发言时提出的观点。

间自由流动是破除城乡二元结构最核心的问题。在社会二元经济结构下,行政干预与市场机制的共同作用使得生产要素向城市集中,价值流向也成为单向的由农村流向城市,城乡差距进一步扩大。例如征地市场中,征收权的滥用造成征收范围扩大化,农地大量转化为非农用地,不仅严重威胁到我国 18 亿亩的耕地红线,也造成了城市摊大饼式的发展模式,城市土地利用效率低,旧城改造滞后,人民生活条件提高缓慢。此外,土地征收价格严重背离了市场化原则,政府部门按照农用地的价格补偿,凭借公权力将农用地转变为建设用地后再进入市场出让,获得较高的土地出让金,不仅造成了地方政府的"土地财政"依赖,形成单一的城市发展模式和不合理的经济结构,也侵犯了农村集体土地所有权。现有土地收益分配格局中农民与村集体所占比例仅为 6.73%(肖屹等,2008)。可见,征地权滥用造成了不合理的土地收益初次分配,加剧了对乡村发展价值的剥夺。扭曲的土地市场下,土地资源配置无法实现帕累托最优和帕累托次优,严重阻碍了城乡融合发展。

实现城乡融合发展,就是要建立城乡统一的市场体系,促进生产要素在城乡之间双向的、自由的流动。土地市场对城乡融合发展的作用是双重性的。完善的土地市场可以提高土地资源配置效率,提高土地价值,为城乡建设提供资金支持,促进城乡协调发展最终实现融合发展;扭曲的土地市场降低了土地资源的配置效率,侵犯了农村土地价值,加深了城乡差距,阻碍了城乡融合发展。因而,健全市场机制、完善市场结构、培育市场主体、提升市场化水平是畅通土地市场对城乡融合发展促进机制的关键。可以说,土地市场对于城乡融合发展具有决定性作用。

第二节　城乡统一建设用地市场的制度分析

现行的土地制度体系在 20 世纪 80 年代后期开始构建。在此之前,城市和农村的土地都是不允许进入市场的。1982 年的《宪法》中明确规定:"任何组织或者个人不得侵占、买卖、出租或者以其他形式非法转让土地。"由于是宪法条款,所以也统管了当时的《土地管理法》。甚至当时的《刑法》中也明确把"以牟利为目的,非法转让、买卖、出租土地"的行为列为刑事犯罪。土地作为基本生产要素,受到高度严格的计划管制,对土地转让行为的打击也是非常严厉的。在 80 年代后期土地市场是存在的,随着改革开放政策的不断推进,大量外资引入中国,对于外资企业如何使用土地成为当时亟待解决的问题。1987 年 2 月,原国家土地管理局和国务院法制办组织试点,转让一部分城市土地,用于吸收外资。11 月,原国家土地管理局向国务院提交了试点报告。当然,这个试点责无旁贷地落在了当时改革开放的最前沿广东。12 月，深圳市按照国务院批转的文件精神，首次公开拍卖一幅面积为 8588m² 的地块，使用权为 50 年，这就是新中国历史上土地的首次拍卖。几个月后，1988 年 4 月 12 日第七届全国人民代表大会第一次会议通过《宪法》修正案，将第十条第四款修改为"任何组织或者个人不得侵占、买卖或者以其他形式非法转让土地。土地的使用权可以依照法律的规定转让"，确立了我国新的土地使用制度。

作为专门调整土地关系的法律《中华人民共和国土地管理法》颁布于 1986 年 6 月 25 日。此后，根据《宪法》以及改革实践先后进行了三次修订。第一次修订是 1988 年 12 月 29 日，第七届全国人大常委会第五次会议根据宪法修正案对《土地管理法》做了相应的修改，规定："国有土地和集体所有土地使用权可以依法转让；国家依法实行国有土地有偿使用制度"。第二次修订是在 1998 年 8 月 29 日，结合当时的改革实践，第九届全国人民代表大会常务委员会第四次会议对《土地管理法》进行了全面修订，明确规定："国家依法实行国有土地有偿使用制度。建设单位使用国有土地，应当以有偿使用方式取得。"修订后的该法于 1999 年 1 月 1 日正式施行。2004 年 8 月 28 日，第十届全国人民代表大会常务委员会第十一次会议对《中华人民共和国土地管理法》进行了第三次修订。此次修订区分了"征收"与"征用"的概念，将第二条第四款改为："国家为了公共利益的需要，可以依法对土地实行征收或者征用并给予补偿。"

政府对于土地市场的管理除了法律手段以外，还有经济手段和行政手段。法律手段是国家以立法和司法的形式对土地市场进行规范，涉及土地市场管理的主要法律法规有：《宪法》《物权法》《土地管理法》《城市房地产管理法》《城镇国有土地使用权出让和转让暂行条例》等。此外还有国务院和政府机构颁布的法规条例及地方人大通过的有关地方法规，为土地市场的发展提供了全面的法律保障。针对土地市场发展中出现的问题，政府还需要运用各类经济手段调控市场，以保证土地市场的正常运行，如税收政策、财政政策和金融措施等。在我国，行政手段也是政府对土地市场管理的重要方式。行政手段包括：制定土地规划和土地利用计划、提出土地利用导向、建立交易许可制度和交易预报制度、建立土地储备制度、建立产权公开查询制度和不动产统一登记制度等。

1998 年修订的《土地管理法》标志着土地制度体系的建立。这套制度体系的主要内容包括：(1)实行土地公有制，但国家可以征收集体所有的土地；(2)城市国有土地的有偿使用制度；(3)严格控制农用地转为非农用地的指标制度体系；(4)对包括宅基地在内的农村建设用地转让权的限制；(5)建立了垂直的土地管理组织，包括各地的土地管理部门和相应的土地监察制度。我国实行土地的社会主义公有制，即农村土地集体所有，城市土地国家所有。在城乡二元经济模式下，土地市场被分割为农村土地市场和城市土地市场两大块。近年来随着改革的深入，我国土地市场化进程不断加速。首先,城市土地市场逐步走向完善。总体来看,城市土地的市场化水平远高于农村。自 2004 年国有经营性建设用地一律要求公开竞价后,土地招拍挂取代无偿划拨和协议出让成为土地出让主流方式(张辉,2018)。2017年 1 月,国土资源部在 30 个省(自治区、直辖市)的 34 个市县(区)开展完善建设用地使用权转让、出租、抵押二级市场试点工作,推动二级市场的建设和完善。其次,农村土地市场逐步建立。2014 年,国土资源部决定在 33 个地区推行"三块地"的改革试点,部分地区尝试推行集体经营性建设用地入市。2018 年,"三权分置"改革扩展到农村宅基地,部分地区允许宅基地使用权流转,并给予登记发证。

一、城市建设用地市场的制度体系

依照《中华人民共和国宪法》《中华人民共和国土地管理法》和《中华人民共和国土地管理法实施条例》的相关规定,城市市内区域的土地属于国家所有也就是土地国有,国家对土地享有所有权。土地的所有权不允许进行买卖,自然也就不存在城市土地所有权市场(耿国栋等,2015)。因此,城市建设用地市场实质上是指建设用地使用权交易市场。城市建设用地使用权市场还可细分为土地使用权出让的一级市场和土地使用权流转的二级市场。城市建设用地使用权出让时根据土地用途的差异设定不同的使用年限,因此进行交易的建设用地使用权也自然是有期限性的。

改革前,我国城市用地全部由政府通过无偿划拨进行计划性配置。改革开放后,由于外部投资的进入,开始尝试土地有偿使用。20 世纪 80 年代中期开始,我国城市经营性建设用地逐步由无偿划拨转为有偿出让。1996 年,上海成立了我国第一家土地储备机构。2001 年,土地储备制度在我国各城市广泛建立(丁成日等,2003)。土地管理部门根据社会经济发展状况,不断深化土地资源的市场化配置程度。2002 年,要求各类经营性用地要以招标、拍卖或者挂牌方式出让国有土地使用权;2003 年,要求土地协议出让必须按照公开、公平、公正和诚实信用的原则进行;2007 年,要求工业用地的出让也必须采用招标、拍卖或挂牌的方式。由此,我国城市经营性建设用地出让正式进入全面市场化阶段。城市土地市场相关的法律法规如表 7-1 所示。目前,土地招拍挂占出让总面积和总价款的比例已经由 2004年的 29.2% 和 55.2% 分别上升至 2015 年的 92.3% 和 96.0%。[①] 2018 年国有土地使用权出让收入 65096 亿元,同比增长 25%。[②]

---

① 林邑.土地市场化改革城乡一体化突破[EB/OL].(2018-03-27)[2019-04-26].搜狐房产,https://house.focus.cn/l.

② 财政部.2018 年土地使用权出让收入 65096 亿元同比增 25%[EB/OL].(2019-01-23)[2019-10-23].新浪财经,http://finance.sina.com.cn/.

表 7-1 城市土地市场相关的法律法规

年份	法律法规	调控重点
1979	中外合资经营企业法	开始尝试土地有偿使用。
1988	宪法	删除第 10 条第 4 项中关于"禁止土地出租"的条款,增加了"土地使用权可以依照法律的规定转让"的内容。
1988	土地管理法	第 2 条补充规定"国有土地和集体所有的土地的使用权可以依法转让""国家依法实行国有土地有偿使用制度"等内容。
1990	城镇国有土地使用权出让和转让暂行条例	在城镇实行以所有权与使用权分离为基础、以土地使用权有偿出让为特征的土地批租制度;国有土地使用制度从"三无"(无偿、无期限、无流动)转变为"三有"(有偿、有期限、有流动)。
1994	城市房地产管理法	明确国家依法实行国有土地有偿、有限期使用制度,国有土地使用权可以出让、转让、出租、抵押。赋予国有土地使用权直接入市的权利。
1998	土地管理法	国家依法实行国有土地有偿使用制度,土地有偿使用方式包括出让、租赁、作价出资(入股),建设单位使用国有土地应当以出让等有偿方式取得。
2001	关于加强国有土地资产管理的通知	严格实行国有土地有偿使用制度,大力推行国有土地使用权招标、拍卖。
2002	招标拍卖挂牌出让国有土地使用权规定	规定商业、旅游、娱乐和商品住宅等各类经营性用地,必须以招标、拍卖或者挂牌方式出让。明确了招标拍卖挂牌出让国有土地使用权的组织实施程序。
2003	协议出让国有土地使用权规定	协议出让国有土地使用权,应当遵循公开、公平、公正和诚实信用的原则。以协议方式出让国有土地使用权的出让金不得低于按国家规定所确定的最低价。同一地块有两个或者两个以上意向用地者的,市、县人民政府国土资源行政主管部门应当按照《招标拍卖挂牌出让国有土地使用权规定》,采取招标、拍卖或者挂牌方式出让。
2004	国务院关于深化改革严格土地管理的决定	经依法批准利用原有划拨土地进行经营性开发建设的,应当按照市场价补缴土地出让金。经依法批准转让原划拨土地使用权的,应当在土地有形市场公开交易,按照市场价补缴土地出让金;低于市场价交易的,政府应当行使优先购买权。
2006	国务院关于加强土地调控有关问题的通知	建立工业用地出让最低价标准统一公布制度,要求工业用地必须采用招标拍卖挂牌方式出让,其出让价格不得低于公布的最低价标准。
2007	物权法	明确规定:工业、商业、旅游、娱乐和商品住宅等经营性用地以及同一土地有两个以上意向用地者的,应当采取招标、拍卖等公开竞价的方式出让。
2008	国务院关于促进节约集约用地的通知	提出今后除军事、社会保障性住房和特殊用地等可以继续以划拨方式取得土地外,对国家机关办公和交通、能源、水利等基础设施(产业)、城市基础设施以及各类社会事业用地要积极探索实行有偿使用,对其中的经营性用地先行实行有偿使用。其他建设用地应严格实行市场配置,有偿使用。

城市土地一级市场日渐成熟,而土地二级市场由于缺乏政府的推动而发展滞后,其盘活土地资源的功能没有发挥出来。2017 年 1 月 22 日,国土资源部印发《关于完善建设用地使用权转让、出租、抵押二级市场的试点方案》,提出以建立"产权明晰、市场定价、信息集聚、交易安全的土地二级市场"为目标,在全国选择 28 个转让、出租、抵押等交易量较大且不动产登记工作基础较好的大、中城市作为试点地区,再从已开展集体经营性建设用地入市试点的县(区)中选择 6 个同时开展国有和集体土地二级市场试点,全国共计 34 个地区开展国有建设用地二级市场试点,为完善城市土地市场积累经验。

二、农村建设用地市场的制度体系

从土地的利用类型来看,农村土地市场可分为农用地市场和建设用地市场。城乡统一土地市场主要指的是建设用地市场。农村建设用地市场与城市国有土地市场相比,发展明显滞后。改革开放之初,农村土地由农业部门负责管理。为支持农村集体发展经济,在集体土地上开办了大量的乡镇企业和外资企业,国家对使用集体建设用地的限制相对宽松。由于城市土地由建设部门管理,两个部门常常因为权责交叉问题难以协调。因此,1986 年成立国家土地管理局,将城市和农村的土地纳入统一管理。为了规范耕地和建设用地利用秩序,1998 年修订的《土地管理法》制定了严格控制农地转为非农的指标制度体系,开始实行"最严格的耕地保护制度",以及对包括宅基地在内的农村建设用地转让权的限制,这标志着国家对集体建设用地的使用进入了严格限制的阶段(唐健等,2014)。对农村建设用地入市的限制提高了农村土地的交易费用,割裂了统一的城乡土地市场,城乡之间的土地交易市场被关闭。土地制度变为了一套向城市开放、向农村封闭的权利制度体系。

尽管我国政府从法律层面对集体建设用地市场进行了限制,但是农村集体土地隐形市场是客观存在的。为有效管理农村集体用地市场,1999 年国土资源部将安徽省芜湖市作为农村集体建设用地使用权流转试点。2013 年 11 月,党的十八届三中全会通过的《中共中央关于全面深化改革若干重大问题的决定》提出,使市场在资源配置中起决定性作用和更好地发挥政府作用,要求建立城乡统一的建设用地市场。2015 年 1 月,中共中央办公厅和国务院办公厅联合印发了《关于农村土地征收、集体经营性建设用地入市、宅基地制度改革试点工作的意见》;2015 年 2 月 27 日,十二届全国人大常委会第十三次会议审议了国务院关于提请审议《关于授权国务院在北京市大兴区等 33 个试点县(市、区)行政区域暂时调整实施有关法律规定的决定(草案)》的议案,允许北京市大兴区、天津市蓟县等 33 个试点区域暂时调整实施土地管理法等关于集体建设用地使用权不得出让等规定,允许农村集体经营性建设用地入市，同时提高被征地农民分享土地增值收益的比例，对宅基地实行自愿有偿的退出、转让机制。这标志着我国农村土地制度改革正式进入试点阶段。农村建设用地市场相关的法律法规如表 7-2 所示。2018 年 1 月，国土资源部部长姜大明在全国国土资源工作会议上提出，"我国将探索宅基地所有权、资格权、使用权'三权分置'，落实宅基地集体所有权，保障宅基地农户资格权，适度放活宅基地使用权。"随后，宅基地"三权分置"改革试点在我国部分地区开展起来。

表 7-2 农村建设用地市场相关的法律法规

年份	法律法规	调控重点
1985	关于进一步活跃农村经济的十项政策	允许农村地区性合作经济组织按规划建成店房及服务设施自主经营可出租。
1986	民法通则	首次出现了允许农村居民拥有土地承包经营权的理念，同时将土地承包经营权提高到与财产所有权相等的地位。
1986	土地管理法	集体经营性建设用地使用权可以依法转让（第 2 条第 4 款），并规定全民所有制企业或城市集体所有制企业可以按联营方式使用集体建设用地（第 36 条），并且城镇居民也可以为建住宅申请使用集体土地（第 41 条）。
1988	宪法	在对集体建设用地流转的空间进行严格限制的同时，奠定了集体建设用地流转的法律依据。
1994	城市房地产管理法	对于集体土地使用权给予了相当程度的限制。集体建设用地要流转，须经法律许可并转化为国有土地之后，才能按照国有土地的使用权进行流转。
1998	土地管理法	第 43 条规定"任何单位和个人进行建设，需要使用土地的，必须依法申请使用国有土地"。
2004	国务院关于深化改革严格土地管理的决定	在符合规划的前提下，村庄、集镇、建制镇中的农民集体所有建设用地使用权可以依法流转。
2008	城乡建设用地增减挂钩管理办法	正式提出城乡建设用地指标增减挂钩。
2013	中共中央关于全面深化改革若干重大问题的决定	提出要让市场在资源配置中起决定性作用和更好地发挥政府作用，要求建立城乡统一的建设用地市场。
2015	关于农村土地征收、集体经营性建设用地入市、宅基地制度改革试点工作的意见	暂时调整实施土地管理法等关于集体建设用地使用权不得出让等规定，允许农村集体经营性建设用地入市，同时提高被征地农民分享土地增值收益的比例，对宅基地实行自愿有偿的退出、转让机制。

三、城乡统一建设用地市场构建中存在的障碍

（一）城乡土地产权存在不平等

我国的土地所有制有两种表现形式：国家所有和集体所有。集体土地所有权虽然与国家土地所有权从本质上说同为所有权，但在实践中地位上是不平等的。国家作为城市土地的所有者，可以将一定时期内一定面积的土地使用权让与土地使用者，并收取相应的费用。除国有土地使用权出让，法律还允许国有建设用地使用权转让、互换、赠与或者抵押。然而，对于集体所有的建设用地来说，其使用受到限制。《土地管理法》第四十三条规定："任何单位和个人进行建设，需要使用土地的，必须依法申请使用国有土地；但是，兴办乡镇企业和村民建设住宅经依法批准使用本集体经济组织农民集体所有的土地的，或者乡（镇）村公共设施和公益事业建设经依法批准使用农民集体所有的土地的除外。"可见，集体建设用地仅限于本集体经济组织内部的成员使用，如果是非集体经济组织以外的使用者，还需要经过一个土地征收的过程，将集体所有的土地转化为国有土地。征收中，虽然对集体所有的土地给予了一定的补偿，并且随着我国征地制度的改革，补偿标准已经有了很大的提高。但是目前的补偿标准仍未考虑到土地发展权，即集体经济组织仅享有征地时按原土地用途的补偿，而不能享有土地未来的发展权益。从所有权权能的构成来看，国有建设用地使用权的主体对土地使用权享有占有、使用、收益的权利，这在我国的《物权法》中有明确的规定。但是对于集体建设用地所有权来说，是没有收益权利的。

（二）由于制度的限制造成集体建设用地大量闲置

当前，我国经济发展进入新常态，新型城镇化、工业化深入推进，城镇化率由改革开放初期 1978 年的 17.9％增长为 2018 年的 59.58％，城镇建设用地的不断扩张使得耕地数量急剧减少，人地矛盾日益尖锐突出。而城市用地扩张和人口增长之间协调性较弱，2000 年到 2016 年间，城市人员和建成区面积分别增加 3.8％和 145.69％，土地城市化明显快于人口城市化（杨艳昭等，2013）。一方面，面对 18 亿亩耕地红线的压力，城镇建设用地日益紧缺；另一方面，农村建设用地大量闲置。2017 年 6 月，根据国土资源部公布数据，我国城镇用地合计 91612km²，村庄用地为 191158km²，农村集体建设用地是城镇国有建设用地 2 倍以上，其中 70％以上是宅基地，而全国总人口中 56.1％的常住人口在城镇，只有 43.9％的常住人口在农村。特别是随着大量农民进城务工落户，大量农村住宅和宅基地闲置，一些村已成为空

心村。① 由于制度的限制，农村集体建设用地不能进入市场，只能通过"城乡建设用地增减挂钩"等做法复垦为耕地，将耕地指标出售后获得收益。这种做法不仅限制了集体土地资产价值的显化，也不能保证复垦后的土地能够满足农业生产的需要。

（三）城乡土地市场发展失衡，土地市场化程度整体偏低

城乡建设用地市场由割裂的城市土地市场和农村建设用地市场构成。两个市场的发展程度极不平衡。就目前来看，农村建设用地市场较城市土地市场发育滞后。在土地公有性质不改变、耕地红线不突破、农民利益不受损三条底线的规制下，农村土地市场化进程要服从农业生产与粮食安全、农民与农村稳定的诉求，呈现出小步慢走的特征。农村土地市场制度缺失，市场交易规则、交易平台均未建立起来，用地信息不对称，中介服务组织不发达。可见，农村建设用地市场并未建立起来。

尽管城市土地市场发育优于农村建设用地市场，但总的来说，其市场化程度仍然偏低，主要表现在：城市土地一级市场被国家垄断，导致社会福祉的大幅度减少；与一级市场相比，城市土地二级市场发展滞后，整体不够活跃；地方政府过度征地，侵害了农民权益，引发社会矛盾；部分地方政府过度依赖土地出让收入，造成"土地财政"依赖，用地成本升高，经济结构失衡，土地财政的弊病短期内仍难以消除。城乡建设用地市场发展失衡，土地市场化总体水平偏低，导致土地资源配置效率不高，社会福利受到损失。

（四）集体经营性建设用地入市制度有待完善

农村集体经营性建设用地直接入市是我国现阶段深化改革的核心内容之一。2015年2月，十二届全国人大常委会第十三次会议通过了《关于授权北京市大兴区等33个试点县（市、区）行政区域暂时调整实施有关法律规定的决定》，使农村土地制度改革获得了法律保障。2015年7月，国土资源部审批通过33个试点地区的改革方案，推进集体经营性建设用地入市改革试点正式启动。试点中，制度设计、部门协调、利益分配等问题成为难点，而矛盾最为集中影响最大的就是利益分配问题。集体经营性建设用地入市后，通过土地征收获取土地增值收益的模式对于地方政府来说已经行不通，如果将集体经营性建设用地流转收益全部归于农村集体经济组织以及农户个人，其合理性并不充分。如何实现集体经营性建设用地入市后增值收益在政府、村集体和农民个人之间公平、合理分配，以达到既保证地方政府推进改革试点的积极性，又能切实合理提高农民集体和个人收益的目的，成为改

---

① 蔡继明.建议赋予农民宅基地使用权完整物权[EB/OL].（2017-03-04）[2018-04-16].腾讯新闻，https://xw.qq.com/.

革中亟待解决的问题。集体经营性建设用地入市制度构建不仅要制定增值收益分配和使用的指导性方案,还要构建集体经营性建设用地收益分配的长效机制,从长远利益进行计划,让农民切实从土地中体会到"获得感"。

(五)土地市场化区域差异较大,供给结构不合理

从全国三大区域看,东部地区城市土地市场化程度最高,中部次之,西部则明显落后。从地级市的视角看,经济发展越落后的地区,越倾向于采用低价、定向的方式出让土地。从土地供给角度看,地区间分配并未与经济发展格局完全匹配,国家出于区域均衡发展的考虑,土地供应向中部和西部倾斜,土地供给区域接近于均衡化,为中西部的发展提供了助力,而东部地区城市用地压力趋紧。

在土地供给中,工矿仓储用地和基础设施用地占比过高,商服用地和住宅用地比例较低,2017年基础设施用地和工矿仓储用地分别占土地总供应面积的61％和20％。地方政府倾向于通过高价出让商住用地、低价出让工矿仓储和基础设施用地的方式来发展本地区经济,工矿仓储用地常以协议出让或挂牌出让,基础设施用地常用无偿划拨方式出让,这也直接拉低了城市土地整体市场化水平。

第三节　城乡建设用地市场的现实考察——以浙江省为例

浙江省在大力发展经济的同时,也正在积极推进土地改革试点。宁波市于2017年开展了国有建设用地二级市场试点,义乌和德清自2015年承担国家农村土地制度改革试点工作以来,统筹推进农村集体经营性建设用地入市改革、土地征收制度改革和宅基地改革。本部分立足于浙江省宁波市和德清县土地改革试点,对城乡统一建设用地市场的现状进行总结和梳理,为后续研究做现实铺垫。

一、城市建设用地一级市场现状

我国城市土地尽管在价格上由于各地经济发展水平不同而表现出较大差异,但在土地政策、制度以及土地管理的机构设置上都大同小异。宁波市城市建设用地有偿使用制度的建设按照国家和浙江省的部署先行先试,已经逐步建立起较为完善的城市建设用地市场体系。

1989年7月,宁波市政府印发《宁波市国有土地使用权有偿出让、转让暂行办法》,在全省率先实施国有土地有偿使用制度改革。

1992年，宁波市政府印发《关于推进我市土地使用制度改革有关问题的通知》，规定从文件下发之日起，除党政机关、全额预算事业单位、军事及市政设施等非营利性用地和福利性住房用地等继续实行行政划拨外，其他非农业建设用地（包括乡镇新用土地），均实行批租出让，同时首次提出了对商品住宅、商业、金融、娱乐等经营性用地通过拍卖或招标等方式出让的要求，意味着从过去的土地行政划拨全面改为有偿使用。

1994年，原宁波市土管局印发《宁波市国有土地使用权招标、拍卖办法的通知》，要求各县（市）区土管局对商品住宅、商业、金融、娱乐等经营性用地认真组织实施招标、拍卖出让。

1996年12月，《宁波市国有土地使用权出让招标拍卖办法》经省人大常委会批准实施，成为全国较早拥有地方性专门法规并实施的城市之一。

2001年，宁波市根据国务院《关于加强国有土地资产管理的通知》中的要求："为增强政府对土地市场的调控能力，有条件的地方政府要对建设用地试行收购储备制度"，正式成立了宁波市城市土地储备中心，建立土地收购储备制度。通过土地储备制度的建立，有效实现了"一个池子蓄水，一个龙头放水"，提高了政府调控土地市场的能力。

2002年7月1日，国土资源部11号令颁布实施后，宁波市商品住宅、商业、旅游、娱乐等经营性所有经营性用地全部实施了招标拍卖挂牌出让。

2006年9月6日，国务院国发〔2006〕31号文件下发后，宁波市新增工业项目用地也统一纳入公开出让范围。

2007年4月，宁波市政府印发《关于全面实行工业用地招标拍卖挂牌出让的实施意见》，宁波市国土局制定了《工业用地招标拍卖挂牌出让组织实施的工作程序》配套文件，至此宁波土地有偿使用制度基本建立和完备。

2008年，宁波市政府印发《关于切实推进节约集约利用土地的实施意见》，提出了扩大土地资源市场化配置的工作要求，进一步规定工业用地和商业、旅游、娱乐、商品住宅等经营性用地，以及物流、仓储用地，非政府投资的科研设计用地和外来人口集中居住用地，营利性的公用设施、医疗卫生、文化教育、体育设施用地等，必须全面实行招标拍卖挂牌方式公开出让。除按规定可以以划拨方式取得土地外，交通、能源、水利等基础设施和城市基础设施等用地要积极探索实行有偿使用。

2016年，宁波市政府印发《关于加强土地出让管理工作的通知》，对进一步规范土地出让行为，建立公开、公平、公正的土地市场秩序，落实土地批后监管责任提出了明确要求。

2017年1月22日，国土资源部下发《关于完善建设用地使用权转让、出租、抵押二级市场的试点方案》的通知,全国 28 个城市进行国有土地二级市场试点,宁波为其中之一。2018 年 9 月,宁波土地二级市场试点验收综合得分位列全国前列。通过改革试点,不仅提高了土地资源配置效率,而且做活了土地二级市场,为实体经济高质量发展拓展了空间。

　　从 2017 年 10 月开始,宁波市土地出让交易方式发生重大变革,国有建设用地土地交易模式将从传统的线下报名、竞拍改为全过程网上交易。网上交易最大的优势就是监管更加透明。

　　总体来说,宁波市城市土地市场运行情况良好,制度健全,秩序井然,为宁波市地方经济的发展提供了有力的要素支撑。2012—2016 年,全市共出让国有建设用地 9277.2 公顷(13.9 万亩),其中招拍挂出让占 94.12%,成交土地出让价款 2512.3 亿元,其中招拍挂成交价款占 98.5%。[1]

　　2018 年,宁波全市共成交 260 宗地块,总出让面积 1168 公顷,建筑面积 2224 公顷,总出让金 933 亿元,成交总价创历史新高(见图 7-1)。相比 2017 年,2018 年宁波市土地建筑面积上涨 29.1%,出让金上涨 35.3%(费成思,2018)。

图 7-1　2013—2018 年宁波市土地出让情况[2]

二、国有建设用地二级市场试点考察

　　我国土地市场自建立以来,土地一级市场十分活跃,交易数量和交易数额已较

　　① 王凯艺.10 月起宁波土地出让方式大变网上交易流程看这里[EB/OL].(2017-09-30)[2018-9-30].凤凰网浙江,http://zj.ifeng.com/.

　　② 费成思.2018 年宁波市土地出让金 933 亿,杭州湾新区供地加速[EB/OL].(2019-01-04)[2019-10-30].好地网,http://cdn.keyland.com.cn/.

为庞大，而土地二级市场的发展相对不成熟。一级市场受限于土地资源的稀缺性，经过长时间开发，城市核心已基本没有增量土地供应。特别是城市化率已经较高的地区，在严格控制新增建设用地的背景下，一级土地市场的增量已非常有限。因此，有必要加快土地二级市场的建设。2017年，国土资源部下发《关于完善建设用地使用权转让、出租、抵押二级市场的试点方案》的通知，宁波成为此次土地二级市场试点的6个试点副省级城市之一。

（一）土地二级市场构建的试点方案

浙江是土地二级市场交易极为活跃的省份，宁波作为浙江沿海开放城市一直享受着港口城市的经济发展红利，追求创新发展。此次土地二级市场构建具有较强的前瞻性，宁波自试点方案推行以来也积累了不少经验，有助于此后在全国更大范围内推进这项工作。

1.试点范围

本次宁波试点的范围涉及建设用地使用权的转让、出租和抵押。具体包括：国有建设用地使用权净地交易、在建工程交易、已建成建筑物"连房带地"整体交易等具备宗地交易条件的情况，以及已建宗地分割交易的情况。

2.具体措施

第一，完善交易机制：依托城镇数字地籍调查和建设用地供应动态监控数据，在明晰不动产权属的基础上，完善不动产登记数据库，保证交易的合法性和合约性。出台专门的二级市场土地使用权交易的管理细则，完善和强化配套管理，规范交易行为，并建立相关巡视和查处机制，打击违法违规行为，使得土地二级市场交易有序进行。

第二，创新运行模式：一是在市、县两级创设高度一体化的土地二级市场交易有形市场，将国土、住建、工商、税务等相关部门纳入其中，开设一站式综合窗口，减少交易成本。二是创建网络业务平台，形成"网上交易、网上备案、网上监管"的模式。在市级建设用地全程监管系统的基础上，建设土地二级市场交易管理信息子系统，加强全方位监控，同时通过与部、省建设用地动态监管系统和不动产登记信息系统的交互，达到交易信息化的效果。

第三，健全服务体系：扶持中介机构发展，加大对房地产和土地估价行业的管理，提高中介机构的市场准入门槛，使中介组织在二级市场中有序开展业务。增强中介组织诚信体系建设，健全完备的中介组织诚信记录及评估体系，对相应违规中介组织实行警示、惩处和退出机制。

第四，加强监测监管：依托网上交易平台运营状况和大数据分析技术，对土地二级市场交易的数目、价格等信息进行定期统计并开展评估，预防土地市场风险发生。加强对合同履行情况的监督，按照"谁提出谁监管"的原则，使国土资源、住建等部门各自承担相应职能,发挥宏观调控作用。

第五,强化部门协作:宁波市各级国土资源、住建、财政税务、金融监管、司法等部门之间设立联动机制,形成"统一窗口受理、实行并联办理、互认办理结果、统计公布时限、信息自动交换"的工作方式。

(二)土地二级市场构建的主要做法与经验借鉴

宁波试点从土地转让方式、条件入手,加强对土地出租管理并实施国家税收优惠政策,形成了自己的一套土地二级市场模式。

1.明确转让方式,合理设置转让范围

我国现存的体制框架下,土地使用权转让只包含了出售、交换和赠与,具体范围较为笼统与狭隘。宁波《试点方案》把各种使土地使用权发生转移的行为全视作使用权转让,并明确了现实中存在的、但未在现行法规中确定的其他能使土地使用权转让的行为,转让范围设置得更为合理。

2.明确转让条件,实现土地有条件转让

宁波试点针对不同类型的土地交易设置了不同的条件和门槛:比如牵涉到划拨土地或改变土地使用条件的交易,在经过国土资源部门核定后,才可以进入市场;通过出让形式获得土地使用权转让的,如果原土地出让合同中约定了转让条件,那么应从其约定,如果原合同没有相关约定,则可在不与法律法规抵触的前提下,实现自由交易;以作价出资形式取得的土地使用权,在规定的期限内进行转让、租赁或抵押,可直接办理不动产登记手续,若需改变土地用途,须经依法批准补缴土地出让收入,并将建设用地使用权取得方式变更成出让等。

3.落实国家税收优惠政策,实施政府优先购买

出台相关税收优惠政策,并通过宣传引导,对符合政策条件的转让行为,鼓励纳税人充分利用优惠政策,调动其积极性与参与度。出现以下几种情况时,政府享有优先购买的权利,一是在城乡规划上已经确定改变土地用途,变更为经营性用地(不包含工业用地)的国有建设用地转让;二是涉及司法处置的建设用地;三是交易转让价格低于近3年同土地等级和同类用途土地一级市场平均出让价格70%的国有建设用地,以防止国有资产的浪费和流失。

4.加强划拨土地出租管理,完善土地抵押机制

建设用地一概有偿使用,其中政策法规及《划拨用地目录》中明文规定可使用划拨土地使用权的不包含在内,且要依法办理出让手续,若不办理,则需向主管部门或指定机构报备出租情况,并缴纳土地出租年收益金。国土资源管理部门负责出租收益金的计征,财政部门负责具体的收缴和分配。

宁波试点鼓励社会组织参与公共服务项目投资,允许自然人、法人等通过出让

方式获得的科教、医疗卫生等公共服务用地设立抵押权。建设用地使用权的抵押价值对比参照划拨建设用地使用权权益价格而定。此外，宁波试点许可第三方评估组织介入交易市场，帮助判定土地使用权的抵押价值。

（三）宁波模式的创新举措与成效

宁波试点在具体实践中，探索出了一些新举措，能够有效化解在土地二级市场运行中的一些难题，取得了不错的成效，也被其他地区所借鉴和学习。

1.探索科教用地抵押登记

宁波市镇海区实现了首例私立学校教育用地抵押登记获取融资。宁波赫威斯肯特学校因融资难申请教育用地最高额抵押，经实地考察，了解实际情况后，根据国办发〔2017〕21号文件的规定：允许营利性的教育等社会组织以有偿取得的土地、设施等财产进行抵押融资的有关精神和要求，当地国土部门为其实现了抵押登记，帮助该企业走出了资金周转不畅的困境，有效拓展了私营学校的融资渠道，缓解了资金压力，更好发挥民营资本投资社会服务的作用。

2.探索工业用地分割转让

宁波市宁海县探索工业用地分割转让试点，制定了专项试点实施方案，明晰分割转让条件，合理设置了操作流程。宁海久业包装材料有限公司由于常年亏损，为减轻经营负担，向国土部门提出分割转让的申请，将闲置的用地转让给宁海金久包装材料有限公司。在收到申请后，国土部门征询了环保、住建等部门的意见，会审后允许分割转让。经过分割转让后的宁海久业包装材料有限公司经营有了起色，宁海金久包装材料有限公司也已加大投入运营。

3.首创预告登记转让方式

余姚市推出以预告登记转让的方式来探索实施未完成开发投资总额的25%以上的土地使用权转让。2014年宁波力汇新材料有限公司取得了一块坐落于余姚河姆渡镇罗江村的面积为6596m²的国有建设用地使用权，但由于多种原因，一直未开发建设。而宁波佰钢机械制造有限公司因运营状况良好，想要进一步拓展经营用地，经双方协调交流，宁波力汇新材料有限公司愿意将这块土地转让给对方，双方按照"先投入后转让"的原则，在订立交易合同后，依法办理预告登记，待开发投资数额达到规定要求后，再依法办理不动产登记。这一创新之举，破解了以往因开发投资总额未达到25%，但又急需转让的难题，并被太原、武汉、南宁等地区作为学习样本。

4.开设"土地超市"

余姚市国土资源局凭借优化交易模式和运作机制，加大监管投入力度等方法，加快土地二级市场发展（丁永平等，2017）。2017年6月，余姚市在土地交易二级市场数据库平台上开设"土地超市"。通过广泛宣传引导和鼓励有意向转让或求购土地的企业直接向国土部门或在"余姚土地市场"微信公众号上登记，实现信息的集聚和实时共享。从2017年1月余姚进行土地二级市场试点开始，余姚市共受理抵押登记业务560件，抵押融资额约2.5亿元。截至2018年10月，"土地超市"拥有登记企业381家，完成交易163宗，面积2033.6亩，交易额近20亿元。[①]

三、农村建设用地市场现状

2015年7月，国土资源部审批通过33个试点地区的改革方案，拉开了农村土地征收、集体经营性建设用地入市、宅基地制度改革试点的帷幕。浙江省参与试点的地区为义乌和德清，两地分别开展宅基地制度改革和集体经营性建设用地入市。后为更好地显化农村土地制度改革三项试点工作的整体性、系统性、协同性和综合效益，原中央全面深化改革领导小组决定将农村土地制度改革三项试点拓展到全部33个地区。

德清县是全国首批开展集体经营性建设用地入市试点的地区之一。德清县紧守三条底线，针对本县具体情况，构建了"一办法、两意见、五规定、十范本"的政策体系，以拍卖方式完成了全国首宗集体建设用地入市（江宜航，2016）。至2017年底，德清县共完成入市土地131宗856亩（约57公顷），成交金额1.88亿元，农民和农民集体获得收益1.53亿元，共涉及49个集体经济组织，惠及农民8.8万余人（苑韶峰，2019）。为合理分配集体经营性建设用地入市收益，德清县采用"集体资产管理＋折股量化分配"模式。对于所处不同区位的集体建设用地，德清县根据其具体用途分别确定了集体经营性建设用地增值收益调节金收取比例（详见表7-3）。提交收益调节金后，根据土地权属的性质，采用不同的分配办法。属于乡镇集体经济组织的，收益纳入乡镇财政统一管理，用于辖区内基础设施建设、民生项目等支出。属于村内其他集体经济组织（村民小组）的，其入市收益在扣除国家相应税费、村集体提留以及入市的相关费用后，既可以用于农户分配，也可用于投资。属于村集体经济组织的，收益作为集体积累统一列入集体公积公益金进行管理。该收益作为村股份经济合作社（或村经济合作社）经营性资产，以股权增值方式追加量化成员股权。

---

① 余姚市人民政府.土地二级市场"余姚模式"在全省推广[EB/OL].(2018-10-30)[2018-12-30].宁波市人民政府网,http://www.ningbo.gov.cn/.

表7-3　德清县集体经营性建设用地土地增值收益调节金收取比例

出让方式	缴纳人	所处区域	收取比例	备注
出让、租赁	出让 （出租）人	位于县城 规划区	商服类用地，48%；工矿仓 储类用地，24%	—
		位于乡镇 规划区	商服类用地，40%；工矿仓 储类用地，20%	—
		其他地块	商服类用地，32%；工矿仓 储类用地，16%	—
	受让 （承租）人	—	按成交地价总额的3%	—
使用权 作价出 资（入股）	出让方（土地 所有权人）	—	—	于作价出资（入股）形成 的股权发生转移时收取
	受让方	—	—	
转让	转让方	—	商服类用地，3%；工矿仓储 类用地，2%	按使用权转让收入总 额计征

第四节　构建城乡统一建设用地市场的制度框架

现行土地制度割裂了城乡土地市场，二元土地市场的存在降低了土地资源配置效率。因此，建立城乡统一的建设用地市场，需要打破一系列分割城乡的土地制度，协调城市土地市场和农村建设用地市场的关系，建立相互衔接的制度体系，最终形成城乡统一建设用地市场的制度框架。

一、产权制度

（一）明晰农村集体建设用地产权

制度经济学的研究表明，明晰的产权安排是市场有效的前提。农村集体资源优化配置、实现资产增值的前提是有明确边界的产权安排（张应良等，2019）。所以说，产权明晰是农村集体建设用地入市流转及城乡统一建设用地市场有效运行的前提条件，也是明确农村集体建设用地相关权利主体和权益分配的前提。因此，必须明确界定农村集体建设用地产权，充分赋予所有权主体相应的权利，包括充分的收益权、完整的转让权和处置权。农村集体建设用地产权包括两个部分：集体建设用地所有权和集体建设用地使用权。集体建设用地所有权归属于集体。由于集体是一个比较抽象的概念，因此可以由村民大会或者村民代表大会作为权利的主体方,具体由村委会组织实施,村委会接受村民大会或村民代表大会的监督。集体建设用地使用权是指农民集体和个人进行非农业生产建设依法使用集体所有的土地的权利。现行法律对集体土地建设用地使用权的主体有较为严格的限制,一般只能由本集体及其所属成员拥有使用权。全民所有制单位、城市集体所有制单位和其他经济组织进行建设,需要使用集体土地,必须经过征用,使之转为国有土地后才能取得使用权,即国有土地使用权。一般不允许全民所有制单位或城市集体所有制单位以及其他经济组织拥有集体土地建设用地使用权。这一规定已经不能适应当前农村土地制度改革的新形势。根据各地的改革实践,农村集体建设用地与国有土地"同地、同权、同价"成为必然趋势。因此,对照国有土地使用权,应当赋予集体建设用地相同的使用权。

(二)明确农村集体建设用地的用益物权

农村集体建设用地的使用权,本质是使用主体对农村集体建设用地的使用、占有、收益及处置的权利,属于用益物权,只有确保农村集体建设用地用益物权,才能保障使用权主体完整的权能,实现入市交易的合法性。应当在相关法律中明确农村集体建设用地的用益物权,真正尊重集体土地财产权利。

二、交易制度

(一)搭建交易平台

城乡统一建设用地市场的运行需要搭建市场交易平台。目前来看,城市土地市场交易平台已经建成,各地都已经建立了功能完备的土地市场网站,包括土地供应、公示大厅、行业动态、政策法规、专项服务、信息公开等模块,涵盖出让公告、出让文件、交易公示、成交信息、地块推介、网上竞买、业务咨询等内容。而农村建设用地市场属于初创阶段,实体交易场所和网上交易平台处于起步阶段,需要与城市土地市场交易平台进一步接轨融合,最终建成统一的建设用地市场交易平台,以达到既能在市场交易平台中以实物交易的方式得到较好的价值体现,同时能更好地从总量控制上统筹城乡建设用地(陈乙萍,2017)。

(二)完善交易规则

规范城乡统一建设用地市场的交易秩序,对于维护参与市场交易的主体权益有重要作用。良好的秩序来源于完善的交易规则。城乡统一建设用地市场交易规则制定时应当包括以下内容:第一,明确交易程序。可总结我国部分地区的试点经验,拟定基本的交易程序,各地区在具体实施时可以进一步细化。比如成都在交易试点过程中就形成了集体决议、依法申请、部门审查、公开交易、登记颁证等五个环节的基本程序,有力地推动了集体建设用地流转。第二,明确交易方式。城市建设用地交易方式包括以国家为主体的土地出让和以国有土地使用权人为主体的土地转让两种,其中土地转让应当包括各种使土地使用权发生转移的行为。宁波的试点经验证明,现实中存在的、但未在现行法规中确定的其他能使土地使用权转让的行为都涵盖在土地使用权转让中有利于土地交易的管理。农村建设建设用地的交易方式根据当前的实践和试点可以归结为集体建设用地使用权初次流转和再次流转两种模式。初次流转表现为作价入股、出租等形式,而再次流转则主要包括转租和转让等形式(陈乙萍,2017)。第三,规范交易文本。土地市场交易中涉及多种文本,其中最为重要的就是交易合同。建议由政府相关部门统一制定规范化文本,明确文本中的必备内容,减少因文本制定不合理而引发的矛盾和纠纷。

(三)建立供求调节机制

土地资源面积有限。在保证粮食安全、严守耕地红线的前提下建立土地市场的供求调节机制,从本质上说,就是要在土地供给弹性不足的条件下,通过有效的技术手段或指标要求,以节约集约利用、加强要素流动等方式,加强对土地供给和需要的引导和约束,最终实现供给和需求的均衡。

首先,要建立有效的供给机制。基于城乡建设用地现状,科学测算可复垦利用、可挖潜改造以及新增建设用地等的面积,统一制定城乡建设用地客观全面的供应计划,建立城乡统一的建设用地储备机制,合理确定城乡建设用地储备范围,通过"收购—储备—出让"的步骤规范城乡统一建设用地市场。农村建设用地入市应当控制好节奏,防止无计划、短期大量入市等行为,允许农村集体建设用地逐步、有序的进入建设用地市场。要严格限制增量建设用地的供给,以提高土地利用效率、消化闲置土地为基本原则,统筹城乡统一建设用地市场的供应。

其次,要建立有效的需求调节机制。通过科学合理的制度设计引导土地使用者合理使用建设用地资源,产生合理需求,是需求调节机制建立的关键。因此,需要税收、监管、审批和管理等方面入手。建立城乡统一的建设用地使用税收体系,并增设土地闲置税,以减少土地的浪费。强化建设用地的利用管理,对于批而未用的土地,可以征收土地闲置费。完善城乡统一建设用地市场监管机制。国土资源管理部门要加强建设用地利用动态监管,严格监督土地使用者的用地行为。加强对城乡统一的建设用地的审批,严格执行土地用途管制制度。

最后,要发挥政府的宏观调控作用。城市土地所有权属于全民所有,政府部门是实际代理人,它不仅是土地市场的参与者,更是城乡统一建设用地市场的主导者。政府部门对于法律政策的执行、市场运行的监管负有主要责任。因此,必须发挥好政府部门对土地市场的宏观调控作用,从社会经济可持续发展的角度出发,依据市场规律,运用价格等经济手段控制土地市场的供需关系,以求达到平衡。

三、管理体制

(一)加强统一土地市场的供应管理

首先,城乡统一建设用地市场的有效运行,前提条件就是多规融合,城乡统一,科学合理。规划的编制要向农村延伸,由规划部门统一协调、推进。科学制定规划是对土地市场进行管理的必要基础。对于集体建设用地使用权的流转,前提条件是必须符合土地利用规划,流转前,必须取得规划部门出具的规划条件或规划意见。其次,城乡建设用地统筹使用必须要实行统一的土地管理。不仅要进行统一的土地供应计划,以维护土地市场正常的供应秩序;还要统一储备、统一价格评估、统一入市、统一管理。集体建设用地的管理可参照国有土地供应管理办法。严格依法追究违法违规用地行为的法律责任,研究和完善处理政策。

(二)完善统一市场的监管制度

城乡统一建设用地市场的健康运行离不开有力的监管机制。因此,必须建立完善的城乡统一建设用地市的监管机制。首先,要加强内部监管。对土地管理相关部门的组织架构、制度设计、职责权限、运作程序、制度规范等内容做明确规定,做到有法可依。对于违反管理规定的部门和个人给予严惩。其次,要加强外部监管。要建立相应的调节和监督机制,设置法律维权援助中心,设立维权投诉电话。

四、收益分配机制

截至 2018 年 12 月,全国入市地块 1 万余宗,面积 9 万余亩,总价款约 257 亿元,收取调节金 28.6 亿元(韩长赋,2019)。集体经营性建设用地入市产生了巨大的收益,如何分配受到广泛关注。因此,集体经营性建设用地入市后必须进行科学合理的收益分配,既要统筹兼顾国家、集体、农民三者利益,又必须以利益均衡的分配机制作为支撑。

(一)推进收益共享机制

集体经营性建设用地入市收益应由地方政府、集体经济组织和农民共同分享。集体经营性建设用地价值的增值大部分来源于政府和社会的公共投入,因此,地方政府可以提取一定比例的土地收益调节金。对于此部分收益的用途,地方政府可以考虑将其以直接或间接的方式反哺给农村。既可以统筹用于当地基础设施建设、污水垃圾处理以及农村环境综合整治;也可以将集体经营性建设用地收益调节金部分返还给乡镇,以调动乡镇工作的积极性。

集体经济组织是集体资产管理的主体，也是为村民服务的，应合理提取公积金、公益金用于扩大再生产，承担经营风险和集体文化、福利、卫生等公益事业设施建设。公积金公益金提取后，要做到有计划地使用，专款专用。提取比例应在地方政府和村民的参与下确定，不能随意提高提取比例。对于收益的分配办法和分配形式，因其涉及每个村民的切身利益，应召开村民大会讨论通过。

（二）实行差别化分配机制

差别化收益分配机制主要是针对农村内部收益分配而制定的。按照三级集体经济组织不同，入市的集体经营性建设用地权利主体包括：乡镇集体经济组织、村级集体经济组织、村内其他集体经济组织（村民小组）。需要根据权属的不同，分别制定分配方案，进行差别化分配。属于乡镇集体经济组织的土地，收益可用于辖区内基本建设，而非直接进行内部分配。对于属村级集体经济组织的土地进入市场的，可以考虑将入市收益优先用于发展壮大村级集体经济，村民按照一定的方式参与土地收益分配。属于村内其他集体经济组织的，应按照一定比例提取部分收益上交村集体，剩余部分可以进行内部分配。

（三）完善股权化分配机制

2016年12月，中共中央、国务院发布《关于稳步推进农村集体产权制度改革的意见》，对农村集体经营性资产进行股份合作制改革提出明确要求。实行股份制，将权利确定到户，由此而将利益分享机制确权给每个农户。基于此，建议将集体经营性建设用地入市收益直接纳入集体资产统一管理，实行股权化分配机制。实行集体经营性建设用地股权化分配机制，就是不直接分配土地收益，而是以入市收益追加量化成员股权的形式，让农户享受土地分红。既保证了利益分配的规范性和可操作性，又便于农户监督。

（四）建立长效分配机制

集体经济组织在分配经营性建设用地收益中应当建立长效分配机制，而不是一次性分配。如何实现集体经营性建设用地收益的长效分配是集体经济组织应当思考的问题。对于我国多数地区来说，集体经济组织都积累了大量资产，部分集体还有一定的经营性资产。如果收益主要用于集体经济组织的发展壮大恐怕还需要承担一定的风险。因此，建议将集体经营性建设用地收益优先用于集体组织成员的基本社会保障，如购买养老保险或医疗保险，再用于集体经济组织的发展壮大。有了基本社会保障，解决了农户的后顾之忧。再加上集体经济组织的发展壮大，农民可以凭借手中的股权分享集体经济组织带来的收益。可以想见，农民的生活水平和生活质量一定会有大幅度的提高。

第五节　城乡统一建设用地市场的实现路径

在明确制度框架的基础上,结合目前浙江城乡土地使用制度和管理体制的现实,提出实现城乡统一建设用地市场的路径。

一、积极推进集体经营性建设用地入市

2019年8月,十三届全国人大常委会第十二次会议审议通过《中华人民共和国土地管理法》修正案,自2020年1月1日起允许集体经营性建设用地进入市场。这既是改革的一个亮点,也是摆在地方政府和村集体经济组织面前的一个课题,因为集体经营性建设用地入市无固定模式可以遵循。集体建设用地入市对于提高农村土地利用效率、减少土地闲置浪费、显化农村资产、提高农民收益都具有重要意义。

目前,我国多地开展了集体经营性建设用地入市试点。从2015年开展试点至今,已经积累了丰富的经验。因此,各个地方有必要组织相关部门的人员进行实地调研,了解试点地区集体经营性建设用地入市的具体操作,包括:入市集体经营性建设用地的范围、入市方式、分配主体、交易制度、收益分配办法等内容。针对不同试点地区的不同做法,开展比较分析。浙江省开展集体经营性建设用地入市的地区有两个:德清县和义乌市。两个地区分别采用了不同的方式。义乌的办法具有地方特色,制定了"集地券"制度。而对于集体经营性建设用地入市收益分配,就全国来看各地做法更是大相径庭。如有德清县、北流市的"集体资产管理＋折股量化分配"模式、成都市郫区的"集体资产管理＋公益金＋分红"模式、重庆市大足区的"集体提留＋现金分配"模式等。各个地区的不同入市模式、收益分配模式虽然均在当地取得了成效,但是各个模式的适用性有待于做进一步分析和论证。

(一)摸清家底,做好入市准备

在积极总结试点地区经验的基础上,从制度上做好集体经营性建设用地全面入市的准备。这需要各个地方对本辖区范围内所有的集体建设用地情况进行统计和摸排,包括集体建设用地的面积、区位、所有权状况、使用权人基本信息、开发利用现状等内容。大力推进农村土地确权等工作,对于有争议的地块按照一定的原则进行权属确认,也可以暂时搁置,不做信息采集。将所有集体建设用地的基本数据全部信息化,并建立数据库,为集体经营性建设用地入市建立信息化平台提供基

础。按照"同权同价、同等入市"原则，参照成熟的国有土地交易制度，可以考虑拟定集体建设用地入市的规则章程。与国有土地"同权"，是集体经营性建设用地入市的制度核心，因为它不仅意味着农村集体经营性建设用地的使用权除了可出让外，还可租赁、作价出资（入股），并享受转让、出租、抵押权能。

（二）加紧构建集体经营性建设用地收益分配的长效机制

集体经营性建设用地使用权转让可以在短期内增加村集体和村民的收入。但是从长远来看，这一方式难以从根本上改变村民的生活状态。村集体所获得的一次性收益若用于村基础设施建设固然是好的，但是基础设施的维护与再投入将会又一次遇到资金瓶颈。村民所获得的一次性收益应当如何使用尽管从本质上说是村民个人的事情，但是一旦使用不当，在目前我国农村地区社会保障仍然不完善的情况下，村民今后的养老和医疗问题村集体也不能完全坐视不管。因此，村民如何使用土地收益也并非与集体毫不相干。基于此，有必要探索集体经营性建设用地收入分配的长效机制，即尝试建立"一次性固定收益＋长期分红"的收益分配模式。"一次性固定收益"就是指转让集体经营性建设用地所获得的总价款，"长期分红"就是根据当地经济和社会发展的实际情况，采用土地入股、年租制或是建设物业收取租金等办法，将集体经营性建设用地的收益长效化。长期分红模式的优势不仅在于可以让村集体和村民可以从集体土地中获取长期的收益，更重要的是可以随着土地市场的变化，享受到土地价格的增值变化。

（三）建立集体经营性建设用地入市与农村宅基地流转的联动机制

实现农村集体经营性建设用地的可持续性入市。农村集体经营性建设用地入市对于提高农村建设用地使用效率、增加农民收益具有重要意义，应当使其成为一项长期的制度。这就需要农村集体建设用地有可持续的土地资源进入市场。要实现这一目标，必须与宅基地使用制度改革相结合。积极探索农村宅基地有偿流转或有偿回收制度，建立低效、闲置宅基地转化为集体经营性建设用地的通道，进而构建有效的农村就地城镇化土地资源配置机制，最终实施以人为本的新型城镇化战略（陈美球等，2016）。

二、加快城市土地二级市场建设

相较于土地一级市场，土地二级市场囊括的交易内容更为丰富，交易形式也更具灵活性、多样性。能否有力管理土地二级市场，直接关乎土地市场能否良性发展，也事关能否及时防止国有资产流失问题。因此，必须探索构建好土地二级市场的有效路径，发挥土地二级市场在促进土地资源优化配置和经济发展的重要作用。本部分借鉴宁波试点的做法与经验，为促进土地二级市场构建与完善提出对策与举措。

(一)建立价格监管机制

二级市场的土地价格难以显现主要是由于交易者逃避税费而暗地交易以及缺乏合理的评估机制引起的,因此应对症下药,从税收和评估两方面入手完善对价格的监管机制,增强其透明度。

第一,要实施土地交易优惠政策,优化土地价格形成。在二级市场土地交易中,土地转让需要缴纳多项税费,交易双方出于节约交易成本的考虑,为了偷漏税而滋生出"隐形市场",并且土地价格也往往是交易双方协议而定,缺乏科学性与客观性,无助于土地价格的发现与监管。因此政府应根据土地二级市场实际情况,进行相应税费改革,适当降低有关税费,打消交易者对于繁杂税费的顾虑,引导其在有形公开的交易平台进行土地交易,便于政府对交易行为进行监管,使土地价格能够及时显现与被发现。并实施政策激励,出台土地转让的优惠政策措施和规程,政府通过税收调节,并加强价格监管,鼓励交易者依法合规进行交易,调动其积极性与热情,建立竞争有序的土地二级市场。

第二,要健全土地价格评估机制,提高土地价格市场化。通过开展土地评估、分等定级、分级定价的做法,合理确定各类建设用地的质量和等级,评估其市场价值,建立土地二级市场评估价格体系,为公平交易提供参考基础。在健全价格评估机制的基础上,进一步完善市场监测分析机制,使土地价格呈现市场化,防止一些投机者恶意压低或哄抬地价而扰乱市场,规范土地二级市场秩序,形成合理公正公平的土地价格,为土地价格监管提供便利。

第三,要完善公示地价制度,增强土地价格透明度。政府部门要充分利用互联网和大数据技术,在网络平台定期公开发布基准地价,建立健全土地二级市场的价格形成和监测机制,为二级市场中的土地交易提供价格参考,发挥政府在调节和管控交易地价方面的作用。借鉴宁波模式实施政府优先购买政策,当土地使用权转让价格明显低于市场价格时,政府享有优先购买权,以避免国有土地资源浪费,维持土地市场正常运行。建立地价评估考评和地价评估公示制度,规范评估机构警告、降级、淘汰制度,营造公平竞争环境,真正建立无利害关系第三方地价评估的权威,为土地二级市场在地价评估方面提供更科学和更具操作性的指导。

(二)实现土地二级市场的动态监测监管

依托于当前大数据分析技术,搭建网络平台,让"无形"交易变为"有形",将信息统一整合才能提高政府监测的效率,实现及时适度的宏观调控,扮演好"掌舵者"。

第一,建立完善有形市场,便于实行动态监测。土地二级市场由于交易制度不完备及监管的不全面,引发了违规交易和隐性交易的问题。而这些私下的"灰色交易"也进一步给监管带来了难度。由此应打造一个多功能且有权威的交易平台,将符合土地使用权转让、出租、抵押条件的土地都纳入到这个平台之中，强化有形土地交易市场，实行公开的挂牌式交易，增强交易透明度。此外作为土地交易专门场所的土地有形市场，也应在主管部门的指导、监督和检查下运作，便于有关部门对二级市场实现全方位动态监测。对于那些刻意避开土地交易市场而暗地交易的土地，应一概不允许办理过户手续，并辅以政策规定予以处罚和打击。从平台建设与制度规范入手，建立一个真正实现集中管理和公开规范的土地市场交易场所，为政府实现对土地二级市场的监测提供渠道和路径。

第二，加强信息系统建设，实现有效监管调控。政府实现精准调控要以信息为依据和参考，目前土地二级市场存在信息碎片化和分散化的缺陷，尚无法形成一个完整的全覆盖的信息系统。对此要把分散在各个交易平台进行的土地交易信息统一入市公示，加强信息的联结和汇集，并在城市建立土地二级市场监管、登记、统计和分析系统，及时掌握市场动态资讯，由此做出辨别判断，实现交易信息整合集聚。由于土地二级市场交易过程中受到多部门管理，而部门间缺乏沟通交流和信息汇总机制，导致交易信息流通不畅，影响土地价格机制形成。因此要实现土地二级市场信息的多部门共享，搭建一站式综合信息平台，架构起多部门协同管理的业务机制，将分散在各部门的交易信息集中整合在统一平台中，同时将各类用地的建设、功能等指标，土地使用条件和履约情况以及交易双方的基本情况等信息都纳入在信息平台内，提供给企业和居民，尤其是二级市场交易主体的访问和查询，加大社会公众及媒体的监督力度。通过多部门信息共享、系统管理，实现实时动态的监测监管。

第三，融入"互联网＋"技术，提高土地监测效率。参考土地一级市场的优势做法，完备监测监管信息系统，依靠已有的土地供应动态监管系统和土地市场动态监测与监管系统，定期开展巡查。随着我国政府"放管服"逐步推进和深化，"互联网＋政务"给大众生活和企业工作都带来了极大的方便。特别是不动产统一登记以来，便利了办事群众进行相关交易。在发展土地二级市场的过程中，也应顺着时代潮流，渗透"互联网＋"技术，基于已有的土地一级市场交易平台，建立网上土地转让系统，加强交易监管与不动产统一登记之间的有序对接，进一步提升土地转让和监测效率，从而加速存量土地入市，快速激活和有效利用城市存量建设用地。

(三)规范和健全中介服务

中介机构的完善对于土地二级市场构建的意义十分重要，特别是从业人员的业务水平和职业素养，健全的服务体系对于优化土地二级市场，规范交易行为等都至关重要。

第一，培育良好的市场中介机构。针对土地二级市场交易中服务缺失等缺陷，构建良好的中介服务市场势在必行。这就要求扶持和规范第三方服务机构，引入第三方服务机构备案制度,对入市的中介机构要有资质和从业人员上岗证等方面限制,提高其准入门槛,提供培训和指导,让第三方服务机构在市场交易活动中的桥梁作用得到充分展现,使其为交易提供咨询、估价、经纪等服务。利用土地交易机构和平台的专业特色,为交易各方提供法律与政策方面的问询服务,提供土地交易登记办理的全程服务,提高输出效率和服务水准。

第二,提高中介人员职业意识和业务素养。对此,必须出台相应行业规范约束中介人员,确保其在提供服务时做到客观、公正,加强行业自律。提高从业人员的业务素养,定期进行培训与考核,提高其准入门槛,以提高中介服务的整体水平。通过中介机构的管理联合,对于那些违反土地二级市场中介人员服务要求的行为,予以打击和惩罚,如多次违反规定的人员将在一定时期内禁止从事中介服务工作等。由此,中介服务体系能够得到良性运转,为土地二级市场提供更优质的服务,促进二级市场的发育和成熟。

三、提高政府部门对土地市场调控的科学性

只有保持科学的宏观调控,才能够保证集体建设用地入市后,集体经营性建设用地与城镇建设用地的协调使用,城乡统一建设用地市场能够协调运行,良性发展。

(一)基于空间规划试点,制定科学的城乡统一建设用地规划

建设用地的开发利用具有较强的不可逆性。因此,建设用地规划应当具有科学性和合理性。当前,多项规划叠加,常常出现规划间的矛盾冲突,影响了规划的科学性和严肃性。为提高规划的科学性和严肃性,2014 年 3 月,中共中央、国务院印发了《国家新型城镇化规划(2014—2020 年)》,首次提出推动有条件地区的经济社会发展总体规划、城市规划、土地利用规划等"多规合一"。随后,国家发展改革委、国土资源部、环境保护部、住房和城乡建设部四部委共同确定了 28 个市县作为"多规合一"试点地区。2016 年 10 月,习近平总书记在中央全面深化改革领导小组第二十八次会议上发表重要讲话,强调开展省级空间规划试点,为建立健全国土空间开发保护制度积累经验。随后 2017 年 1 月,中共中央办公厅、国务院办公厅印发了《省级空间规划试点方案》,提出要以主体功能区规划为基础,全面摸清并分析国土空间本底条件,划定城镇、农业、生态空间以及生态保护红线、永久基本农田、城镇开发边界(简称"三区三线"),注重开发强度管控和主要控制线落地,统筹各类空间性规划,编制统一的省级空间规划,为实现"多规合一"、建立健全国土空间开发保护制度积累经验、提供示范。浙江省是全国 9 个省级空间规划试点省份之一。基于当前我国规划发展的新形势,必须加强多规融合,尤其注意土地利用规

划与城乡规划、国民经济与社会发展规划等的协调,让每一项规划在具体执行和落地时都能与土地利用规划保持一致。土地利用规划一旦制定完成,必须严格执行。只有注重城市、集镇和村庄规划的有机协调,才能建构城乡一体的建设用地利用格局(于建嵘,2015)。

(二)完善市场机制,加强对土地市场的监督

要建立健全价格制定与调控机制。一方面,若土地市场受不明资本冲击使得土地转让价格超出合理范围内的暴涨或暴跌,可以通过价格调控进行控制,保持土地市场稳定运行;另一方面,制定科学的价格制定制度,通过科学分析对准备交易的土地评估,在公开透明的环境下对土地价格给出综合考量,供市场参考。严格按照相关法律法规及制度执行,依照国家的有关规定对准入条件进行审核,对土地交易过程进行监督,对土地交易后产生的问题予以追踪,才可以使城乡统一建设用地市场顺利运行成为可能。

对于城乡土地市场来说,城市土地市场发育早,配套政策完善,管理经验相对丰富;而农村建设用地市场发育滞后,配套政策缺乏。从理论上说农村建设用地市场的建设可以参照城市土地市场。尽管当前来看,征地制度、建设用地增减挂钩、地票等政策是连接当前两个土地市场的主要纽带,但是仍不足以满足现实需要(张远索,2017)。未来,随着集体经营性建设用地入市试点的日趋成熟,农村宅基地"三权分置"改革的稳步推进,可以预见,城乡统一土地市场的建设已经在路上。因此,一方面要大力发展农村建设用地市场,使其发展得更加完善;另一方面要注重两个市场的衔接。

参考文献

[1]Brien O，Li L. Selective Policy Implementation in Rural China[J]. Comparative Politics，1999，31(2)：167-186.

[2]Marsh D，Rhodes R. Policy Communities and Issue Networks：Beyond Typology[M]. Oxford：Clarendon Press，1992.

[3]OECD. Organization for Economic Co-operation and Development. Multifunctionality：Towards an Analytical Framework[R]. 2001.

[4]Oi J C. State and Peasant in Contemporary China：The Political Economy of Village Government[M]. Berkeley CA：University of California Press，1989.

[5]Oi J C. The Role of the Local State in China's Transitional Economy[J]. China Quarterly，1995，144(4)：1132-1149.

[6]Syers J K，Luang M. F，Johnston A E，et al. Food and Agriculture Organization of the United Nations[R]. The Multifunctional Character of Agriculture and Land，1999.

[7]安永军.政权"悬浮"·小农经营体系解体与资本下乡——兼论资本下乡对村庄治理的影响[J].南京农业大学学报(社会科学版),2018(1):33-40.

[8]毕宝德.土地经济学[M].7版.中国人民大学出版社,2016.

[9]操家齐.家庭农场发展:深层问题与扶持政策的完善——基于宁波、松江、武汉、郎溪典型四地的考察[J].福建农林大学学报(哲学社会科学版),2015,18(5):21-26.

[10]曾倩,刘雅婷.昆明石林台湾农民创业园农业综合体调研报告[J].云南农业大学学报(社会科学),2016(6):21-25.

[11]陈彬.欧盟共同农业政策对环境保护问题的关注[J].德国研究,2008(2):41-46.

[12]陈刚,李树,余劲松.援助之手还是攫取之手?——关于中国式分权的一个假说及其验证[J].南方经济,2009(7):3-15.

[13]陈国权,毛益民.第三区域政企统合治理与集权化现象研究[J].政治学研究,2015(2):45-54.

[14]陈航英.小农户与现代农业发展有机衔接——基于组织化的小农户与具有社会基础的现代农业[J].南京农业大学学报(社会科学版),2019(2):10-19.

[15]陈恒礼.中国淘宝第一村[M].南京:江苏人民出版社,2015.

[16]陈红霞,赵振宇,陆梦梦.浅谈土地二级市场的构建——以浙江省宁波市试点为例[J].中国土地,2019(3):33-35.

[17]陈剑平,吴永华.以现代农业综合体建设加快我国农业发展方式转变[J].农业科技管理,2014(5):1-4.

[18]陈剑平.农业综合体:区域现代农业发展的新载体[N].浙江日报,2012-12-03(14).

[19]陈坤秋,龙花楼.中国土地市场对城乡融合发展的影响[J].自然资源学报.2019,34(2):221-235.

[20]陈美球,王庆日.农村土地管理制度改革试验需要系统思维[J].上海国土资源,2016(1):1-3.

[21]陈锡文.农业部明确了家庭农场的概念[N].南方都市报,2014-06-11(A01).

[22]陈锡文.我国城镇化进程中的"三农"问题[J].国家行政学院学报,2012(6):4-11.

[23]陈晓燕,董江爱.资本下乡中农民权益保障机制研究——基于一个典型案例的调查与思考[J].农业经济问题,2019(5):65-72.

[24]陈燕.中国城乡建设用地市场一体化研究[D].福州:福建师范大学,2012.

[25]陈乙萍.城乡统一建设用地市场培育问题及运行机制研究[D].重庆:西南大学,2017.

[26]陈义媛.遭遇资本下乡的家庭农业[J].南京农业大学学报(社会科学版),2013(6):24-26

[27]池元吉.世界经济概论[M].北京:高等教育出版社,2013.

[28]丁成日.中国城市土地利用·房地产发展·城市政策[J].城市发展研究,2003(5):58-63.

[29]丁煌,定明捷."上有政策·下有对策"——案例分析与博弈启示[J].武汉大学学报(哲学社会科学版),2004(6):804-809.

[30]丁永平,楼立明.新政助力降成本"土地超市"开门红[N].中国国土资源报,2017-12-01(A02).

[31]董志龙.资本农民:土地流转与农民的保障[M].北京:人民出版社,2012.

[32]董祚继.以"三权分置"为农村宅基地改革突破口[J].国土资源,2016(12):13-17.

[33]杜赞奇.文化·权力与国家——1900—1942年的华北农村[M].王福明,译.

杭州：江苏人民出版社，2018.

[34]范恺凯.浙江省"花香漓渚"田园综合体建设案例分析[J].旅游纵览（下半月），2019(3):158-160.

[35]方圆圆.浙江宁波：事在网格办[N].人民日报，2017-05-31(A18).

[36]费孝通.皇权与绅权[G]//费孝通文集:第5卷.北京：群言出版社，1999.

[37]费孝通.江村经济[M].北京：北京大学出版社，2012.

[38]费孝通.乡土中国·乡土重建[M].北京：群言出版社，2006.

[39]冯小.资本下乡的策略选择与资源动用——基于湖北省S镇土地流转的个案分析[J].南京农业大学学报（社会科学版），2014(1):36-42.

[40]冯应斌,杨庆媛.农户宅基地演变过程及其调控研究进展[J].资源科学2015(3):442-448.

[41]傅云峰,林燕,郑海勇.中国乡村旅游的问题与出路[J].中国集体经济，2018(22):117-118.

[42]高锦潮.别让"乡贤"成"乡党"[J].群众，2016(8):71.

[43]高圣平.农村宅基地制度：从管制·赋权到盘活[J].农业经济问题（月刊），2019(1):60-71.

[44]耿国栋.浅谈依法加快建立统一建设用地市场的问题[J].农家科技（下旬刊），2015(3):179.

[45]公欣.国家发展改革委与阿里巴巴集团签署结合返乡创业试点发展农村电商战略合作协议[N].中国经济导报，2016-02-19(A01).

[46]顾益康.实施乡村振兴战略的创新路径与改革举措[J].浙江经济，2018(6):17-19.

[47]桂华.乡村振兴,老板不能代替老乡[J].农村经营管理，2018(6):23.

[48]郭星华,郑日强.农民工创业：留城还是返乡?——对京粤两地新生代农民工创业地选择倾向的实证研究[J].中州学刊，2013(2):64-69.

[49]郭泽保.建立和完善农村公共产品需求选择的表达机制[J].中国行政管理，2004(12):17-20.

[50]国家发展和改革委员会.2015年中国大众创业万众创新发展报告[M].北京：人民出版社，2016.

[51]国务院办公厅政府信息与政务公开办公室.国务院大众创业万众创新政策选编[M].北京：人民出版社，2015.

[52]韩立达,王艳西,韩冬.农村宅基地"三权分置":内在要求·权利性质与实现形式[J].农业经济问题，2018(7):36-45.

[53]韩文龙,谢璐.宅基地"三权分置"的权能困境与实现[J].农业经济问题，2018

(5):60-69.

[54]韩长赋.中国农村土地制度改革[J].农业经济问题,2019(1):4-6.

[55]郝帅.培育新型农业经营主体助力脱贫攻坚[N].黑龙江日报,2018-07-27
(A02).

[56]贺雪峰,地权的逻辑[M].北京:法律出版社,2010.

[57]贺雪峰.工商资本下乡的隐患分析[J].中国乡村发现,2014(3):78-81.

[58]贺雪峰.土地问题的事实与认识[J].中国农业大学学报(社会科学版),2012
(2):5-1.

[59]胡新艳,罗明忠,张彤.权能拓展、交易赋权与适度管制——中国农村宅基地制
度的回顾与展望[J].农业经济问题(月刊),2019(2):73-81.

[60]华生.土地制度改革的实质分歧——答周其仁教授最新的批评[N].华夏时
报,2014-09-19(A01-A03).

[61]黄爱教.新乡贤助推乡村振兴的政策空间·阻碍因素及对策[J].理论月刊,
2019(1):78-84.

[62]黄大全,金浩然,赵星烁.四类城市建设用地扩张影响因素研究——以北京市
昌平区为例[J].资源科学,2014,36(3):454-462.

[63]黄勇娣.当农民,很体面,有前途[N].解放日报,2014-02-08(A03).

[64]黄增付.土地经营权流转与乡村秩序整合[J].南京农业大学学报(社会科学
版),2018(1):94-105.

[65]黄增付.脱嵌与重嵌:村落秩序中的农业经营及治理[J].中国农村观察,2018
(3):51-64.

[66]黄增付.资本下乡中的土地产权开放与闭合[J].华南农业大学学报(社会科学
版),2019(5):26-36.

[67]黄增付.新型农业经营主体参与乡村治理的制度支持分析[J].广西社会科学,
2020(2):62-67.

[68]简新华,杨冕."中国农地制度和农业经营方式创新高峰论坛"综述[J].经济研
究,2015(2):186-191.

[69]简新华.中国农村改革和发展的争议性问题[J].学术月刊,2015,47(7):
33-41.

[70]江立华,陈文超.返乡农民工创业的实践与追求——基于六省经验资料的分析
[J].社会科学研究,2011(3):91-97.

[71]江宜航.德清农村集体经营性建设用地入市改革取得阶段性成效[N].中国经
济时报,2016-01-29(A02版).

[72]焦晓云.试论建国后毛泽东城乡一体的城镇化思想[J].技术经济与管理研究,

2014(12):75-78.

[73]卡尔·波兰尼.巨变:当代政治与经济的起源[M].北京:社会科学文献出版社,2017.

[74]雷宇.社会组织在农村覆盖不足[N].中国青年报,2015-05-19(A02).

[75]李昌平.地权改革的制度逻辑[J].南风窗,2013(25):55-57.

[76]李凤奇,王金兰.我国宅基地"三权分置"之法理研究[J].河北法学,2018(10):147-159.

[77]李科.对农村宅基地三权分置制度的探讨[J].农村经济与科技,2018(16):1-2.

[78]李祖佩.项目制基层实践困境及其解释——国家自主性的视角[J].政治学研究,2015(5):111-122.

[79]厉以宁.双向城乡一体化显露生机[J].决策探索(下半月),2012(11):16-17.

[80]梁永佳.社会意识中的"隐"——《皇权与绅权》的一个补注[J].社会学研究,2008(5):44-56.

[81]林卿.中国多功能农业发展与生态环境保护之思考[J].福建师范大学学报(哲学社会科版),2012(6):19-23.

[82]林依标.农村宅基地"三权分置"的权能界定与实现路径[J].中国土地,2018(9):24-26.

[83]刘刚.农民土地产权残缺与不公平农地收益分配制度研究[J].经济纵横,2008(11):65-67.

[84]刘宁,黄辉祥.选择性治理:后税费时代乡村治理的一种尝试性解读[J].深圳大学学报(人文社会科学版),2015,32(1):79-84.

[85]刘升.精英俘获与扶贫资源资本化研究——基于河北南村的个案研究[J].南京农业大学学报(社会科学版),2015,15(5):25-30,137-138.

[86]刘守英,王一鸽.从乡土中国到城乡中国——中国转型的乡村变迁视角[J].管理世界,2018(10):129,141-142.

[87]刘益清,吴清远.王思仪和他的闽茶电商王国[N].福建日报,2015-01-29(A02).

[88]刘元胜.新时代中国特色农村土地制度改革逻辑与治理路径研究[J].求是学刊,2020(2):77-84.

[89]卢福营.治理村庄:农村新兴经济精英的社会责任——以浙江省永康市的私营企业主治村为例[J].社会科学,2008(12):55-63.

[90]卢曦.从承包地到宅基地"三权分置"解析[J].中国土地,2018(8):24-25.

[91]吕成.如何实行宅基地"三权分置"?[J].中国发展,2018,18(3):49-52.

[92]吕广挥,张同德.宅基地"三权分置"面临的问题和对策[J].中国土地,2018

(8):26-27.

[93]马化腾.在很多领域,腾讯都是"半条命"[N].南方都市报,2017-12-07(A06).

[94]马克思,恩格斯.马克思恩格斯文集:第二卷[M].北京:人民出版社,2009.

[95]马克思,恩格斯.马克思恩格斯文集:第四卷[M].北京:人民出版社,2009.

[96]马克思.资本论:第一卷[M].北京:人民出版社,2004.

[97]马克斯·韦伯.经济与社会:第一卷[M].阎克文,译.上海:上海世纪出版社,2010.

[98]马流辉."脱嵌"的土地流转——实现机制与社会效应[J].内蒙古社会科学,2016(9):159-165.

[99]毛晓雅.推进农村创业创新加快培育农村发展新动能,各类返乡下乡人员已达700万人[N].农民日报,2017-09-16(1).

[100]毛志红."三权分置"能释放多少民生红利[N].中国国土资源报,2018-03-13(A02).

[101]美国估价协会.不动产估价[M].11版.北京:地质出版社,2001.

[102]牛永辉.乡村振兴视阈下农民工返乡创业的动因、困境及对策探究[J].内蒙古农业大学学报(社会科学版),2018(1):28-32.

[103]庞昕,桑平起.实施乡村振兴战略开创"三农"工作新局面[J].人大建设,2018(10):14-15.

[104]戚攻.社会转型·社会治理·社会回应机制链[J].西南师范大学学报(人文社会科学版),2006(6):109-114.

[105]钱玮珏.电商打响农村争夺战阿里:启动千县万村计划[N].南方日报,2015-01-29(A03).

[106]邱乐丰,方豪,陈剑平,胡伟.现代农业综合体:现代农业发展的新形态[J].浙江经济,2014(6):56-57.

[107]饶永辉.农村集体建设用地流转问题研究[D].杭州:浙江大学,2013.

[108]伞楠.论现阶段我国人民内部矛盾的特点和表现[J].学理论.2014(23):18-19.

[109]沈国明,章鸣,蒋明利.关于省级层面引导地方规范开展宅基地"三权分置"改革的建议——从闲置农房激活看浙江宅基地"三权分置"改革[J].浙江国土资源,2018(8):5-8]

[110]沈在宏,卓晓宁.公共政策的三重异化:表现·原因及治理[J].江苏行政学院学报,2014(6):90-93.

[111]施坚雅.中国农村的市场和社会结构[M].北京:中国社会科学出版社,1998.

[112]宋玮.马云的帝国:一个拥有企业宗教的"生态系统"[N].财经,2013-10-21(A03).

[113]宋亚平.规模经营是农业现代化的必由之路吗？[J].江汉论坛,2013(4):5-9.

[114]宋迎新,钟和曦.浙江省农村宅基地"三权分置"的实践与思考[J].浙江国土资源,2018(4):32-33.

[115]宋志红.宅基地"三权分置"的法律内涵和制度设计[J].法学评论(双月刊),2018(4):142-153.

[116]孙立平.实践社会学与市场转型过程分析[J].中国社会科学,2002(5):83-96.

[117]孙丽珍.新乡贤参与乡村治理探析——以浙江省为例[J].江西社会科学,2019(8):225-233.

[118]孙新华,钟涨宝.地方治理便利化:规模农业发展的治理逻辑——以皖南河镇为例[J].中国行政管理,2017(3):31-37.

[119]唐健,王庆日,谭荣.新型城镇化战略下农村土地政策改革试验[M].北京:中国社会科学出版社,2014.

[120]唐敏,王仁贵.农地权益进退——"撤村并居"是与非[J].瞭望,2010(47):20-23.

[121]唐有财.从打工到创业:农民工创业的发生学研究[J].人文杂志,2013(8):105-112.

[122]陶学荣,陶睿.中国行政体制改革研究[M].北京:人民出版社,2006.

[123]田文生.1/4 重庆农民工返乡创业企业存活超 3 年[N].中国青年报,2015-12-17(3).

[124]童明荣.走好中国特色宁波特点的乡村振兴新路子[N].宁波日报,2018-03-08(A08).

[125]王德福,桂华.大规模农地流转的经济与社会后果分析——基于皖南林村的考察[J].华南农业大学学报(社会科学版),2011(2):13-22.

[126]王国华.推动农村妇女参与新型农业经营主体建设的思考[J].产业与科技论坛,2019(9):12-14.

[127]王丽萍,蒋乃华.WTO框架下美欧农业政策调整的取向及启示[J].世界经济与政治论坛,2004(5):5-9.

[128]王胜,丁忠兵.农产品电商生态系统——一个理论分析框架[J].中国农村观察,2015(4):39-48,70-96.

[129]王雨磊.项目入户:农村精准扶贫中项目制运作新趋向[J].行政论坛,2018,25(5):45-53.

[130]王玉庭,李哲敏,任育锋,李燕妮.中国农村宅基地管理的历史演变及未来改革趋势[J].农业展望,2019(1):34-38.

[131] 王志伟. 新自由主义经济学中的方法论差异：弗里德曼与哈耶克哥[J]. 社会科学研究,2008(4):85-93.

[132] 吴春岐,张毅:宅基地"三权分置"改革的象山探索[J]. 改革内参,2018(31):18-24.

[133] 吴晓燕. 精细化治理：从扶贫破局到治理模式的创新[J]. 华中师范大学学报(人文社会科学版),2016,55(6):8-15.

[134] 习近平. 坚持和完善中国特色社会主义制度推进国家治理体系和治理能力现代化[J]. 求是,2020(1):8-10.

[135] 习近平. 论坚持全面深化改革[M]. 北京:中央文献出版社,2018.

[136] 习近平. 十八大以来重要文献选编(上)[M]. 北京:中央文献出版社,2014.

[137] 夏沁. 农村宅基地"三权分置"改革的立法实现[J]. 地方立法研究,2018(4):104-116.

[138] 肖爱清. 国际组织对"农业多功能性"界定的比较研究[J]. 淮南师范学院学报,2008(3):37-39.

[139] 肖屹,曲福田,钱忠好. 土地征用中农民土地权益受损程度研究：以江苏省为例[J]. 农业经济问题,2008,(3):77-83,111-112.

[140] 邢成举,李小云. 精英俘获与财政扶贫项目目标偏离的研究[J]. 中国行政管理,2013(9):109-113.

[141] 邢鸿飞,岳欣禹. 公用事业行政规制刍论[J]. 学海,2006(3):123-129.

[142] 熊建平. 充分发挥新乡贤作用破解乡村振兴人才瓶颈[N]. 浙江日报,2018-07-13.

[143] 徐勇. 农民改变中国：基层社会与创造性政治——对农民政治行为经典模式的超越[J]. 学术月刊,2009,41(5):5-14.

[144] 徐勇. 现代化进程的节点与政治转型[J]. 探索与争鸣,2013(3):7-10.

[145] 徐勇. 乡村治理与中国政治[M]. 北京:中国社会科学出版社,2003.

[146] 徐忠国,卓跃飞,吴次芳,李冠. 农村宅基地三权分置的经济解释与法理演绎[J]. 中国土地科学,2018(8):16-22.

[147] 徐宗阳. 资本下乡的社会基础——基于华北地区一个公司型农场的经验研究[J]. 社会学研究,2016(5):63-87.

[148] 薛玉飞. 社会保障视角下宅基地"供给侧"改革之探析[J]. 天津农业科学 2017(4):55-57,60.

[149] 扬·杜威·范德普勒格. 潘璐,叶敬忠,等译. 新小农阶级:世界农业的趋势与模式(修订版)[M]. 北京:社会科学文献出版社,2016.

[150] 扬·杜威·范德普勒格. 新小农阶级:帝国和全球化时代为了自主性和可持

续[M].潘璐,叶敬钟,译.北京:社会科学文献出版社,2013.

[151]杨德兴,袁美勤.苏州女性农民推动现代农业迈上新台阶对策研究[J].中国农业教育,2017(1):41-47.

[152]杨秀丽.乡村振兴战略下返乡农民工创新创业生态系统构建[J].经济体制改革,2019(4):70-77

[153]杨艳昭,封志明,赵延德,等.中国城市土地扩张与人口增长协调性研究[J].地理研究,2013(9):1668-1678.

[154]姚毓春,梁梦宇.城乡融合发展的政治经济学逻辑——以新中国70年的发展为考察[J].求是学刊,2019(5):12-14.

[155]叶超,于洁.迈向城乡融合:新型城镇化与乡村振兴结合研究的关键与趋势[J].地理科学,2020(4):2-8.

[156]于建嵘.集体经营性建设用地入市的思考[J].探索与争鸣,2015,4:55-58.

[157]余练.新土地精英的崛起与村级治理重构[J].思想战线,2018(1):164-172.

[158]俞可平.治理与善治[M].北京:社会科学文献出版社,2006.

[159]袁昌岱,操家齐.政府与市场双轮驱动下的家庭农场发展路径选择——基于上海松江、浙江宁波的调查数据分析[J].上海经济研究,2016(03):120-129.

[160]苑韶峰,王之戈,杨丽霞,楼赛君.集体经营性建设用地入市的农户福利效应分析——以德清县东衡村、砂村为例[J].中国国土资源经济,2019(2):59-65.

[161]约翰·J.麦休尼斯.社会学[M].14版.风笑天,译.北京:中国人民大学出版社,2015.

[162]詹姆斯·C.科特.国家的视角:那些试图改善人类状况的项目是如何失败的[M].北京:社会科学文献出版社,2017.

[163]詹姆斯·M.汉斯林.社会学与人类生活:社会问题解析[M].11版.北京:中国工信出版社,2020.

[164]张合林.以土地市场制度创新推动城乡融合发展[J].中州学刊.2019(3):38-44.

[165]张辉.土地市场化改革城乡一体化突破[N].中国国土资源报,2018-03-26(A02).

[166]张慧.宅基地使用权制度中所有权权能虚化问题之辨析——以山东省莱阳市两村为例[J].山东农业大学学报(社会科学版),2019(4):66-71.

[167]张立荣,张金庆.论推进新型城镇化的协调逻辑一个复合型分析框架[J].华中师范大学学报(人文社会科学版),2017(2):19-28.

[168]张明皓,简小鹰.土地精英的阶层化与村庄政治——基于河北省宋村沙场调查[J].北京社会科学,2016(9):21-29.

[169]张星,李建沂.城乡统一的建设用地市场的现状与构建策略研究[J].城市建

设理论研究(电子版),2014(17):1367.

[170]张应良,徐亚东.农村"三变"改革与集体经济增长:理论逻辑与实践启示[J].农业经济问题,2019(5):8-18.

[171]张勇.农村宅基地制度改革的内在逻辑、现实困境与路径选择——基于农民市民化与乡村振兴协同视角[J].南京农业大学学报(社会科学版),2018,18(6):118-127,161.

[172]张远索.城乡建设用地市场运行现状及统筹路径研究[J].云南农业大学学报(社会科学),2017,11(3):19-22.

[173]张占耕.上海市孙桥现代农业园区发展模式研究[C].第七届都市农业与乡村休闲产业学术研讨会论文集,2009.

[174]赵树凯.地方政府公司化:体制优势还是劣势?[J].文化纵横,2012(2):73-80.

[175]赵新培.东高庄村:淘宝经济的农村致富样本[N].北京青年报,2017-03-06(A04).

[176]赵艳霞,李莹莹.乡村振兴中宅基地"三权分置"的内生变革与路径研究[J].财经理论研究,2018(5):1-7.

[177]赵泽众."互联网+"改变农民工返乡创业生态——访宁波大学城乡治理现代化研究中心副研究员操家齐[N].中国劳动保障报,2017-11-25(03).

[178]折晓叶,陈婴婴.项目制的分级运作机制和治理逻辑——对"项目进村"案例的社会学分析[J].中国社会科学,2011(4):126-148,223.

[179]郑新立.特色小镇助力实现城乡融合发展[J].中国经济信息,2018(9):40-41.

[180]周飞舟.从汲取型政权到"悬浮型"政权——税费改革对国家与农民关系之影响[J].社会学研究,2006(3):1-38,243.

[181]周雪光.基层政府间的"共谋现象"——一个政府行为的制度逻辑[J].社会学研究,2008(6):1-21,243.

[182]周雅文,李松睿,蒋何港,王亚婷.以乡村产业振兴与规划建设推动乡村全面振兴的研究——以南充市柑橘核心示范园为例[J].粮食科技与经济,2018(8):110-112.

[183]朱弼瑜.南湖区诞生首个"巾帼"农场联盟[N].嘉兴日报,2017-5-18(A03).

[184]朱冬亮.村庄社区产权实践与重构:关于集体林权纠纷的一个分析框架[J].中国社会科学,2013(11):85-103.

[185]朱启臻.新型职业农民与家庭农场[J].中国农业大学学报(社会科学版),2013(2):157-159.